The Brief History of China
During Early Empires and Medieval Times

秦汉魏晋
南北朝简史

田余庆 著

图书在版编目（CIP）数据

秦汉魏晋南北朝简史 / 田余庆著 . —— 北京：北京大学出版社，2024.9. —— ISBN 978-7-301-35476-6

Ⅰ.K23

中国国家版本馆 CIP 数据核字第 20240DA913 号

书　　　名	秦汉魏晋南北朝简史 QINHAN WEIJIN NANBEICHAO JIANSHI
著作责任者	田余庆　著
责任编辑	刘书广
标准书号	ISBN 978-7-301-35476-6
出版发行	北京大学出版社
地　　　址	北京市海淀区成府路 205 号　100871
网　　　址	http://www.pup.cn　　新浪微博 @ 北京大学出版社
电子邮箱	编辑部 wsz@pup.cn　　总编室 zpup@pup.cn
电　　　话	邮购部 010-62752015　　发行部 010-62750672 编辑部 010-62707742
印　刷　者	北京中科印刷有限公司
经　销　者	新华书店
	880 毫米 × 1230 毫米　A5　10.5 印张　226 千字 2024 年 9 月第 1 版　2025 年 2 月第 4 次印刷
定　　　价	78.00 元

未经许可，不得以任何方式复制或抄袭本书之部分或全部内容。
版权所有，侵权必究
举报电话：010-62752024　电子邮箱：fd@pup.cn
图书如有印装质量问题，请与出版部联系，电话：010-62756370

目 录

秦汉时期

第一章 秦 统一的专制国家的形成 …………… 003
  一 秦始皇建立专制统治和巩固统一的活动 ………… 003
  二 推翻秦朝的农民战争 ……………………………… 011

第二章 西汉时期统一的专制国家的确立 ………… 017
  一 西汉初年的"休养生息"政策和削弱王国
    势力的措施 ………………………………………… 017
  二 西汉社会经济的发展 …………………………… 026
  三 西汉社会各阶级的状况 ………………………… 033
  四 汉武帝时期统一的巩固和专制主义中央集权
    制度的加强 ……………………………………… 042
  五 边境各民族 西汉王朝同边境各族的关系 …… 055
  六 社会矛盾的发展与王莽改制 …………………… 070
  七 推翻王莽政权的农民战争 ……………………… 080

第三章　东汉时期豪强大族势力的扩张和统一国家
　　　　走向瓦解 …………………………………………… 086
　一　社会经济的发展和豪强势力的扩张 ……………… 086
　二　专制体制的完备和统治集团内部的矛盾 ………… 097
　三　边境各民族　东汉王朝同边境各族的关系………… 108
　四　东汉后期的社会矛盾和农民战争 ………………… 119

第四章　秦汉时期的文化 ……………………………………… 126
　一　学术思想和宗教 …………………………………… 126
　二　史学、文学、艺术 ………………………………… 141
　三　自然科学 …………………………………………… 151

三国两晋南北朝时期

第一章　三国鼎立和西晋短期统一 …………………………… 161
　一　割据势力混战和三国鼎立局面形成 ……………… 161
　二　魏国的政治和经济 ………………………………… 166
　三　蜀国的政治和经济 ………………………………… 177
　四　吴国的政治和经济 ………………………………… 181
　五　从西晋统一到八王之乱 …………………………… 189
　六　西、北边疆各族的内迁 …………………………… 194
　七　汉族流民和内迁各族人民大起义 ………………… 201

第二章 **十六国北朝的民族斗争和民族融合** ………… 204
　一　十六国时期各族贵族的封建割据 ………… 204
　二　北魏前期（386—451）各族人民的
　　　反压迫斗争 ………………………………… 211
　三　北方社会各阶级的状况 ………………… 217
　四　北魏中期（452—499）的阶级斗争和孝文帝的
　　　改革 ………………………………………… 223
　五　北魏后期（500—534）的社会经济 ……… 231
　六　六镇、关陇、河北等地各族人民大起义 … 237
　七　北齐、北周的短期对峙　隋统一南北 … 241
　八　北朝的边境各族 ………………………… 247

第三章 **东晋南朝社会经济的发展** ……………… 255
　一　东晋的统治和南北战争 ………………… 255
　二　孙恩、卢循领导的农民战争 …………… 262
　三　南朝的政治 ……………………………… 267
　四　南方的社会经济和阶级状况 …………… 277
　五　南方各民族 ……………………………… 288

第四章 **三国两晋南北朝的文化** ………………… 293
　一　玄学和宗教 ……………………………… 293
　二　史学、文学和艺术 ……………………… 311
　三　自然科学 ………………………………… 325

秦汉时期

第一章　秦　统一的专制国家的形成

一　秦始皇建立专制统治和巩固统一的活动

专制主义中央集权制度的建立　公元前 221 年，秦王政（前 246—前 210 年在位）结束了战国以来封建诸侯长期割据的局面，统一了全中国，建立了一个以咸阳为首都的幅员辽阔的国家。这个国家的疆域，东至海，西至陇西，南至岭南，北至河套、阴山、辽东。为了统治这个前所未有的大帝国，秦王政创建了专制主义中央集权的政治制度，树立了绝对皇权，巩固了统一。

统一战争结束以后，秦王政立即着手进行集中权力的活动。他兼采传说中三皇、五帝的尊号，宣布自己为这个统一的专制国家的第一个皇帝，称始皇帝，后世子孙世代相承，递称二世皇帝、三世皇帝。他规定皇帝自称曰"朕"，并制定了一套尊君抑臣的朝仪和文书制度。这些措施，都是为了显示统一国家最高统治者的无上权威，表示秦的统治将万世一系，长治久安。

周代以来封国建藩的制度，与专制皇权和统一国家是不相容的，所以必须加以改变。始皇二十六年（前 221），丞相王绾请封皇子为燕、齐、楚王，得到群臣的赞同。廷尉李斯力排众议，主张废除分封,全面地推行郡县制度。秦始皇接受了李斯的建议,把全国分成36郡,以后又陆续增设至四十余郡。这些郡完全听命于中央和皇帝,是中央政府辖下的地方行政单位。中央集权的制度,从此就确立了。

秦始皇把战国时期的官制加以调整和扩充,建成一套适应统一国家需要的新的行政机构。在这个机构中,中央设丞相、太尉、御史大夫。丞相有左右二员,掌政事;太尉掌军事,不常置;御史大夫是丞相的副贰,掌图籍秘书,监察百官。丞相、太尉、御史大夫以下,是分掌具体政务的诸卿,其中有掌宫殿掖门户的郎中令,掌宫门卫屯兵的卫尉,掌京畿警卫的中尉,掌刑辟的廷尉,掌谷货的治粟内史,掌山海池泽之税和官府手工业制造以供应皇室的少府,掌治宫室的将作少府,掌国内民族事务和外事的典客,掌宗庙礼仪的奉常,掌皇室属籍的宗正,掌舆马的太仆等。丞相、太尉、御史大夫与诸卿议论政务,由皇帝裁决。

地方行政机构分郡、县两级。郡设守、尉、监(监御史)①。郡监直属中央的御史大夫。副贰郡守的是郡尉而非郡监。县按大小设令或长,领有丞、尉及其他属员。郡、县主要官吏由中央任免和调动。县下有乡,乡设三老掌教化,啬夫掌赋税诉讼,游徼掌治安。乡下有里,是最基层的行政单位。里有里典,后称里正、里魁,以乡人强有力者为之。此外还有司治安、禁盗贼的专门机构,叫作亭,亭有长。两亭之间相距大约十里。

---

① 阚骃《十三州志》:"大郡曰守,小郡曰尉。"小郡但置尉而不置守,秦制已如此。

战国后期，秦国建立了以"告奸"为目的的"户籍相伍"制度①，以图加强统治。秦始皇十六年（前231）"初令男子书年"，三十一年（前216）"使黔首自实田"②。这样，农民的户籍中增加了年纪和土地占有状况，不但便于国家的政治统治，而且也便于征发租赋兵徭。户籍制度从此成为国家把农民牢牢地固着在土地上进行统治和剥削的依据，成为国家"庶事之所自出"③的一项重要制度。

在湖北云梦睡虎地发现的秦简，有《秦律十八种》《秦律杂抄》《法律答问》和《封诊式》等法律文书，保存了秦孝公至秦王政时期陆续修成的秦律的部分内容④。从中我们看到，秦律已具备了刑法、诉讼法、民法、军法、行政法、经济法等方面的内容，对农田水利、山林保护、牛马饲养、粮食贮存和发放、货币流通、市场交易、徭役征发、工程兴建、刑徒监管、官吏任免、军爵赏赐、物资账目、军队训练、战场纪律、后勤供应、战后奖惩等，都有具体规定。秦律处刑较重，体现了"重刑轻罪"的原则。对官吏的管理很严，也是一个值得注意的特点。秦始皇统

---

① 《史记》卷五《秦本纪》献公十年（前375）"为户籍相伍"；《史记》卷六八《商君列传》孝公六年（前356）"令民为什伍而相牧司连坐"；《商君书·境内篇》："四境之内，丈夫女子皆有名于上，生者著，死者削。"

② 《史记》卷六《秦始皇本纪》。以下不注出处的引文均见此。

③ 徐幹《中论·民数篇》："民数者，庶事之所自出也，莫不取正焉。以分田里，以令贡赋，以造器用，以制禄食，以起田役，以作军旅。国以之建典，家以之立度。"徐幹所说的名数即户籍，亦称名籍。

④ 《睡虎地秦墓竹简》，文物出版社，1990年。

一六国后,以秦律为基础,参照六国律,制定了通行全境的法律①,并大力推行,使注重法治成为秦政的特色。

统治一个大国,还需要强大的军队。秦军驻守全国,南北边塞是屯兵的重点。秦制以铜虎符发兵,这是保证兵权掌握在皇帝手中的重要制度。在秦始皇陵侧发现的兵马俑坑,有武士俑数千件,还有战车战骑。兵马俑所反映的军阵规模之大,军容之盛,是秦军强大的表征。

秦始皇不但建立了这一套专制主义中央集权的统治机构和制度,而且还采用了战国时期阴阳家的终始五德说,来为秦朝的法统辩护。终始五德说认为,各个相袭的朝代依土、木、金、火、水这五德的顺序进行统治,周而复始。秦得水德,水色黑,所以秦的礼服旌旗等都用黑色;与水德相应的数是六,所以符传长度、法冠高度各为六寸,车轨宽六尺;水德主刑杀,所以政治统治力求严酷,无"仁恩和义";与水德相应,历法以亥月即十月为岁首,等等。秦始皇还确定了一套与皇帝地位相适应的复杂的祭典以及封禅大典,不许臣民僭越。秦始皇在咸阳附近仿照关东诸国宫殿式样营建了许多宫殿,并修造富丽宏伟的阿房宫。在他看来,这些宫殿建筑不但是天下一统的象征,而且"端门四达,以制紫宫"②,俨然是人间上帝的居处。他还在骊山预建陵寝,"以水银为百川、江河、大海,机相灌输,上具天文,下具地

---

① 云梦龙岗发现的秦简,保留了其中与禁苑有关的部分内容。见《龙岗秦简》,中华书局,2001年。

② 《三辅黄图》卷一《咸阳故城》。

理"。这些措施除为了满足奢欲以外，还和他采用皇帝的名号一样，是要表示他在人间的权力无所不包，与上帝在天上的权力相当，从而向臣民灌输皇权神秘的观念。神秘的皇权观念，是专制主义中央集权制度的思想基础。

皇权的加强和神秘化，郡县制的全面推行，体现专制皇权的官僚机构的建立，大大地巩固了国家的统一。专制主义中央集权制度，在当时的条件下是维持国家统一所不可少的条件，有利于社会经济的进一步发展。

防止封建割据的措施　焚书坑儒　秦始皇为了防止割据势力的复辟，做了许多事情。他把缴获的六国武器和没收的民间武器加以销毁，在咸阳铸成12个各重千石的钟鐻铜人。销兵器的事件发生在铜兵器转换为铁兵器的历史过程中，在客观上对这个过程起了促进作用[①]。

秦始皇把六国富豪和强宗12万户迁到咸阳，一部分迁到巴蜀、南阳等地，使他们脱离乡土，以便监视。他又下令"堕坏城郭，决通川防，夷去险阻"，尽可能消灭封建贵族依以割据的手段。为了控制广阔的国土，秦始皇还修建由首都咸阳通到全国各地的驰道，"东穷燕齐，南极吴楚"。他自己多次顺着驰道巡游郡县，在很多地方刻石"纪功"，以示威强。为了加强北方的防务，秦始皇三十五年（前212），又修筑由咸阳直达九原的直道，堑山堙谷以通之。在西南地区，还修筑了今四川宜宾至云南昭通的五尺道，设官进行统治。

---

① 江淹《江文通集》卷三《铜剑赞序》首先提出过这个看法。

秦始皇对分裂割据的思想和政治倾向，也进行了严厉的打击。当时的一些儒生、游士，希望割据局面复辟，他们"入则心非，出则巷议"，引证《诗》《书》、百家语，以古非今。始皇三十四年（前213），丞相李斯请求焚毁《诗》《书》，消灭私学。秦始皇接受李斯如下的建议："史官非《秦记》皆烧之；非博士官所职，天下敢有藏《诗》《书》、百家语者，悉诣守、尉杂烧之；有敢偶语《诗》《书》者弃市；以古非今者族；吏见知不举者与同罪；令下三十日不烧，黥为城旦；所不去者医药卜筮种树之书；若欲有学法令，以吏为师。"这样就发生了焚书事件。第二年，为秦始皇求仙药的方士有诽谤之言，又相邀逃亡，于是秦始皇派御史侦察咸阳的儒生方士，把其中被认为犯禁者四百六十多人坑死。焚书坑儒是野蛮残暴的事，对于古文献的保存和学术的传授，造成了很大的损失。但是在当时统一与分裂激烈斗争的年代里，秦始皇用这种手段来打击复活割据局面的思想，是他维护统治的有力措施。

整齐制度 秦始皇以原来秦国的制度为标准，整齐划一全国政治、经济、文化方面的一些制度，企图尽可能消除由于长期分裂割据造成的地区差异，以利于国家的统一。

战国时期，各国文字的基本结构虽然相同，但字体繁简和偏旁位置却有差异。李斯受命统一文字，他以秦国的文字为基础制定小篆，并写成范本，在全国推行。当时还流行一种书法，叫作隶书，比小篆更简便。

秦始皇废止战国时各国形制轻重各不相同的货币，改以黄金为上币，以镒（20两）为单位；圆形方孔的铜钱为下币，文曰半两,重如其文。

秦始皇又用商鞅时制定的度量衡标准器,来统一全国的度量衡①。他还规定六尺为步,240步为亩。

文字、货币、度量衡的统一,为经济、文化的发展提供了便利条件,促进了统一国家的发展。

在秦以后的社会中,由于小农经济的分散性,统一国家在某种程度上仍旧保留着割据的状态,因而在一定条件下分裂还可能再现。虽然如此,秦始皇在历史条件所允许的限度内,开创了统一局面,并力图加以巩固,这就大大减少了割据战争,增强了抗拒外来侵略和周边各族统治者骚扰的力量,有利于经济、文化的发展。所以秦始皇的统一事业,对中国历史是一个伟大的贡献。

对匈奴和对越人的战争 匈奴人分布在蒙古高原上,战国末年以来,常向南方侵犯。全国统一以后,秦始皇派蒙恬率领秦军30万抗击匈奴。蒙恬于始皇三十三年(前214)收河套以南地,以为44县,城河上为塞。秦朝军民还把战国时燕、赵、秦三国长城修复并连接起来,筑成西起临洮(今甘肃岷县)、东迄辽东的古代世界伟大工程之一的万里长城,用来保护北方农业区域,免遭游牧的匈奴人的侵袭。接着,秦又徙民几万家于河套。这对于边地的开垦和边防的加强,起了积极作用。

---

① 现存青铜器"商鞅量",有商鞅铭文和秦始皇二十六年统一度量衡的诏书,可见商鞅量曾在商鞅时和秦始皇时两次作为标准器使用。据铭文所记数据测定,秦一尺约合今0.23公尺,秦一升约合今0.2公升。又,现存王莽"嘉量"的容积、尺度与"商鞅量"同,可见汉制与秦制一致。

中国境内的越人分布在华东、华南地区，分为闽越、南越、西瓯三个部分。闽越在今浙江、福建一带，南越在今广东，西瓯在今广东西南部、广西南部以至于云南东南部。越人"剪发文身，错臂左衽"①，依山傍海，从事渔猎和农业。西瓯人主要从事农业生产②。

秦王政二十四年（前223），王翦率秦军灭楚，继续南进，夺得越人一部分土地，置会稽郡（治今江苏苏州）。二十六年，秦始皇"使尉屠睢发卒五十万为五军，一军塞镡城（今湖南靖州境）之岭，一军守九嶷（今湖南江华境）之塞，一军处番禺（今广州）之都，一军守南野（今江西南康境）之界，一军结余干（今江西余干境）之水，三年不解甲弛弩"③。秦军击败了闽越的抵抗，以其地置闽中郡（治今福建福州）。攻南越的秦军，也占领了番禺。只有西线的秦军遇到西瓯人顽强的抵抗。为了解决秦军转饷的困难，监禄率卒在湘水、漓水间开凿灵渠（在今广西兴安县），沟通了长江和珠江水系的交通。在秦军和西瓯人的战斗中，西瓯君译吁宋和秦军统帅尉屠睢相继战死。三十三年，秦始皇又谪发内郡"诸尝逋亡人、赘婿、贾人"增援，征服了西瓯，在南越、西瓯故地及其相邻地区建置了南海郡、桂林郡和

---

① 《水经注》卷三七《叶榆河》引《交州外域记》载：交趾的雒越人"土地有雒田，其田从潮水上下，民垦食其田，因名为雒民，设雒王、雒侯，主诸郡县，县多为雒将"。中国境内的西瓯人，大致也是这样。

② 《战国策》卷一九《赵策》。

③ 《淮南子》卷一八《人间训》。

象郡,并继续征发人民前往戍守。这样,几十万北方农民就留在那里与越人杂居,共同开发珠江流域。

二 推翻秦朝的农民战争

秦代的急政 秦始皇的事业,是在残酷地剥削压迫人民的条件下,在短短的十几年中完成的,这使秦的统治具有急政暴虐的特色。

在秦统一以后的十几年中,秦始皇维持了一支庞大的军队,建立了一个庞大的官僚机构,进行了大规模的战争,完成了巨大的国防建设和土木建筑。为了动员人力和筹集费用,秦始皇大大增加了租赋力役的征发,达到"力役三十倍于古,田租口赋盐铁之利二十倍于古"① 的程度。据估计,当时当兵服役的人远远超过 200 万,占壮年男子 1/3 以上②。当兵服役的人脱离了农业生产,靠农民养活,这就出现了"男子力耕,不足粮饷,女子纺绩,不足衣服,竭天下之资财以奉其政"③ 的严重局面,大大动摇了秦的统治基础。为了强化专制国家的统治,秦朝又推行严刑峻法以镇压农民,并且把数十万农民变为官府的囚徒。

秦始皇"使黔首自实田",也意味着把旧秦的土地私有制推

---

① 《汉书》卷二四上《食货志上》。
② 据《续汉书·郡国志》一注推算,战国末年人口数约为一千多万,秦时当约略如此。
③ 《汉书》卷二四上《食货志上》。

行到东方六国旧境,在全国范围内正式承认地主的土地所有权。土地私有制与"溥天之下,莫非王土"的制度比较,是进步的。但地主凭借这个命令,不仅得以合法占有大量土地,而且还用各种手段剥夺农民的土地,农民却没有办法保障自己免于被剥夺。在这种情况下,大量的农民出卖土地,成为无地或少地的人,不得不以"见税什五"的苛刻条件耕种豪民之田。农民的生活非常悲惨,他们经常只能"衣牛马之衣,食犬彘之食"。在地主剥削和暴吏酷刑的逼迫下,他们纷纷逃亡山林,举行暴动。

这种种情况说明,由于专制制度内在的矛盾,由于急政暴虐,秦始皇在完成统一事业的同时,也造成了秦王朝倾覆的条件。所以西汉时的贾山谈到秦代"群盗满山"的情况时说:"秦皇帝身在之时,天下已坏矣,而弗自知也。"[1]

公元前210年,二世皇帝即位。他进一步加重对农民的剥削和压迫,以"税民深者为明吏",以"杀人众者为忠臣"[2]。他令农民增交菽粟刍稿,自备粮食,转输至咸阳,供官吏、军队以至于狗马禽兽的需要。他继续修建阿房宫,继续发民远戍。徭役征发的对象进一步扩大,农民的困苦达于极点,社会生产力的破坏达到极其严重的程度,大规模的农民起义已经到一触即发的地步了。

陈胜、吴广领导的农民起义　二世元年(前209)七月,一队开赴渔阳(今北京密云)的闾左戍卒900人,遇雨停留在大泽

---

[1] 《汉书》卷五一《贾山传》。
[2] 《史记》卷八七《李斯列传》。

乡（今安徽宿州境），不能如期赶到渔阳戍地。秦法"失期当斩"，这900名戍卒面临着死刑的威胁。为了死里求生，他们在陈胜、吴广的领导下，在大泽乡发动了中国历史上第一次大规模的农民起义。

陈胜，阳城（今河南境）人，雇农出身；吴广，阳夏（今河南太康）人，也是农民。他们都是戍卒的屯长①。为了举行暴动，他们在帛上书写"陈胜王"三字，置鱼腹中，戍卒买鱼得书，传为怪异。为了提高陈胜在戍卒中的威望，吴广又在驻地旁丛祠中篝火狐鸣，发出"大楚兴，陈胜王"的呼声。接着，陈胜、吴广率领戍卒，杀掉押送他们的将尉，用已被赐死的秦公子扶苏和已故楚将项燕的名义，号召农民反秦。附近农民纷纷斩木揭竿，投入暴动的队伍。农民军分兵东进，主力则向西进攻，连下今豫东、皖北的铚、酂、苦、柘、谯诸县。当他们推进到陈（今河南淮阳）的时候，已是一支数万人的声势浩大的队伍了。

在这支农民军的影响下，许多郡县的农民杀掉守令，响应陈胜；特别是在旧楚国境中，"数千人为聚者不可胜数"②。一些六国的旧贵族、游士、儒生，也都乘机来归，想利用农民的力量，达到旧贵族复辟的目的。游士张耳、陈余甚至劝陈胜派人"立六国后"，被陈胜断然拒绝了。陈胜自立为"张楚王"，分兵三路攻秦。吴广为"假王"，西击荥阳；武臣北进赵地；魏人周市攻魏地。吴广军在荥阳被阻，陈胜加派周文西击秦。

---

① 据《商君书·境内篇》，一屯五人。
② 《史记》卷四八《陈涉世家》。

周文军很快发展到车千乘，卒数十万人，进抵关中的戏（今陕西临潼境），逼近咸阳。秦二世慌忙发修骊山陵墓的刑徒为兵，以少府章邯率兵应战，把周文军打败。

武臣占领了旧赵都城邯郸后，在张耳、陈余怂恿下自立为赵王。陈胜为了顾全大局，勉强予以承认，并命他率兵西上，支援周文。武臣抗命不救周文，却派韩广略取燕地。韩广在燕地贵族的怂恿下，也自立为燕王。

周市进到旧魏南部和旧齐境内。齐旧贵族田儋自立为齐王，反击周市。周市在魏地立魏旧贵族魏咎为魏王，自为魏丞相，并派人到陈胜那里迎接魏咎。

旧贵族的势力很活跃，陈胜缺乏经验，决心不够，眼看着分裂局面形成了。陈胜周围也出现了不团结的现象。

秦将章邯军连败周文，周文自杀。章邯又东逼荥阳，吴广部将田臧杀吴广，迎击章邯，一战败死。章邯进到陈，陈胜败退到下城父（今安徽蒙城），被叛徒庄贾杀死，陈县失守。陈胜部将吕臣率领一支"苍头军"英勇接战，收复陈县，处决了庄贾。陈胜作为反秦的先驱者，只有半年就失败了，但是反秦的浪潮却被他激起，继续不断地冲击秦的统治。

楚汉之战 陈胜起兵后，旧楚名将项燕之子项梁和梁侄项羽在吴（今江苏苏州），杀掉秦会稽郡守，起兵响应。不久项梁率领8000子弟渡江北上，队伍扩大到六七万人，连战获胜。闽越贵族无诸和摇也率领族人，跟着秦番阳令吴芮反秦。原沛县亭长刘邦和一部分刑徒逃亡山泽，这时也袭击沛令起事，后归入项梁军中。项梁立楚怀王之孙为楚王，继续与秦军战斗。以后，项梁在定陶败死，秦章邯军转戈北上，渡河击赵。这时，代替蒙恬戍守朔方边塞的王离，也率大军由上郡（治今陕西榆林东南）东出，包围了张耳和赵王歇驻守的巨鹿城（今河北平乡境）。楚王派宋义、项羽救赵，派刘邦西入关中。

宋义北至安阳，逗留不进。项羽杀宋义，引兵渡河，破釜沉舟，每人只带三天的食粮，表示决死。项羽军在赵地经过激战，当着畏懦的燕、齐等诸侯军的面解了巨鹿之围，威名大振，被推为诸侯上将军。以后，秦将章邯也率20万人向他投降了。

乘虚西进的刘邦迂回进入武关，到达咸阳附近的灞水。那时秦二世已被赵高杀死，继立的子婴贬去帝号，称秦王，在秦二世三年（前207）十月①向刘邦投降。刘邦废除秦的苛法，只约法三章，"杀人者死，伤人及盗抵罪"，深得秦人拥护。

项羽听说刘邦已入咸阳，也立即率军入关，进驻鸿门。他依靠强大的军力，暂时压服了刘邦，进入咸阳，大肆烧杀掠夺。他在诸王并立的既成局面下，自立为西楚霸王，都彭城。他调整诸王土地，徙置诸故王于其原据地的边缘，而把自己的亲信封于各王国的善地为王。这样就并立着18个王国，受制于西楚霸王。项羽的这一措施不但不能收拾割据局面，反而加剧了分裂割据。不久齐国首先发难，诸侯混战再次爆发。

被项羽逼处巴蜀汉中一隅为汉王的刘邦，于汉元年（前206）八月，乘机进入关中，陆续消灭了项羽用来阻塞他扩展势

---

① 十月为汉元年首月，这一月在公元前207年，但汉元年绝大多数月份都在公元前206年。

力的关中三王（雍王章邯、塞王司马欣、翟王董翳）。接着他领军东出，远袭彭城，但为项羽所败，退守于荥阳、成皋之间，与项羽相持。后来，刘邦巩固了关中后方，又联络反对项羽的力量，在一再失败之后，逐渐转为优势。汉五年（前202）十二月，刘邦与韩信、彭越等会攻项羽，项羽兵败垓下（今安徽灵璧境），退至乌江（今安徽和县境）自刎。同年二月，刘邦即皇帝位。

楚汉之战是由秦末农民战争直接演变而来的。在当时的社会条件下，农民战争虽然胜利地推翻了旧的王朝，但曾经是农民军领袖的刘邦和项羽，逐步转变为国家统治权的角逐者。在这场角逐中，项羽具有强烈的旧贵族意识，不善于用人，不能重建统一的王朝。刘邦知人善任，因势利导，终于战胜项羽，登上了西汉皇帝的宝座。

第二章　西汉时期统一的专制国家的确立

一　西汉初年的"休养生息"政策和削弱王国势力的措施

汉高祖稳定社会秩序的措施　秦末农民战争推翻了秦朝的统治,但跟着而来的,是楚汉之际争夺国家统治权的长期战争。在这场战争中,生产受到严重的破坏,社会经济凋敝。农民大量流亡异乡,不得耕作。还有一些农民为生活所迫,不得不卖妻鬻子,或者自卖为奴。经过战乱的城市,也是人口减少,商业萧条。投机商人囤积居奇,物价踊贵,米一石值万钱,马一匹值百金。新建立的西汉政权,府库空虚,财政困难。史载当时"自天子不能具钧驷,而将相或乘牛车,齐民无藏盖"[①]。

面对这种残破局面,以刘邦为首的西汉统治者,不得不把恢复农业生产,稳定社会秩序,作为自己的首要任务,陆续采取了一些重要的措施:

---

① 《史记》卷三〇《平准书》。

一、"兵皆罢归家","以有功劳行田宅"。① 入关灭秦的关东人愿留在关中为民的,免徭役12年,回关东的免徭役6年。军吏卒无爵②或爵在大夫（五级爵）以下的,一律晋爵为大夫；大夫以上的加爵一级,并一律免除本人及全家的徭赋。爵在七大夫（即公大夫,七级爵）以上的,"先与田宅",并给以若干户租税的封赏,叫作食邑。从军归农者除少数高爵的上升为地主外,大部分还是普通农民。这些农民由于获得了一份土地,提高了生产积极性,因此是汉初稳定农村社会秩序、恢复农业生产的一支重要力量。

二、号召在战乱中流亡山泽的人各归本土,恢复故爵、田宅。各地小吏在战争时期占夺的土地,也事实上予以承认。这些人大多数是地主。那些出身于农民或贫民、以军功获得高爵和较多土地的人,也成为汉初的地主。

三、以饥饿自卖为奴婢的人,一律免为庶人。

四、抑制商人,不许他们衣丝、操兵器、乘车骑马,不许他们做官,加倍征收他们的算赋,以限制商人对农民的兼并。

五、减轻田租,十五税一。

六、命丞相萧何制定九章律,代替临时颁行的约法三章。在湖北江陵张家山发现的汉墓竹简中,有《二年律令》和《奏谳书》③。前者是吕后二年以前发布的汉初律令的部分内容,共有

---

① 《汉书》卷一下《高帝纪下》。
② 爵,秦制,以赏功劳。爵分二十级,见《汉书》卷一九上《百官公卿表上》。
③ 见《张家山汉墓竹简（二四七号墓）》,文物出版社,2001年。

《贼律》《盗律》《具律》《告律》《捕律》《亡律》等 27 种律和一种令。后者是议罪案例的汇编，其中有汉高祖时期郡县上报廷尉的 16 件疑难案例。这些资料使我们知道，汉初的法律大量继承了秦律的内容，但量罪处刑较秦法缓和，对东方王国地区的干预也较少。

以上这些措施，是农民战争后西汉王朝适应社会的变化而采取的唯一可行的政策。汉高祖推行了这一政策，一方面使国家的统治秩序重新得到稳定，另一方面也使脱离生产的农民回到了土地上，得到生产的条件，从而使农业生产逐步恢复起来。

汉高祖命陆贾著书论说秦失天下的原因，陆贾在他所著《新语》一书的《无为》篇中指出：秦代"事逾烦天下逾乱，法逾滋而奸逾炽，兵马益设而敌人逾多。秦非不欲为治，然失之者乃举措暴众而用刑太极故也"。从陆贾所揭示的历史教训中，汉初统治者认识到，在当时的条件下，只有轻徭薄赋缓刑，才能缓和农民的反抗，以巩固自己的统治。这样就形成汉初统治者的所谓"黄老无为"的政治思想。汉高祖以及文景时期"与民休息"的各项措施，正是这种无为思想的体现。

"文景之治" 惠帝、吕后时期（前 194—前 180），无为思想在政治上起着显著作用。丞相曹参沿袭萧何辅佐汉高祖的成规，"举事无所变更"①。在这 15 年中，很少兴动大役。惠帝时几次发农民修筑长安城，每次为期不过一月，而且都在冬闲的时

---

① 《史记》卷五四《曹相国世家》。

候进行①。惠帝四年（前191）又"省法令妨吏民者，除挟书律"②，吕后元年（前187）"除三族罪、妖言令"③。边境戍卒一岁一更的制度，也在这时重新确定了。

文帝、景帝统治时期（前179—前141），继续"与民休息"，社会经济逐渐发展，史称"文景之治"。

文帝重视农业，屡诫百官守令劝课农桑。文帝十三年（前167）下诏全免田租；景帝元年（前156）复收田租之半，即三十税一④，并成为汉朝定制。文帝时，丁男徭役减为"三年而一事"⑤，算赋也由每年120钱减为40钱。长期减免田租徭赋，对地主有利，但也促进了广泛存在的自耕农民阶层的发展。西汉初年"大侯不过万家，小者五六百户"；到了文景之世，"流民既归，户口亦息，列侯大者至三四万户，小国自倍，富厚如之"⑥。户口繁息的迅速，就是自耕农民阶层得到发展的具体说明。

农业的发展，使粮价大大降低，史载文帝初年每石"粟至十

---

① 《汉书》卷二《惠帝纪》。又，惠帝三年六月"发诸侯王、列侯徒隶二万人城长安"，这次征发没有照顾农时，役期也无规定，但征发对象是徒隶而非农民，不同于一般的征发。

② 《汉书》卷二《惠帝纪》。

③ 《汉书》卷三《高后纪》。

④ 据《盐铁论·未通篇》，"三十税一"是"以顷亩出税"，不是按实际收获量定税。十五税一大概也是这样。

⑤ 《汉书》卷六四下《贾捐之传》。

⑥ 《汉书》卷一六《高惠高后文功臣表序》。

余钱"①。商业也活跃起来了。文帝十二年（前168）取消过关用传的制度②，有利于行旅来往和商品流通。文帝弛山泽之禁，促进了盐铁业的发展，对农民的副业生产，也有一些好处。

随着粮价的降落和商业的活跃，也出现了新的问题，即大商人势力膨胀，囤积居奇，侵蚀农民，使广大农民破产流亡。文帝、景帝都曾重申商人不得为吏的禁令，企图限制商人的发展。为了提高谷价，缓和谷贱伤农的现象，晁错向文帝提出了"入粟拜爵"的建议，准许富人（主要是商人）买粟输边，按所输多少授予爵位。输粟达600石者爵上造，达4000石者爵五大夫，达1.2万石者爵大庶长。晁错又建议，入粟拜爵办法实行后，边境积粟足以支五年，可令入粟者输于郡县，使郡县也有积粟；边境和郡县都已充实，就可以免除天下田租。入粟拜爵办法的实行，使农民的处境暂时有所改善。

文帝提倡节俭，在他统治期间，宫室苑囿，车骑服御，都无所增益。史载文帝为了节省黄金百斤③而罢建露台，他说："百金，中人十家之产也。吾奉先帝宫室，常恐羞之，何以台为！"④皇帝尚节俭，对地主、商人中正在兴起的侈靡之风，多少会起一

---

① 《史记》卷二五《律书》。《太平御览》卷三五引桓谭《新论》，则谓文帝时"谷至石数十钱，上下饶羡"。

② 传，是一种通过关津的信物，像通行证一样。过关用传制度到七国之乱以后又恢复了。

③ 汉制一斤约合今0.45市斤，据现存王莽"嘉量"所刻自重之数（二钧，即60斤）和实际称量的结果算出。

④ 《汉书》卷四《文帝纪赞》。

些制约作用。

文景时期,在法律方面也有一些改革。文帝废除了汉律中沿袭秦律而来的收孥相坐律令,缩小了农民奴隶化的范围。文帝、景帝又相继废除了黥、劓等刑,减轻了笞刑。这个时期许多官吏断狱从轻,但责大指,不求细苛,所以有"刑罚大省,至于断狱四百,有刑错之风"[1]之说。

文景时期推行"与民休息"的政策,目的是使农民能够稳定地提供赋税徭役,使汉朝的统治进一步巩固起来。一些看来对农民有利的措施,都对地主、商人更为有利。例如文景减免田赋,地主获利最大;入粟拜爵,也大有助于商人政治地位的提高。所以这些措施归根到底还是会助长兼并势力的扩展,加剧社会矛盾。

削弱王国势力 汉初70年的历史,是社会经济从凋敝走向恢复和发展的历史,也是中央集权逐步战胜地方割据的历史。

西汉初年,六国旧贵族如齐之田氏,楚之昭、屈、景氏和怀氏以及燕、赵、韩、魏之后,仍然是强大的地方势力。汉高祖把这些旧贵族以及其他"豪杰名家"十余万口,迁到长安附近。这次迁徙的规模很大,一度使得关东"邑里无营利之家,野泽无兼并之民"[2],六国旧贵族和关东豪杰的分裂活动基本上被控制了。

---

[1] 《汉书》卷二三《刑法志》。
[2] 《续汉书·五行志三》注引《东观书》载杜林上疏。参看《汉书》卷四三《娄敬传》。按徙民也具有充实关中的意义。

西汉社会中还有另一种割据势力，这就是诸侯王。西汉初年，功臣为王者七人，即楚王韩信、梁王彭越、淮南王英布、韩王信、赵王张敖、燕王臧荼、长沙王吴芮，史称"异姓诸王"。异姓诸王据有关东的广大区域，拥兵自重，专制一方，是统一的隐患，是中央集权的严重障碍。汉高祖采取了断然手段，来消灭异姓诸王。他首先消灭燕王臧荼，立卢绾为燕王。以后又接连消灭楚、韩、赵、梁、淮南和燕等六王。只有长沙王由于其封国僻远，又处在汉与南越的中间地带，可以起缓冲的作用，所以直到文帝时才由于无后而国除。

在消灭异姓诸王的同时，汉高祖无力直接控制全国，又"惩戒秦孤立之败"，所以在异姓诸王的旧土上分封自己的子弟为王，用以藩屏汉室，史称"同姓诸王"。同姓王国辖地共达39郡，而中央直辖的土地只有15郡，其中还夹杂了不少列侯的封国和公主的"汤沐邑"。这依旧是干弱枝强的局面。王国"大者夸州兼郡，连城数十"①，例如齐国辖地六郡73县，代、吴各辖地三郡53县，楚国辖地三郡36县。为了控制诸侯王国，汉政府规定中央派太傅辅王，派丞相统王国众事，并重申无中央虎符不得发兵。但是王国得以自置御史大夫以下的官吏，自征租赋，自铸货币，自行纪年，实际上仍然处于半独立状态。

吕后统治时期，大封诸吕为王、侯。吕后死，刘氏诸王与西汉大臣合力消灭了诸吕的势力，迎立代王刘恒为帝，是为文帝，同姓王的势力更加发展。贾谊在《治安策》中陈诉当时中央和

---

① 《汉书》卷一四《诸侯王表序》。

王国形势说:"天下之势,方病大瘇,一胫之大几如要,一指之大几如股";而且"病非徒瘇也,又苦蹠戾",这就是说"亲者或亡分地以安天下,疏者或制大权以偪天子"。贾谊认为:"欲天下之治安,莫若众建诸侯而少其力。力少则易使以义,国小则亡邪心。"① 贾谊的建议,在当时没有引起文帝的重视。但是贾谊死后四年,即文帝十六年(前164),文帝分齐国之地为六国,分淮南国之地为三国,实际上就是贾谊"众建诸侯"之议的实现。

继贾谊之后,晁错屡次向文帝建议削夺诸王的封土。景帝时,吴国跋扈,晁错又上"削藩策"。他说诸王"削之亦反,不削亦反。削之,其反亟,祸小;不削之,其反迟,祸大"②。景帝三年(前154),用晁错之策,削楚王东海郡,削赵王常山郡,削胶西王六县,以次削夺,将及吴国。这时吴王濞就联络楚、赵、胶西、胶东、淄川、济南等六国,发动叛乱,史称"七国之乱"。

七国之乱,是地方割据和中央集权之间矛盾的爆发。由于梁国的坚守和汉将周亚夫所率汉军的进击,叛乱在三个月内就被平定了。七国之乱平定以后,景帝损黜王国官制及其职权,降低诸侯王权力,规定诸侯王不再治民。从此诸侯王强大难制的局面大为缓和,中央集权逐渐巩固。

对匈奴的和亲和对南越的安抚　汉高祖消灭异姓诸王时,邻

---

① 《汉书》卷四八《贾谊传》。
② 《汉书》卷三五《吴王刘濞传》。

接匈奴的诸王有的投降匈奴，有的勾结匈奴内侵。汉七年（前200），高祖进击投降匈奴的韩王信时，曾被匈奴围困在白登（今山西阳高境），史称"白登之围"。以后，匈奴常常寇边，掳略人畜。娄敬向汉高祖建议与匈奴结"和亲"，劝高祖以嫡长公主嫁给匈奴冒顿单于，"厚奉遗之"，并于每年馈赠絮缯酒食等礼物，以缓和匈奴的侵扰。娄敬说："冒顿在，固为子婿；死，外孙为单于。岂曾闻外孙敢与大父亢礼哉！"① 汉高祖用娄敬之议，取"家人子"为公主，与匈奴结和亲，并开放汉与匈奴之间的关市。

文景时期，继续与匈奴和亲，厚予馈赠，但是匈奴仍然不断侵犯边境，每次入塞，都要抢走人畜，毁坏庄稼。文帝十四年（前166）匈奴南下，游骑迫近长安。为了抵抗匈奴的侵扰，文帝用晁错之议，募民迁徙塞下，垦田筑城，加强边防。晁错所倡入粟边塞者得以拜爵的办法，也是在匈奴的严重威胁下提出来的。

南越之地本是秦朝的郡县，越、汉杂居。秦末农民战争中，秦龙川令赵佗行南海尉事占据岭南，绝道聚兵自守，自立为南越王。赵佗依靠汉越地主贵族，采用秦和汉初的政治制度，进行统治。赵佗治理南越"甚有文理，中县人以故不耗减，粤（越）人相攻击之俗益止"②，在一定的时期内起了保境安民的积极作用。

---

① 《汉书》卷四三《娄敬传》。
② 《汉书》卷一下《高帝纪下》。

汉高祖十一年（前196），派陆贾出使南越，册封赵佗为南越王，剖符通使，使他"和集百越"。赵佗接受了汉朝封号，愿为藩辅。吕后统治时期，严边防之禁，曾令曰："毋予蛮夷外粤金铁田器；马牛羊即予，予牡，毋予牝。"这个禁令对南越地区农业经济的发展极为不利，也破坏了民族关系。赵佗反对吕后的这项政策，他自称南越武帝，"乘黄屋左纛称制"①，与汉朝皇帝相抗衡。他还进攻长沙国，控制闽越、西瓯，使南越成为一个"东西万余里"的大国。吕后派周灶征南越，军未逾岭而罢。汉初汉军使用过的两幅帛制长沙国南部地区地图，已在长沙马王堆汉墓出土。

文帝为了"休养生息"，尽量避免对南越用兵。他按照赵佗的要求，罢省边界戍军，并为赵佗修治真定（今河北正定）祖坟，给赵佗在故乡的兄弟以尊官厚赐。在这种情形下，陆贾再次出使南越，赵佗答应取消帝号，恢复藩属关系。

闽越贵族无诸和摇，率部众参加过反秦战争，以后又助汉灭楚。汉初，无诸受封为闽越王，都东冶（今福建闽侯）；摇受封为东海王（又称东瓯王），都东瓯（今浙江温州）。景帝时，东瓯王、闽越王都参与了七国之乱，但景帝对他们没有追究。

二　西汉社会经济的发展

铁农具、牛耕的普遍使用和农业的发展　汉初至文、景的六

---

① 《汉书》卷九五《南粤传》。

十多年内，社会经济逐渐由凋敝走向恢复和发展，到武帝时，便出现了一种繁荣的景象。史载当时"都鄙廪庾皆满，而府库余货财。京师之钱累巨万，贯朽而不可校。太仓之粟陈陈相因，充溢露积于外，至腐败不可食"①。

西汉初年，铁制农具已推广到中原以外的很多地区；武帝时冶铁制器归国家垄断，铁器的传播更为迅速。今辽宁、甘肃、湖南、四川等省以及更远的一些地方，都有西汉的铲、镢、锄、镰、铧等铁制农具出土。出土铁犁铧数量很多，宽窄大小不一，这是各地区因地制宜地发展犁耕技术的结果。最大的铧宽达42厘米，这也许就是武帝时期以来"县官鼓铸铁器，大抵多为大器，务应员程，不给民用"②的所谓"大器"（一说"大器"指兵器和煮盐牢盆）。

马耕和牛耕（主要是牛耕）已很普遍。除了二牛三人的耦犁以外，还有二牛一人的犁耕法，山西平陆发现的王莽时期墓葬画像砖上有二牛一人的犁耕图。这种犁耕法较之二牛三人的耦犁，是一个重要的进步。武帝以后，随着大规模徙民边陲进行垦田，牛耕技术也传到西北。与犁耕技术的传播同时，播种用的耧也开始使用，西汉晚期，耧已传到辽阳一带，辽阳的汉末村落遗址和北京清河汉代遗址中，都发现铁制耧足。

武帝时由于大规模战争的消耗，耕马、耕牛严重不足，价格昂贵，北方一度出现以人挽犁的现象。经济落后的淮南地

---

① 《史记》卷三〇《平准书》。
② 《盐铁论·水旱篇》。

区,还是耰耒而耕。江南大部分地区仍处于"伐木而树谷,燔莱而播粟,火耕而水耨"①的阶段,同北方的农业生产水平相差很远。

西汉初期,农民已有"深耕概种,立苗欲疏"②的经验。武帝末年,赵过推行代田法。代田法是先把土地开成深广各一尺的沟,叫做甽,甽旁堆成高广各一尺的垅。一亩之地(广1步,长240步),开成三甽三垅。下种时把种子播在甽中,苗长出后进行耨草,用垅上的土和耨除的草培植苗根。盛夏垅土用尽,甽垅培平,作物的根既深且固,不畏风旱。甽垅的位置每年互相调换,轮流种植,以恢复地力。代田法在长安附近试验的结果,每亩产量比别的田超过一斛甚至二斛以上,所以很快就被推广。边远各郡也使用了代田法,居延(在今内蒙古额济纳旗境)的代田,在汉简上有很多记载。赵过除了推行代田法以外,还改进了农具,史载"其耕耘下种田器,皆有便巧"③。

西汉时期,水利事业也很发达。武帝时,关中开凿了许多渠道,形成一个水利灌溉网。漕渠自长安引渭水东通黄河,便利了漕运,还能溉地万余顷。泾水与洛水之间,修建了白渠,与原有的郑国渠平行,溉田四千五百余顷。当时有歌谣赞美这一渠道说:"田于何所?池阳、谷口。郑国在前,白渠起后。举臿为云,决渠为雨。水流灶下,鱼跳入釜。泾水一石,其泥数斗,且溉且

---

① 《盐铁论·通有篇》。
② 《史记》卷五二《齐悼惠王世家》载《耕田歌》。
③ 《汉书》卷二四上《食货志上》。

粪，长我禾黍，衣食京师，亿万之口。"① 其他如龙首渠、六辅渠、灵轵渠、成国渠等溉田都很多。龙首渠在洛水旁，由于渠岸易崩，它的某些段凿成若干深井，井与井间有水流通，叫做井渠。这种修渠方法，在沙土地带特别有用。京畿以外，关东地区也兴修了一些水利。如汉初羹颉侯刘信在舒（今安徽舒城）修造七门三堰，灌溉田亩。文帝时文翁在蜀郡穿湔江以溉灌繁县土地。稍后，"朔方、西河、河西、酒泉，皆引河及川谷以溉田……汝南、九江引淮，东海引巨定，泰山下引汶水，皆穿渠为溉田，各万余顷。它小渠披山通道者，不可胜言"。② 西汉时，中原种植水稻，主要就是依靠这些水利灌溉。至于凿井灌溉，北方到处都有，甚至居延边地，也凿井开渠，进行屯垦。

西汉时期最重要的水利工程，是治理黄河。文帝时黄河曾在酸枣（今河南延津）决口，武帝元光三年（前132），黄河又自瓠子（今河南濮阳附近）经巨野泽南流，灌入淮泗，泛滥达16郡。丞相田蚡封地在鄃（今山东高唐），地在黄河以北，他为了使自己的封地不受水灾，力阻修复故道，所以黄河泛滥越来越严重。元封二年（前109），武帝发卒数万人堵塞决口。武帝曾巡视工地，并命随从官员"自将军以下皆负薪填决河"。经过这次修治，黄河才流归故道，此后80年中未成大灾。

铁农具、牛耕的普遍应用，水利的发达，农业技术的进步，使西汉时的农业生产提高到一个新的水平。据西汉末年的统计，

---

① 《汉书》卷二九《沟洫志》。"水流""鱼跳"二句，据荀悦《汉纪》补入。
② 《史记》卷二九《河渠书》。

当时全国有户 1220 多万，口 5956 多万；全国垦田数达到 827 万多顷。这就是西汉农业发展规模的一个说明。

手工业的发展　在西汉的手工业中，冶铁业占有重要地位。西汉冶铁的技术，铁器的种类、数量和质量，都比战国时有了重大的进步。西汉后期"吏卒徒攻山取铜铁，一岁功十万人已上"[①]，规模是很大的。西汉铁器出土的地点，已发现六十多处。在山东、河南、江苏等省都发现冶铁遗址，其中河南巩县、郑州的冶铁遗址规模最大，包括矿坑、冶铁工场，以及从开采矿石到制出成品的全部生产设备。巩县遗址发现了矿石加工场所，发现冶炼炉、熔炉、锻炉共 20 座。遗址中炼铁的燃料，除木材外，还有原煤和煤饼，这是现在所知的我国历史上最早用煤的遗存。"淬火法"已开始应用，这大大提高了铁器的坚韧和锋利程度。汉初的铁兵器，各地经常有出土；武帝以后，铁兵器更多，替代了铜兵器所居的主要地位。西汉中期以后，铁制的日用器皿也逐渐增多。

西汉的采铜和铜器手工业也很发达。铜主要产在丹阳郡和西南的蜀、越嶲、益州等郡。汉初准许私人仿铸货币，所以铸钱场所分布在一些郡国中，武帝时铸币权集中到中央，在上林苑三官铸钱。西汉货币发现极多，铸币用的铜料、铸范以及铸所遗址也有发现。铜器制造主要属少府和蜀、广汉等郡工官，也有很多出于私人作坊，所制器物种类繁多，其中最著名的是铜镜。

丝织业是西汉的重要手工业之一。当时的临淄（今山东临

[①]《汉书》卷七二《贡禹传》。

淄）和襄邑（今河南睢县）设有规模庞大的官营作坊，产品供皇室使用。元帝时，临淄三服官"作工各数千人，一岁费数巨万"①。长安的东西织室规模也很大，每年花费各在5000万钱以上。已有了提花织机，钜鹿陈宝光的绫机"用一百二十蹑"②，能织成各式各样的花绫。西汉的精美织物通过馈赠、互市或贩卖，大批输往边陲各地，远至中亚各国和大秦（罗马帝国）。

西汉漆器出自蜀、广汉以及其他各处工官，漆器加鎏金扣或银扣，称为扣器。漆器和扣器都是名贵的手工业品，《盐铁论》所举当时富人使用的"银口黄耳"，"金错蜀杯"③，就是这类器物。在国内许多地方的墓葬中，出土漆器扣器很多。今朝鲜境内的乐浪王盱墓及其他墓葬中，蒙古境内诺颜乌拉匈奴贵族墓中，也发现了大量的汉代漆器和扣器。漆器制作的分工很精细，见于漆器的工名有素工、髹工、上工、铜耳黄涂工、画工、雕工、清工、造工以及各种监工等十几种，这说明《盐铁论》中的"一杯桊用百人之力，一屏风就万人之功"④的说法，是有一定根据的。

此外，煮盐（包括海盐、池盐、井盐等）、制陶、造船、造车、酿造等业，在西汉时都有发展，生产规模和技术都超过前代。

---

① 《汉书》卷七二《贡禹传》。

② 《西京杂记》卷一。

③ 《盐铁论·散不足篇》。

④ 同上。

在上述各种手工业中，官营作坊的劳动者主要是吏、卒、刑徒、官奴婢和少数佣工；私营作坊主要是僮仆、佣工，他们之中很多来自逃亡农民。他们在极度的剥削压迫和极艰苦的条件下所从事的创造性的劳动，使当时的物质文化表现得丰富多彩。

商业的发展　随着农业、手工业的发展，商业也繁荣起来了。据《史记》记载，西汉时期全国已形成了若干经济区域，每个区域都有大的都会。关中区域膏壤沃野千里，最为富饶，其地"于天下三分之一，而人众不过什三，然量其富，什居其六"①。首都长安户8万余，口24.6万，是关中的交换中心，也是全国最繁华最富庶的城市。长安城周围65里（据实测，周长25700米，合当时62里强），有9市、16桥、12门，每个城门都有3个宽达6米的门道，以三条并列的道路通向城中。长安城的城市布局规整宏伟，各种建筑物稠密巍峨。长安市面上除有本地和附近的各种物产包括官府手工业的产品以外，还有从全国各地运来的货物出售。

洛阳、邯郸、临淄、宛、成都（当时合称五都）、番禺（今广州）等城市，是全国主要的都会。蓟、阳翟、江陵、寿春、合肥、吴，也都是一方的都会。全国各地区、各都会之间，有大道相连。在这些大道上，驿传罗布，车马杂沓，货物转输，络绎相属。江南多水，船和车同是重要的交通工具。今广州、长沙等地的汉墓中，发现有木车、木船和陶船的模型，船有锚、舵，结构

---

① 《史记》卷一二九《货殖列传》。

坚固，可载重致远。

出现在通都大邑里的商品，有牲畜、毛皮、谷物、果菜、酱醋、水产、帛絮、染料、木材、木器、铜铁器等类。奴隶被当作一种商品，在市场上出卖。高利贷也成为一种重要行业。高利贷者被称作子钱家，列侯封君有时也向他们告贷。

西汉中期以后，对外贸易发达起来了。自河西走廊经塔里木盆地南北边缘通向中亚、西亚以及更远地区的道路，已经畅通。沿着这条道路，运入各种毛织物和其他奢侈品，运出大宗丝织物。西方人称这条道路为"丝绸之路"。海上贸易的重要港口是番禺。近年来广州、贵港、长沙等地，经常发现玻璃、琥珀、玛瑙等物，其中一部分是从海外运进来的。

三　西汉社会各阶级的状况

在西汉社会中，基本的阶级是地主阶级和农民阶级。地主阶级包括皇帝、贵族、官僚以及一般的地主，他们是统治阶级。农民阶级包括自耕农、佃农和雇农。手工业者的经济地位相当于农民。他们是被统治阶级。商人的经济地位比较复杂。大商人一般都是大地主，是统治阶级的一部分；小商人虽然不是劳动群众，但其经济地位类似手工业者和自耕农，是被统治阶级的一部分。除此以外，还有数量颇大的奴婢，他们的身份和经济地位最为低下。

在西汉社会经济的发展中，各个阶级都在一定程度上起着变化。地主阶级和大商人迅速扩充势力，强占民田，役使和盘剥农民，掠夺财货奴婢，其中一部分逐步发展成豪强大族。农民阶级中的自耕农，经过汉初一个短暂的较稳定的发展时期后，少数上升为地主，多数则逐步陷入破产流亡的境地，从中分离出大量的人，成为"游食"的小商小贩，或者补充着原有的佃农、佣工和奴婢的队伍。

地主阶级 地主阶级拥有最大部分的土地。居于这个阶级最上层的，是以皇帝为首，包括诸侯王、列侯和大官僚（很多大官僚也有列侯或其他封号）的贵族地主。参加过反秦战争，在汉初获得官、爵的军功地主，是地主阶级中的一个重要阶层。皇帝在直辖郡内，诸侯王在王国内，列侯和其他军功地主在封域或食邑内，凭借国家机器，强迫农民缴纳租赋，提供无偿劳役。中央政权的租赋所入，由大司农掌管，用来养活官吏和军队。皇帝、诸侯王、列侯等在辖区或封域内，还以山川园池市肆租税之入作为"私奉养"。皇帝的私奉养，置少府官主领。最晚到汉武帝时，少府开始向贫民出假公田，收取地租。① 武帝置水衡都尉统一铸币，得利亦入少府。元帝时，国家和皇帝每岁收入，计百姓赋钱藏于都内（大司农属官）者40万万，水衡钱25万万，少府钱

---

① 除了少府以外，三辅、太常、水衡以至郡国，都有公田出假，见《汉书》卷八《宣帝纪》地节元年、三年，卷九《元帝纪》初元元年、二年等。假民公田是一种租佃剥削，其剥削率不详。《九章算术》卷六命题，有假田初假之年三亩一钱，明年四亩一钱，后年五亩一钱的说法，假税甚低，逐年递减。不知实际情况是否如此。

18万万。① 少府、水衡钱供皇帝私奉养者数目十分巨大。

地主阶级掠夺土地日趋严重，官僚地主更为突出。萧何在关中"贱强买民田宅数千万"②，田蚡向窦婴强索长安城南田③，霍去病为生父中孺"买民宅奴婢"④，淮南王安后荼、太子迁、女陵和衡山王赐，都侵夺民田宅⑤，甚至汉成帝也"置私田于民间"⑥。西汉中期以后，拥有土地三四百顷的大地主为数不少，个别大地主的土地甚或至千顷以上。如武帝时酷吏宁成买陂田千余顷，哀帝宠臣董贤得哀帝所赐苑田竟至2000余顷。

农民阶级 西汉政权继续用名籍制度控制民户。举凡姓名、年纪、籍贯（郡、县、里）、爵级、肤色、身长、家口、财产（田宅、奴婢、牛马、车辆等及其所值），都要在名籍上一一载明。⑦ 在列入名籍的编户齐民中，人数最多的是自耕农民。自耕农民是当时农业生产的主力。

西汉政府对自耕农的剥削，较之秦代有所减轻。但是按照

---

① 《汉书》卷八六《王嘉传》。又，《太平御览》卷六二七引桓谭《新论》："汉定（疑当作宣）以来，百姓赋敛一岁为四十余万万，吏俸用其半，余二十万万藏于都内为禁钱。少府所领园地作务之八（疑当作入）十三万万，以给宫室供养诸赏赐。"据此，《王嘉传》所列钱数可能是库存数而非一年所入。

② 《史记》卷五三《萧相国世家》。

③ 《史记》卷一○七《魏其武安侯列传》。

④ 《汉书》卷六八《霍光传》。

⑤ 《史记》卷一一八《淮南衡山王列传》。

⑥ 《汉书》卷二七《五行志》中之上。

⑦ 汉简中，保存了大量的汉代名籍资料。

西汉生产力水平估计，农民租赋负担仍然沉重。据《汉书·食货志》所载，五口之家的农户，种地百亩，不计副业收入，每年约收粟150石[①]，除去食用和田租，约剩50余石。汉制，民年15—56岁，岁纳120钱，叫做算赋；7—14岁的儿童，岁纳20钱（武帝时增至23钱），叫做口赋。通常的农户，每户应服徭役的男丁约为二口，为了不误耕作，就要以每人一月300钱的代价雇人代役，叫做更赋。农家卖粟纳口赋、算赋和雇人代役，所收之粟就所余无几甚至没有剩余。为了进行再生产所需的种子、耕畜、农具等项支出，以及农民衣着、杂用所费，还未计算在内，这些支出就要视副业（主要是蚕桑）收入的有无多寡而定了。如果碰上歉年，农民生活困难更大。所以《盐铁论》中贤良、文学叙述农家入不敷出的情况说，田虽三十税一，如果"加之以口赋更繇之役，率一人之作，中分其功。农夫悉其所得，或假贷而益之。是以百姓疾耕力作而饥寒遂及己也"[②]。

西汉时期，粮食和土地价格因时因地而有不同，甚至相差悬殊，但一般说来是偏贱的。粮价如前所述，文景时每石高不足百钱，低则十余钱。田价据《九章算术》资料，善田每亩300钱，

---

① 此据《汉书》卷二四《食货志》载李悝估计战国农家收入为准。如据同书所载晁错对汉代农家的估计，则一户之收不过百石，只够食用和缴纳田租，连简单再生产也难进行。

② 《盐铁论·未通篇》。

恶田 70 余钱。居延边地，每亩约值百钱。关中善田，每亩千余钱。① 但是农民所需耕牛，一头值千余钱至数千钱。马当时也是耕畜，由于战争的需要，更为昂贵，每匹低则 4000，高则 20 万②。铜铁器物和食盐，价格都不贱。物价的这种不平衡状态，对于地主、商人的剥削兼并有利，对于农民极为不利。农民贱价出卖谷物，甚至出卖土地，高价购买耕畜、农具和其他必需品，进出之间，损失很大。何况纳税季节，地主、商人乘农民之急，还要将粟价压而又压。这也是农民生活困苦的重要原因。

还在号称"无兼并之害"的文景时期，晁错就尖锐地指明这种危及国家统治秩序的现象。他说，农家终年辛苦，除了纳税服役之外，还有"送往迎来、吊死问疾"之费；"尚复被水旱之灾，急政暴虐，赋敛不时，朝令而暮改。当具有者半价而卖，亡者取倍称之息。于是有卖田宅、鬻子孙以偿债者矣"③。这种情况，到武帝以后更为严重。

破产的农民，多数被迫依附于地主作佃客。《盐铁论》说："大抵逋流皆在大家，吏正畏惮，不敢督责，刻急细民。细民不

---

① 《汉书》卷五四《李广传》：李广从弟李蔡盗取阳陵（景帝陵）地三顷，卖钱 40 余万，每亩合千余钱。又，《汉书》卷六五《东方朔传》有"亩价一金（万钱）"的记载，是指"号为土膏"的长安附近的上地。而且东方朔意在谏阻汉武帝取鄠杜民田以广上林苑，所说地价有夸张。

② 牛马价资料分见《九章算术》卷七、卷八；《居延汉简考释》释文卷三；《汉书》卷六《武帝纪》元狩五年。《汉书》卷二四《食货志》说楚汉之战时马至匹百金，是特例，不是常情。

③ 《汉书》卷二四《食货志》。

堪，流亡远去，中家为之色出，后亡者为先亡者服事。录民数创于恶吏，故相仿效，去尤甚而就少愈多"①。正是由于地方官"刻急细民"，畏惮"大家"，使越来越多的农民破产流亡，使豪强大家得以兼并更多的土地和佃客。关东地区，这种情况更为严重。豪强宁成役使贫民至数千家之多②。边地居延，有向屯田卒收取地租的记载，计田65亩，收租26石，每亩合租四斗。③ 内地的租额，当然更高。汉代不见佃客免徭赋的法令，佃客还要受徭赋之苦。

还有一些破产农民，迫于生计，为佣工糊口。秦末陈胜为人佣耕，起兵以后，故人为佣耕者都来军中谒见。汉代佣工种类，见于文献的除佣耕、仆役以外，还有采黄金珠玉、治河、筑陵、为酒家佣保，④ 等等。武帝笼盐铁以前，豪强大家冶铁煮盐，"大抵尽收放流人民"⑤ 为之，这些人有一部分是雇佣身份。笼盐铁后，盐铁生产除用官奴婢外，还用徭役劳动。由于道远作剧，农民无法"践更"，不得不出钱"取庸代"⑥。佣工月值，据《汉

---

① 《盐铁论·未通篇》。
② 《汉书》卷九〇《酷吏宁成传》。参《汉书》卷七〇《陈汤传》、卷八九《循吏·黄霸传》。
③ 《居延汉简甲编》图版编号1585；《居延汉简考证》第二卷。
④ 分见《汉书》卷五《景帝纪》、卷二九《沟洫志》、卷七〇《陈汤传》、卷三七《栾布传》、卷五七《司马相如传》等。
⑤ 《盐铁论·复古篇》。
⑥ 《盐铁论·禁耕篇》。

书·吴王濞传》注说是 300 钱①。官僚地主甚至凭借权力，雇工而不给佣值②。

在汉代社会里，雇佣劳动在社会生产中不占重要地位。佣工还要受种种人身束缚。庸和奴的称谓有时是混同的，表明庸工身份的低下③。汉昭帝始元四年（前 83）诏书里，有"比岁不登，民匮于食，流庸未尽还"之语，可见在剥削压迫稍见缓和或年景稍佳之时，流庸是可以返回乡里的。

商人 西汉时期，商人势力蒸蒸日上。西汉继承秦代重本抑末政策，限制商人。但是，经商是剥削者方便的致富之道，正如当时俗语所说："用贫求富，农不如工，工不如商，刺绣文不如倚市门。"④ 所以商人都用各种手段逃避限制，抑商法令等于具文。晁错看到这种情况，向文帝说："今法律贱商人，商人已富贵矣！"⑤ 西汉前期，出现了许多大盐铁商、大贩运商、大子钱家。蜀卓氏在临邛，"即铁山鼓铸，运筹策，倾滇蜀之民，富至僮千人"。程郑在临邛，也以冶铁致富，"贾椎髻之民"。南阳孔

---

① 更卒雇人代役，据《汉书》卷二九《沟洫志》注及《汉书》卷七《昭帝纪》注，都说是每月 2000 钱。又，《九章算术》卷三、卷六记有较此低得多的佣值。

② 《汉书》卷四〇《周勃传附周亚夫传》。

③ 东汉末和三国历史上有这样的例证：《世说新语·言语篇》注载刘琮往候司马徽，琮左右骂徽为死庸，又骂为田奴；《三国志》卷二八《魏书·王凌传》注载单固骂杨康为老庸，又骂为老奴。

④ 《史记》卷一二九《货殖列传》。以下不注出处者，均见此，或见《汉书》卷九一《货殖传》。

⑤ 《汉书》卷二四《食货志》。

氏"大鼓铸,规陂池",致富数千金,多和诸侯王交接。曹邴氏以铁冶起家,"贳贷行贾遍郡国",时人有"布衣有朐邴,人君有吴王"之语。山东刁间驱使奴隶,"逐鱼盐商贾之利"。洛阳师史专事贩运,"转毂以百数,贾郡国,无所不至"。宣曲任氏在楚汉之战时从事粮食囤积居奇致巨富。子钱家无盐氏在七国之乱时以千金贷给从军东征的列侯封君,一岁获息十倍,富埒关中。许多贵族、官僚、大商人铸钱牟大利,邓通和吴王濞最有名,所铸的钱流通天下。汉武帝筦盐铁,实行平准均输,禁止私人和郡国铸钱,大商人多经营加工制造等大手工业,经营囤积和高利贷。

在西汉社会中,"以末致财"的大商人,虽然家资数千万乃至成万万,但仍须"用本守之"。这就是说,需要掠夺土地,成为大地主,才能守住产业。所以大商人无不规陂池,求田宅,"蹛财役贫"。另一方面,大地主、大官僚也多兼营商业,以图暴利。元帝时贡禹奏请"近臣自诸曹、侍中以上家,亡得私贩卖"①,可见那时大官僚经营商业的普遍。

大商人兼并土地,加速了农民的破产流亡。他们还因其富厚,交往王侯,助长诸侯王的割据。因此国家和大商人的矛盾依然存在,终于导致汉武帝打击大商人的结果。

人数众多的小商人,有的列肆贩卖,有的负货求售,有的兼为小手工业者自制自销,有的以车僦载收取运费。他们多数由农民或城市贫民转化而来,同样受剥削压迫,同大商人大不相同。

---

① 《汉书》卷七二《贡禹传》。

小商人无法突破抑商法令的限制，而国家的徭役征发，也往往首先轮到他们头上。秦汉的七科谪①，有四科是谪发商人或他们的子孙。

奴婢 奴婢有官奴婢和私奴婢，数量颇大。

官奴婢的来源，一为罪犯本人以及重罪犯的家属没官为奴；一为原来的私奴婢，通过国家向富人募取或作为罪犯财产没官等途径，转化为官奴婢；一为俘虏没官为奴。西、北边地诸苑养马的官奴婢有三万人。元帝时长安诸官奴婢游戏无事者，有十万人之多。官奴婢用于宫廷、官府服役，用于苑囿养狗马禽兽，也用于官府手工业、挽河漕、筑城等劳作。

私奴婢主要来自破产农民。他们有的是被迫自卖为奴，有的是被人掠卖为奴，有的是先卖为"赘子"，无力赎取而为奴。②官奴婢由统治者赏赐给私人，可转化为私奴婢。边境少数民族人民，有被统治者掠为奴婢者，例如来自西南夷中的"僰僮"。大官僚、大地主、大商人的奴婢成百成千。陈平以奴婢赠陆贾，人数达100。市场出卖奴婢，通常是与牛马同栏。也有被卖的奴婢在市场上被饰以绣衣丝履，以图高价。奴婢价格，一万二万不等。经营奴婢买卖的大商人，每出卖100个奴婢，获利20万。

---

① 七科谪：吏有罪一，亡命二，赘婿三，贾人四，故有市籍五，父母有市籍六，大父母有市籍七。见《史记》卷一二三《大宛列传》，《汉书》卷六《武帝纪》、卷六一《李广利传》及注。

② 《汉书》卷六四《严助传》注："卖子与人作奴婢，名为赘子，三年不能赎，遂为奴婢。"

汉代有不许任意杀奴以及杀奴必须报官的法令，也有因违令杀奴被罚的事例。① 但在通常情况下，主人对奴婢有"颛杀之威"②，奴婢生命实际上是没有保障的。

私奴婢除从事家内服役以外，也有许多被驱使从事农业、手工业生产或商业活动。季布为朱家奴，被用于田间劳动；张安世家僮七百，"皆有手技作事"③；刁间的奴隶被驱迫运输商品。王褒所作《僮约》④，列举了奴隶服劳役的项目，包括家内杂役、种田种园圃、放牧、做工、捕鱼、造船、修屋乃至经商等。

四 汉武帝时期统一的巩固和专制主义中央集权制度的加强

汉武帝统治的50余年（前140—前87），是西汉王朝的鼎盛时期，也是中华民族的一个蓬勃发展时期。在经济繁荣、府库充溢的基础上，汉武帝在政治、经济、军事等方面采取了许多措施，改革了一些制度，以适应统一国家的需要。

---

① 《汉书》卷七六《赵广汉传》，广汉为京兆尹，疑丞相魏相夫人妒杀傅婢，乃突入相府召夫人跪庭下受词；《汉书》卷九九《王莽传》，莽子获擅杀奴，莽令获自杀。

② 《汉书》卷五六《董仲舒传》。

③ 《汉书》卷五九《张汤传附张安世传》。

④ 《僮约》录自《艺文类聚》《初学记》《太平御览》等书，文字多讹错，参看严可均辑《全汉文》卷四二。《僮约》是一篇游戏文章，但所列奴隶服役项目，当符合西汉社会实际情况。

进一步削弱王国势力 汉武帝时期，诸侯王虽然不像以前那样强大难制，但是有的王国仍然"连城数十，地方千里"①，威胁着西汉中央政权。元朔二年（前127），汉武帝采纳主父偃的建议，允许诸侯王推"私恩"把王国土地的一部分分给子弟为列侯，由皇帝制定这些侯国的名号，隶属于汉郡，地位与县相当。因此王国析为侯国，就是王国的缩小和朝廷直辖土地的扩大。推恩诏下后，王国纷请分邑子弟，于是诸王"支庶毕侯"②，西汉王朝"不行黜陟而藩国自析"③。武帝以后，王国辖地都不过数县，其地位相当于郡。这样，诸侯王强大难制的问题，就进一步解决了。

诸侯王问题解决后，全国还有列侯百余。汉制每年八月，举行饮酎大典，诸侯王和列侯献"酎金"助祭。元鼎五年（前112），武帝以列侯酎金斤两成色不足为名，削夺106个列侯的爵位。其余列侯因各种原因而陆续失爵的，还有不少。

汉初贵族养士的风气很盛，强大的诸侯王都大量招致宾客游士，扈从左右，其中有文学之士，有儒生、方士，还有纵横论辩之士。诸侯王策划反汉时，宾客游士往往是他们的重要助手，所以武帝力加压制。淮南王安和衡山王赐被告谋反，武帝于元狩元年（前122）下令尽捕他们的宾客党羽，牵连致死的达数万人。接着，武帝颁布"左官律"和"附益法"，前者规定王国官为

---

① 《史记》卷一一二《主父偃列传》。
② 《汉书》卷一五《王子侯表序》。
③ 《汉书》卷一四《诸侯王表序》。

"左官",以示歧视,后者限制士人与诸王交游。从此以后,"诸侯惟得衣食税租,不与政事"①,其中支脉疏远的人,更是与一般富室无异了。

实行察举制度　建立太学　汉朝初年,2000 石以上的大官僚可以送子弟到京师为郎,叫做"任子";拥有资产十万钱(景帝时改为四万钱)而又非商人的人,也可以候选为郎,叫作"赀选"②。郎是皇帝的侍从,掌"守门户,出充车骑"③,可以补授别的官职。西汉初年,地主阶级子弟为郎,是他们出仕的一个重要阶梯。在这种选官制度下,"长吏多出于郎中、中郎、吏二千石子弟,选郎吏又以富訾"④,未必都能得人,所以难以适应日益加强的专制王朝的需要。惠帝以来,汉朝在各郡县推选"孝弟力田",复免这些人的徭役,让他们"导率"乡人。文帝诏"举贤良能直言极谏者"⑤,这种诏举多从现任官吏中选拔。无论选孝弟力田或举贤良等,都还没有成为正式的制度。

武帝初年,董仲舒在举贤良对策中,提出了"使诸列侯郡守二千石,各择其吏民之贤者,岁贡各二人,以给宿卫"⑥ 的主

---

① 《汉书》卷一四《诸侯王表序》。
② 汉代郎选除此之外,还有献策上书为郎、举孝廉为郎、射策甲科为郎、六郡良家子为郎等途径,其中多数是武帝时期或以后才出现的。参见《汉书》卷五六《董仲舒传》王先谦《补注》。
③ 《汉书》卷一九《百官公卿表》。
④ 《汉书》卷五六《董仲舒传》。
⑤ 《汉书》卷四《文帝纪》。
⑥ 《汉书》卷五六《董仲舒传》。

张。这个主张包括岁贡和定员，对象有吏有民，在制度上比文帝时的诏举较为完备。元光元年（前134），武帝"初令郡国举孝、廉各一人"①。从此以后，郡国岁举孝廉的察举制度就确立起来了。

察举制初行的头几年，郡国执行不力，有的郡不荐一人。所以武帝规定二千石"不举孝，不奉诏，当以不敬论；不察廉，不胜任也，当免"②，用来督促察举制度的实行。

武帝以后，孝廉一科成为士大夫仕进的主要途径。被举的孝廉，多在郎署供职，由郎迁为尚书、侍中、侍御史，或外迁县令、长、丞、尉，再迁为刺史、太守。

武帝又令公卿郡国举茂才、贤良方正、文学等，从中拔擢了一些人才。不过这类察举属于特科性质，并不经常举行。武帝时还有上书拜官的办法，如田千秋上书言事称旨，数月即由郎超升为丞相。

武帝在长安城外，为太常博士的弟子兴建学校，名为太学，使他们在太学中随博士受业。博士弟子共50名，由"太常择民年十八以上仪状端正者"③充当，入学后免除本人徭赋。还有跟博士"受业如弟子"的若干人，由郡县择人充当。这些人学成经考试后，按等第录用。武帝还令天下郡国皆立学校官，初步建立了地方教育系统。太学和郡国学主要培养统治人民的官僚，在

---

① 《汉书》卷六《武帝纪》。
② 同上。
③ 《汉书》卷八八《儒林传序》。

传播文化方面，也起了积极的作用。

实行察举制度和建立太学后，大官僚子嗣和大豪富垄断官位的局面有所改变，一般地主子弟入仕的门径比过去宽广了。在这种新的制度下，皇帝通过策问和考试，可以在较大的范围内按自己的意旨选择称职的官吏。这对于网罗人才，加强专制皇权的统治，也具有重大的作用。

削弱丞相权力 西汉初年的官制，基本上沿秦之旧，没有大的改变。汉高祖以功臣为丞相，丞相位望甚隆，对皇帝敢于直言不讳，甚至敢于言所不当言。惠帝时曹参为丞相，无所事事，惠帝托参子曹窋婉转进言，曹参竟向惠帝申述"陛下垂拱，参等守职"①的道理，而不改变自己的态度。文帝幸臣邓通对丞相申徒嘉礼意怠慢，申徒嘉严斥邓通，还对文帝说："陛下幸爱群臣，则富贵之，至于朝廷之礼，不可以不肃。"②从这些事实中，可以看出皇帝与丞相之间，在权力分配上存在着一定的矛盾。

景帝时，高祖功臣死尽，陶青、刘舍等人以功臣子列侯继为丞相，丞相权力开始有所削弱。但是直至武帝时，皇帝与丞相在权力上的矛盾还有表现。丞相田蚡骄横，"荐人或起家至二千石，权移主上"，武帝甚至问他"君除吏尽未？吾亦欲除吏"③。因此，继续削弱丞相权力仍然是加强皇权的一个迫切问题。元朔五年，武帝任命公孙弘为相，封平津侯。公孙弘起自"布衣"，在

---

① 《史记》卷五四《曹相国世家》。
② 《汉书》卷四二《申徒嘉传》。
③ 《汉书》卷五二《田蚡传》。

朝无所援接，只有唯唯诺诺，不敢稍违皇帝旨意。从此以后，功臣列侯子嗣独占相位的局面结束，丞相完全在皇帝的掌握之中，居职"充位"而已。

武帝从贤良文学或上书言事的人当中，先后拔用了严助、朱买臣、吾丘寿王、主父偃、严安等人，在他们的本职以外，另给侍中、给事中、常侍等加官，让他们出入禁省，随侍左右，顾问应对，参与大政。武帝曾经令严助等"与大臣辩论，中外相应以义理之文，大臣数诎"①。为皇帝掌书札的尚书（少府属官），更是出纳章奏，操持机柄。武帝还参用宦官为中书，掌尚书之职。这些人成日在皇帝左右，逐渐形成一个宫内决策的机构，称为"中朝"或"内朝"，与丞相为首的政务机关"外朝"相对应。皇帝依靠中朝，加强统治；中朝则恃皇帝之重，凌驾外朝。这样，专制制度就进一步加强了。

武帝寝疾时，用外戚霍光为大司马大将军。武帝死后，霍光又领尚书事。自此以后，大将军以及前后左右将军都成为掌握实权的"中朝"官，大将军领尚书事更是权倾内外，丞相虽还有很高的位望，但实际职权大大削弱了。

加强中央军力 秦和汉初，兵役制和徭役制结合在一起。制度规定：男子在23—56岁的期间内，服兵役两年，一年在本郡为材官（步兵）、楼船（水军）或骑士，称为正卒；另一年或在京师为卫士，或在边郡为戍卒。此外，男子每年还要服徭役一月，称为更卒，或在本县，或在外地，叫做践更；不愿服役的可

---

① 《汉书》卷六四《严助传》。

纳钱300（一说2000），使人代役，叫做过更。汉代兵徭制度由于资料错乱，还没有定说。

在地方，军事由郡尉或王国中尉主管，他们统领本地的正卒，进行军事训练。每年秋季，郡太守举行正卒的检阅，叫做都试。皇帝发郡国兵时，用铜虎符为验，无符不得发兵。

在京城，驻有南北二军。北军守京师，士卒多由三辅（京兆、冯翊、扶风）选调，由中尉率领；南军保卫皇宫，卫士多由三辅以外各郡国选调，由卫尉率领。南北军力都不甚大，南军卫士数目，西汉初年为两万人，武帝即位，减为万人。南北军以外，还有侍从皇帝的郎，由郎中令率领。

按照汉初的军事制度，军力分散于全国各地，都城内外，都无重兵。这样的军制，自然不能适应武帝时加强中央集权的需要。要改变这种情况，首先必须建立一支可以由中央随时调遣的"长从"的而不是"番上"的军队。只有这样，才能起强干弱枝的作用，才能加强国家的镇压职能。

元鼎六年（前111），武帝创建屯骑、步兵、越骑、长水、射声、虎贲、胡骑七校尉，常驻京师。七校尉兵都统于原有的中垒校尉，所以又合称八校尉。八校尉中每校兵力为数百人至千余人。

建元三年（前138），武帝设期门军；太初元年（前104），设羽林军。期门约为千人，羽林700人，选三辅以及陇西、天水等六郡"良家子"充当，归郎中令掌管，以备宿卫。《汉书·地理志》说："六郡良家子选给羽林、期门，以材力为官，名将多出焉。"可见期门、羽林在全国军事系统中地位的重要。武帝后来又取从军战死者的子孙养于羽林军中，加以军事训练，号称羽林孤儿，以加强宿卫力量。

八校尉和期门、羽林相继建立后，京师才有长从募士。宣帝神爵元年（前61）发胡骑、越骑以及期门、羽林孤儿出击羌人，可见这支长从募士已经用于边境的战争了。

设置刺史 惠帝三年（前192），相国曹参奏请派御史监三辅，部分地恢复了秦的御史监郡制度。文帝十三年（前167），丞相遣史分刺各地，考察地方官，并督察监郡御史，时置时省。文帝还常常派特使巡行。

元封五年（前106），武帝把全国分为13个监察区域，叫十三州部，每州部设刺史一人。刺史每年八月巡视所部郡国，"省察治状，黜陟能否，断治冤狱，以六条问事"①。这六条详细规定了刺史监察的范围，其中一条是督察强宗豪右，五条是督察郡国守相。征和四年（前89），武帝置司隶校尉。司隶校尉率官徒"捕巫蛊，督大奸猾"；后罢兵，察三辅（京兆、冯翊、扶风）、三河（河东、河内、河南）和弘农郡，职权同部刺史相似。刺史和司隶校尉的设立，加强了中央对地方的控制，起了强干弱枝的显著作用。

刺史为六百石官（成帝改刺史为州牧，秩二千石），秩位不高，但出刺时代表中央，可以监察二千石和王国相。刺史除了"断治冤狱"以外，并不直接处理地方其他行政事务。所以刺史的设立得

---

① 《汉书》卷一九《百官公卿表》注引《汉官典职仪》。

"小大相制,内外相维"① 之宜,比秦朝的御史监郡制度周密。

任酷吏,严刑法 随着封建制度的发展,地主阶级中出现了一些豪强,他们宗族强大,武断乡曲,既欺凌百姓,也破坏国家法度。济南瞷氏,颍川灌氏,都是西汉前期的豪强大族。

那个时期,还有一些人以游侠著名。游侠以义气侠行相标榜,振人于穷急,脱人于厄困,"权行州域,力折公侯"②。朱家、剧孟、郭解都是汉初的著名游侠。有些游侠"作奸剽攻","睚眦杀人",称霸一方;还有一些游侠,则被司马迁目为"盗跖居民间者"③。游侠豪强同官府之间,除了上下依恃以统治人民的关系以外,显然还存在着某种矛盾。

为了打击游侠豪强,出现了酷吏。景帝时,郅都为济南守,"族灭瞷氏首恶,余皆股栗"④。宁成为中尉,为政效法郅都,"宗室豪杰皆人人惴恐"。郅都、宁成是西汉最早的酷吏,他们的活动,是汉武帝打击游侠豪强的先声。

汉武帝除了"徙强宗大姓,不得族居"⑤以外,还大批地任用酷吏,诛锄豪强。张汤为御史大夫,"排富商大贾,出告缗令,锄豪强并兼之家,舞文巧诋以辅法"⑥。杜周为廷尉,"专以人主

---

① 顾炎武《日知录》卷九部刺史条。
② 《汉书》卷九二《游侠传序》。
③ 《史记》卷一二四《游侠列传》。
④ 《史记》卷一二二《酷吏列传》。
⑤ 《后汉书》卷三三《郑弘传》注引谢承《后汉书》。
⑥ 《汉书》卷五九《张汤传》。

意旨为狱","诏狱逮至六七万人,吏所增加十有余万"。周阳由为郡守,"所爱者挠法活之,所憎者曲法灭之,所居郡必夷其豪"。像张汤、杜周、周阳由这样的内外官吏,当时比比皆是。他们的这些活动,对于抑压豪强的猖獗气焰,提高专制皇权,起了显著的作用。

但是酷吏同豪强、游侠并不是绝对对立的势力。酷吏宁成罢官回乡,"役使贫民数千家",酷吏义纵少年时"攻剽为群盗",这些人自身就是豪强或游侠。所以他们治郡的时候,也往往以"豪敢"为爪牙,对人民为非作歹。酷吏王温舒杀河内豪强,竟至株连千余家,流血十余里。

在诛锄豪强的同时,酷吏张汤、赵禹等人条定刑法,"缓深故之罪,急纵出之诛"。经过他们条定以后,律令增加到359章,大辟之罪409条1882事,死罪决事比(死罪判例)13472事。刑法的条定,虽然与诛锄豪强的需要有关,但更主要的还是为了镇压百姓。由于刑法繁密驳杂,郡国治狱时无法运用,常有罪同而论异的事情。加以官吏舞文弄法,罗织成狱,"所欲活则傅生议,所欲陷则予死比"①,以此而冤死的人,不可胜数。《汉书·刑法志》说:"穷民犯法,酷吏击断,奸轨不胜。"《汉书·酷吏传》说:由于郡国守相多效法王温舒的残暴杀人行为,所以"吏民益轻犯法,盗贼滋起"。可见用酷吏和刑法来加强专制皇权,势必要激化社会矛盾。

统一货币 汉武帝连续发动了许多次对边境各族的战争,长

---

① 《汉书》卷二三《刑法志》。

期而激烈的战争消耗了大量的财富，文景时期留下来的府库积蓄亦都用尽。因此他募民入奴婢、入羊，又设武功爵出卖，力图筹措财货。元狩中，他打破商人不得为吏的禁令，任用大盐商东郭咸阳、大冶铁家孔仅为大农丞领盐铁事，任用洛阳贾人子桑弘羊主持计算。这些人凭借强大的专制政权，推行统一货币的措施，建立筦盐铁和均输、平准制度，企图扩大财政收入，抑制商人的活动，稳定农业生产和商品市场。

汉初以来，高祖所铸荚钱和文帝所铸四铢钱，质量都很低劣。文帝允许私铸，诸王、达官、豪商大量铸钱牟利，因此货币大小不一，轻重不同，严重影响了社会生产和交换，也不利于国家的统一。武帝颁行三铢钱，禁止私铸，规定"盗铸诸金钱，罪皆死"①。元狩五年（前118），以五铢钱代替三铢钱，但是盗铸之风不减，"吏民之坐盗铸金钱死者数十万人……天下大抵无虑皆铸金钱矣"。武帝又改行赤仄钱，仍然不能稳定币制。

元鼎四年（前113），武帝取消郡国铸钱的权利，专令水衡都尉所属的钟官、辨铜、均输三官②，负责铸造新的五铢钱，名为三官钱。他还责成各郡国把以前所铸的钱一律销毁，所得铜料输给三官。这次禁令很严格，新币质量又高，盗铸无利可图，所以币制得到较长期的稳定。货币的统一，没有强大的国家力量是不可能的；而货币统一以后，国家的经济力量得到加强，专制主

---

① 《汉书》卷二四《食货志》。本段不注出处的引文均据《汉书》卷二四《食货志》或《史记》卷三〇《平准书》。

② 三官，一说为钟官、辨铜、伎巧。

义中央集权制度也获得一种经济上的保证。

笼盐铁和实行均输法、平准法 笼盐的办法，是在产盐区设立盐官，备置煮盐用的"牢盆"，募人煮盐，产品由官家收购发卖。笼铁的办法，是在产铁区设立铁官，经营采冶铸造，发卖铁器。西汉盐官有遍及28郡国的35处，铁官有遍及40郡国的48处。盐铁官统属于中央的大农。诸侯王国原来自置的盐铁官，也由大农所设盐铁官代替。盐铁官吏，多用过去的盐铁商人充任。

均输法是由大农在各地设均输官，把应由各地输京的物品，从出产处转运他处出卖，再在卖处收购其他物品，易地出卖，这样辗转交换，最后把关中所需的货物运达长安。均输法的推行，消除了郡国贡输"往来烦杂，物多苦恶，或不偿其费"①的不合理现象，使大农诸官得以"尽笼天下之货物"，因而也充实了府库。

平准法是由大农在京师设平准官，接受均输货物，按长安市场价格涨落情况，贵则卖之，贱则买之，用以调剂供需，节制市场。

笼盐铁和实行均输、平准，使大农控制了盐铁生产和许多货物买卖，使富商大贾无所牟大利，也使物价不致暴涨暴落。同时，一部分商业利润归于国家，供给汉武帝巡狩、赏赐的挥霍和军事费用，因而"民不益赋而天下用饶"。

西汉以来，不但豪强大家从煮盐、冶铁、铸钱中获取大利，一些企图进行政治割据的人，也常常在深山穷泽中或海边上，聚

---

① 《盐铁论·本议篇》。

众千百人从事盐铁铸钱，以积蓄经济力量和军事力量。景帝时吴王濞发动叛乱，就是得力于此。所以桑弘羊在论证筦盐铁和实行平准、均输的必要性时说："山泽之财，均输之藏，所以御轻重而役诸侯也。"又说："今意总一盐铁，非独为利入也，将以建本抑末，离朋党，禁淫侈，绝并兼之路也。"① 可见筦盐铁和实行均输、平准，还起着控制诸侯王和豪强大贾的政治作用。

西汉王朝经营盐铁和商业，也直接给人民带来了一些痛苦。例如官盐价昂昧苦，农具质劣而不适用等。以后一部分贤良、文学反对筦盐铁和平准、均输制度，即以此作为他们的一个重要理由。这些制度也难于长期有效地实行下去。

算缗和告缗 除了统一货币、筦盐铁，实行平准、均输制度以外，汉武帝还采取了直接剥夺大商贾的措施，这就是算缗和告缗。

元狩四年（前119），武帝"初算缗钱"，规定商人及手工业者，无论有无市籍，其"贳贷卖买居邑贮积诸物"，都必须向政府申报，每2000钱纳税一算，即120钱；"诸作有租及铸"，每4000钱一算。轺车一乘一算，商人轺车加倍；船五丈以上一算。商人有产不报或报而不实，罚戍边一岁，没入资财。有市籍的商人及其家属，不许占有土地，违令者没收其土地和奴僮。元鼎三年（前114），武帝下令"告缗"，鼓励告发，并规定以所没收违令商人资财的一半奖给告发人。武帝命杨可主持告缗，命杜周处理案件。在这次告缗中，政府"得民财物以亿计，奴婢以千万

---

① 分见《盐铁论·力耕篇》和《复古篇》。

数，田，大县数百顷，小县百余顷，宅亦如之。于是商贾中家以上大率破"。算缗告缗以后，上林苑财物贮积充溢，府库得到充实，商人们受到一次沉重的打击。所以算缗、告缗的措施，也起了加强专制主义中央集权制度的作用。

汉武帝一方面对大商人采取限制、打击乃至剥夺的措施，一方面又允许一部分商人充当盐铁官，为政府服务。西汉统治者与大商人的矛盾缓和了。

五　边境各民族　西汉王朝同边境各族的关系

西汉以来，我国各民族之间，出现了比以前更为密切的政治、经济、文化交往，也发生过一些战争。汉王朝（主要是在汉武帝时期）对各族的战争，有的属于防御性质，起了维护安全、保障生产的作用；有的则是对少数民族的侵犯，造成了破坏。但是从总的后果看来，各民族之间的联系加强了，许多民族地区正式进入中国的版图，汉族的经济和文化，也以各种不同的方式影响着周围各民族。西汉经济的繁荣和国家的统一，正是各族人民共同进步的结果。

越人　汉初以来，南方的越人在经济上有了显著的提高。武帝初年，淮南王刘安上书说："越人欲为变，必先田余干（今江西余干县）界中，积食粮"①，这是东瓯、闽越人农业有所发展的表现。南越经济的发展，比东瓯、闽越还要明显。南越"多犀

---

① 《汉书》卷六四《严助传》。

象毒冒珠玑银铜果布之凑"①，早已吸引了许多北方的商贾。除了吕后统治时期以外，中原和南越一直维持着关市贸易，铁农具和耕畜通过关市，源源不断地输入南越，促进了南越的农业生产。南越和西南地区也有经济联系。

武帝建元三年（前138），闽越发兵围东瓯，东瓯求援于汉。汉武帝派严助发会稽郡兵浮海救东瓯，援兵未达，闽越已退走。东瓯人为了避免闽越的威胁，请求内徙，汉王朝把他们的一部分徙至江淮之间，他们从此成为西汉的编户齐民。

建元六年（前135），闽越又攻南越边地，南越向汉廷告急，武帝派兵分由会稽、豫章两路攻闽越。闽越王郢之弟余善杀郢，汉退兵。汉封原闽越王无诸之孙繇君丑为越繇王，以后又封余善为东越王，封越人贵族多人为侯。

元鼎六年（前111），东越攻入豫章。元封元年（前110）冬，汉军数路攻入东越。越繇王和东越贵族杀余善，汉封越繇王和其他贵族为列侯，把越人徙处江、淮之间。江、淮之间的东瓯人和闽越人此后逐渐同汉人融合，留在原地的越人则分散在山岭中，与汉人来往较少。

汉朝和南越的关系，较为复杂。建元三年，严助率汉军解除了闽越对南越边邑的威胁；六年，严助又受命出师南越，南越王赵胡派太子赵婴齐宿卫长安。后来婴齐之子赵兴继为越王，按其生母太后樛氏（汉人）的意见，上书武帝，"请比内诸侯，三岁

---

① 《汉书》卷二八《地理志》。

一朝，除边关"①。南越丞相吕嘉代表越人贵族势力，反对赵兴和摎太后，并杀赵兴、太后以及汉使，立婴齐长子的越妻所生子建德为王。元鼎五年（前112），路博德、杨仆等率汉军攻入南越，招纳越人，夺得番禺，俘吕嘉和赵建德，越人贵族很多人受汉封为列侯。南越的桂林监居翁，也谕告西瓯四十余万口，一起归汉。汉以南越、西瓯及其相邻之地立为儋耳、珠崖、南海、苍梧、郁林、合浦、交趾、九真、日南九郡。

广州市内发现南越王墓，墓主很可能是赵胡。出土器物甚多，其青铜器有汉式、楚式和南越式。墓制及其所反映的官制基本上同于西汉诸侯王制度。但是墓内人殉多至十余，又反映南越社会落后的一面。

匈奴 汉初以来，匈奴族的领袖冒顿单于以其"控弦之士"三十余万，东败东胡，北服丁零，西逐大月氏，使"诸引弓之民，并为一家"②。匈奴的统治区域东起朝鲜边界，横跨蒙古高原，向西与氐羌相接，向南伸延到河套以至于今晋北、陕北一带。冒顿把这一广大地区分为中、左、右三部，中部由冒顿自辖，与汉的代郡（今河北蔚县境）、云中郡（今内蒙古托克托境）相对；左部居东方，右部居西方，由左右屠耆王（左右贤王）分领。左右屠耆王之下有左右谷蠡王、左右大将、左右大都尉、左右大当户、左右骨都侯等，各领一定的战骑和分地。单于的氏族挛鞮氏以及呼衍氏、兰氏、须卜氏，是匈奴中最显贵的几

---

① 《史记》卷一一三《南越列传》。
② 《史记》卷一一〇《匈奴列传》。

个氏族。

匈奴人以游牧为生，逐水草迁徙，但在某些地点也建有一些城堡，并有少量的农业生产。匈奴各部经济发展不平衡，有些部落已开始使用铁器，在一些匈奴墓葬中，有铁马具、铁武器和铁工具出土。匈奴的法律规定，"坐盗者没入其家"。匈奴人作战时，"得人以为奴婢"。匈奴贵族死时，"近幸臣妾从死者多至数千人"①。

元光二年（前133），武帝命马邑人聂壹出塞，引诱匈奴进占马邑，而以汉军三十余万埋伏近旁，企图一举歼灭匈奴主力。单于引骑十万入塞，发觉汉的诱兵计划，中途退归。从此以后，匈奴屡次大规模进攻边郡，汉军也屡次发动反击和进攻。在这长期的战争中，影响较大的有汉攻匈奴的三次战役。

元朔二年（前127），匈奴入侵，汉遣卫青领兵从云中出击，北抵高阙，迂回至于陇西，夺回河套一带，解除了匈奴对长安的直接威胁。汉在那里设置朔方郡（治今内蒙古杭锦旗北），并重新修缮秦时所筑边塞。同年夏，汉王朝募民十万口徙于朔方。

汉得朔方后，匈奴连年入侵上谷、代郡、雁门、定襄、云中、上郡，汉军也在卫青指挥下数度出击。元狩二年（前121），武帝命霍去病将兵远征。霍去病自陇西出兵，过焉支山（今甘肃山丹县境），西入匈奴境内千余里，缴获匈奴休屠王的祭天金人。同年夏，霍去病由北地出击，逾居延海，南下祁连山，围歼匈奴。这次战役，沉重地打击了匈奴右部，匈奴浑邪王杀休屠王，

---

① 《史记》卷一一〇《匈奴列传》。

率部四万余人归汉。汉分徙其众于西北边塞之外,因其故俗为五属国。后又迁徙关东贫民 72 万余口,充实陇西、北地、西河、上郡之地。① 西汉王朝又在浑邪王、休屠王故地陆续设立酒泉、武威、张掖、敦煌四郡。汉得河西四郡地,不但隔断了匈奴与羌人的联系,而且沟通了内地与西域的直接交通,这对西汉和匈奴势力的消长,发生了显著作用。河西水草肥美,匈奴失河西,经济受到很大损失。所以匈奴人唱道:"亡我祁连山,使我六畜不蕃息;失我焉支山,使我妇女无颜色。"②

元狩四年(前 119),卫青、霍去病带领十万骑,"私负从马凡十四万匹",步兵及转运者数十万人,分别从定襄、代郡出发,向漠北穷追匈奴。卫青在漠北击败单于,单于率残部向西北溃走,汉兵北至寘颜山赵信城而还。霍去病军出塞二千余里,与匈奴左部左屠耆王接战获胜,至狼居胥山,临瀚海而还。这次战役以后,匈奴主力向西北远徙,"漠南无王庭"。汉军占领了朔方以西至张掖、居延间的大片土地,保障了河西走廊的安全。这时,汉在"上郡、朔方、西河、河西开田官,斥塞卒六十万人戍田之"③,逐渐开发这一地域。

经过这几次重大战役以后,匈奴力量大为衰竭,除了对西域诸国还有一定的控制作用以外,不能向东发展。百余年来,北方农业区域所受匈奴的威胁,到此基本解除了。汉军在这几次战役

---

① 这次徙民七十二万余口中,有一部分徙于会稽。
② 《史记》卷一一〇《匈奴列传》注引《西河旧事》。
③ 《汉书》卷二四《食货志》。

中，损失也很大。元封、太初以后至武帝之末，汉同匈奴虽然还发生过不少战事，但是这些战事的规模和影响都不如过去了。

西汉王朝战胜匈奴以后，北方边地出现了新的局面。边郡和内地之间，邮亭驿置相望于道，联系大为增强。大量的徙民和戍卒，在荒凉的原野上开辟耕地，种植谷、麦、糜、秋等作物。中原的生产工具、耕作技术、水利技术，通过屯田的兵民，在边郡传播开来。从令居（今甘肃永登境）西至敦煌，修起了屏蔽河西走廊的长城，敦煌以西至盐泽（罗布泊），也修建了亭燧。北方旧有的长城进行了大规模的修缮，今包头、呼和浩特附近的长城沿线，还设置了许多建有内城、外城的城堡。边塞的烽燧系统完全建立起来了，"自敦煌至辽东万一千五百余里，乘塞列隧"[1]，吏卒众多。屯田区、城堡和烽燧，是西汉在北方边境的政治、军事据点，也是先进经济、先进文化的传播站，它们对于匈奴以及其他相邻各游牧民族社会的发展，有着一定的影响。

戍守张掖居延的汉军修障塞，开屯田，自汉武帝太初三年（前102）延续至东汉时。戍军遗存的简牍文书，迄今发现者达三万余枚，被称为居延汉简。今甘肃、新疆许多地点以及内地各省也有大量汉简出土。这些都是研究汉史的珍贵资料。

匈奴人向西远徙以后，部落贵族发生分裂，出现五单于并立的局面。宣帝甘露元年（前53），呼韩邪单于归汉，引众南徙于阴山附近。竟宁元年（前33），汉元帝以宫人王嫱（昭

---

[1] 《汉书》卷六九《赵充国传》。此宣帝时事，但所云障塞亭燧，则是武帝时建立的。

君）嫁给呼韩邪单于，恢复了和亲，结束了百余年来汉同匈奴之间的战争局面。近年在包头等地的汉末墓葬中，发现有"单于和亲"等文字的瓦当，正是这一时期汉、匈关系和洽的实证。

西域诸国　西汉以来，玉门关和阳关以西即今新疆，被称作西域。① 西域境内以天山为界，分为南北二部，南部为塔里木盆地，北部为准噶尔盆地。西汉初年，西域共有36国，绝大多数分布在天山以南塔里木盆地南北边缘的绿洲上。楼兰（鄯善）以西，在塔里木盆地的南缘，有且末、于阗、莎车等国（南道诸国）；在盆地的北缘，有焉耆、尉犁、龟兹、姑墨、疏勒等国（北道诸国）。这些国家多以城郭为中心，兼营农牧，有的还能自铸兵器，只有少数国家逐水草而居，粮食仰赖邻国供给。西域诸国语言不一，互不统属，由于自然条件的限制和其他原因，它们每国的人口一般只有几千人到两三万人；人口最多的龟兹，才达到八万人，最少的仅有几百人。

在盆地以西，葱岭以南，还有蒲犁、难兜等小国，有的城居，有的游牧，发展水平不一。

天山以北的准噶尔盆地，是一个游牧区域。盆地东部的天山缺口，由车师（姑师）控制着。西部的伊犁河流域，原来是塞种人居住的地方。汉文帝时，敦煌、祁连一带的月氏人被匈奴人逼迫，向西迁徙到这里，赶走了塞种人。后来，河西地区的乌孙

---

① 当时也把中亚乃至更远的许多地方，包括在西域这一地理概念之内，本书所指的西域，主要是今新疆。

人又向西迁徙，把月氏人赶走，占领了这块土地。乌孙人有12万户，63万口，"不田作种树，随畜逐水草，与匈奴同俗"①。

西汉初年，匈奴的势力伸展到西域，征服了这些国家，置"僮仆都尉"于北道的焉耆、危须、尉犁之间，榨取西域的财富。匈奴在西域的统治非常暴虐，西域东北的蒲类，本来是一个大国，其王得罪匈奴单于，单于徙其民6000余口，"内之匈奴右部阿恶地，因号曰阿恶国"②，贫羸的蒲类人逃亡山谷间，才保存了蒲类的国号。匈奴对西域其他国家的生杀予夺，于此可见一斑。

自玉门关出西域，有两条主要的路径。一条经塔里木盆地东端的鄯善，沿昆仑山北麓西行至莎车，称为南道。南道西出葱岭至中亚的大月氏、安息。另一条经车师前王庭，沿天山南麓西行至疏勒，称为北道。北道西出葱岭，至中亚的大宛、康居、奄蔡。

与西域相邻的中亚诸国中，大宛户6万，口30万，有城郭屋室，属邑大小七十余城，农业和畜牧业都比较发达，产稻、麦、葡萄和良马。大宛西南是从河西迁来的大月氏。大月氏地处妫水（今阿姆河）以北，营游牧生活。原住妫水南的被大月氏所臣服的大夏人，"俗土著，有城屋，与大宛同俗"。大月氏以

---

① 《汉书》卷九六《西域传》。以下未注出处的引文，均见《汉书》卷九六《西域传》或《史记》卷一二三《大宛列传》。

② 《后汉书》卷八八《西域传》。按《汉书》卷九六《西域传》所记蒲类国及蒲类后国人口共为3102人，远不及单于所徙6000余人之数。

西的安息是一个强大的国家,"其属大小数百城,地方数千里","商贾车船行旁国"。在大宛以西,安息以北,今咸海以东的草原,则由游牧的康居人控制着。

汉武帝听说西迁的大月氏有报复匈奴之意,所以募使使大月氏,想联络他们夹攻匈奴。汉中人张骞以郎应募,建元三年(前138)率众一百余人向西域进发。张骞在西行途中,被匈奴俘获,他保留汉节,居匈奴十余年,终于率众逃脱,西行数十日到达大宛。那时大月氏已自伊犁河流域迁到中亚,张骞乃经康居到达大月氏。大月氏在中亚"地肥饶,少寇,志安乐,又自以远,远汉,殊无报胡之心"①。张骞不得要领,居岁余而还。他在归途经过羌中,又被匈奴俘获,扣留了一年多。元朔三年(前126),张骞回到长安,元朔六年受封为博望侯。张骞出使西域,前后达十余年,历尽各种艰险。他的西行,传播了汉朝的情况,获得了大量前所未闻的西域资料②,所以司马迁把此行称为"凿空"。

张骞东归后,武帝即开始了广求西域道路的活动。元狩元年(前122),武帝遣使自巴蜀四道并出,指求身毒国(今印度),企图开辟一条经身毒到大夏的交通线,但是没有成功。第二年,汉军击破匈奴,取得了河西地带,从此,"自盐泽(今罗布泊)以东,空无匈奴,西域道可通"。

元狩四年(前119),张骞再度出使西域,目的是招引乌孙回河西故地,并与西域各国联系。张骞此行率将士300人,每人

---

① 《汉书》卷六一《张骞传》。
② 《史记》卷一二三《大宛列传》的前半部,即根据张骞所获资料写成。

备马两匹,并带牛羊以万数,金币丝帛巨万。张骞到乌孙,未达目的,于元鼎二年(前115)偕同乌孙使者数十人返抵长安。随后,被张骞派到大宛、康居、大夏等国的副使,也同这些国家报聘汉朝的使者一起,陆续来到长安。从此以后,汉同西域的交通频繁起来,汉王朝派到西域去的使臣,每年多的十几批,少的五六批;每批大的几百人,小的百余人。这些使者"皆贫人子,私县官赍物,欲贱市以私其利外国",所以使者队伍实际上也是商队。

那时候,西域诸国仍在匈奴的控制中,西域东端的楼兰和姑师,受匈奴控制更加严密。汉使往还时,沿途需索饮水食物,也使楼兰、姑师等国应接不暇。所以楼兰、姑师人在匈奴的策动下,常常劫掠汉使,遮断道路。为了确保西域通道,元封三年(前108),汉将王恢率轻骑击破楼兰,赵破奴率军数万击破姑师。元封六年(前105),西汉以宗室女细君与乌孙王和亲,以"分匈奴西方之援国"。细君死,汉又以宗室女解忧和亲。细君与解忧先后在乌孙多所活动,巩固了汉与乌孙的联系,使乌孙成为箝制匈奴的重要力量。

为了打破匈奴对大宛的控制并获得大宛的汗血马,武帝于太初元年(前104)派贰师将军李广利领军数万击大宛,无功而还。太初三年(前102),李广利第二次西征,攻破了宛都外城,迫使大宛与汉军言和,汉军获得良马几十匹,中马以下牝牡三千多匹。此后,汉政府在轮台、渠犁等地各驻兵数百,进行屯垦,置使者校尉领护,这是西汉王朝在西域设置行政机构的开始。

以后，汉在车师一带还屡次与匈奴发生战争。宣帝时匈奴分裂，日逐王于神爵二年（前60）归汉，匈奴设在西域的"僮仆都尉由此罢，匈奴益弱，不得近西域"。汉乃在西域设立都护，都护治乌垒城，并护南道和北道各国，"督察乌孙、康居诸外国动静，有变以闻"①。西域诸国与汉朝的臣属关系，至此完全确定。元帝初元元年（前48）汉在车师地区设立戊己校尉，管理屯田和防务。

元帝建昭三年（前36），西域副校尉陈汤发西域各国兵远征康居，击杀了挟持西域各国并与归汉的呼韩邪单于为敌的郅支单于，匈奴的势力在西域消失，汉和西域的通道大为安全了。

西域道通以后，天山南北地区第一次与内地联为一体，在中国历史上具有非常深远的意义。除此以外，中原同西域乃至更远地区之间，经济、文化联系日益密切。西域的葡萄、石榴、苜蓿、胡豆、胡麻、胡瓜、胡蒜、胡桃等植物，陆续向东土移植；西域的良马、橐驼各种奇禽异兽以及名贵的毛织品，也都源源东来。以后，佛教和佛教艺术也经中亚传到西域，再向东土传播，对中国文化发生了很大的影响。中原地区则向西域输送大量的丝织品和金属工具，并把铸铁、凿井（包括井渠）的技术传到西域。这种频繁的经济、文化交流，促进了西域社会的进步，也丰富了中原汉人的物质生活和精神生活。

羌 羌族是我国古老的民族之一，商周时已出现在我国历史上。羌人分布在西海（青海）附近，南抵蜀汉以西，西北接西

---

① 《汉书》卷九六《西域传序》。

域诸国。羌人有火葬习俗。① 据《后汉书·西羌传》记载，战国初年，羌人无弋爰剑被秦人拘执为奴，后来逃回本族，被推为豪，爰剑和他的子孙，从此就成为羌人世袭的酋长。羌人原来以射猎为事，至爰剑时始营田畜牧。以后羌人人口逐渐增殖，分为很多部落，"不立君臣，无相长一，强则分种为酋豪，弱则为人附落"②。

西汉初年，羌人臣服于匈奴。汉武帝击走匈奴后，在今甘肃永登县境筑令居塞，并在河西列置四郡，以隔绝羌人与匈奴的交通。羌人曾与匈奴连兵十余万攻令居塞，围枹罕（今甘肃临夏）。汉遣李息等率兵十万征服了羌人，并设护羌校尉统领。宣帝时，羌人与汉争夺湟水流域的牧地，汉将义渠安国斩羌豪，镇压羌人，羌人遂围攻金城郡。宣帝令赵充国等率兵六万，屯田湟中，相机进攻，取得了胜利，置金城属国以接纳归附的羌人。此后一部分羌人逐渐内徙，在金城、陇西一带与汉人杂居。王莽时在羌人地区设西海郡，徙汉人入居其中。

西南各族　西南地区，分布着许多语言、习俗不同的民族，汉朝时统称为西南夷。大体说来，贵州西部有夜郎、且兰，云南滇池区域有滇，洱海区域有巂、昆明，四川西南部有邛都，成都西南有徙、筰都，成都以北有冉駹。甘肃南部的白马氐，当时也列在西南夷中。夜郎、滇、邛都等族人民结发为椎，从事农耕，

---

① 《太平御览》卷七九四引《庄子》："羌人死，燔而扬其灰。"又参见《吕氏春秋·义赏篇》。

② 《后汉书》卷八七《西羌传》。

有邑聚，有君长。嶲、昆明等族人民编发，过着游牧生活，没有君长。氐和冉駹有火葬习俗。

战国时期，楚将庄蹻领兵溯沅水西上略地。庄蹻经夜郎至滇，适值黔中地为秦国所夺，庄蹻归路被截断，留滇为王，全军变服从滇俗。以后秦朝的势力达到西南夷中，在今宜宾至昭通一带开通"五尺道"，并在附近各地设置官吏。

西汉初年，西南地区与巴蜀等地维持着交换关系。汉人商贾从西南夷中运出筰马、髦牛和僰僮（奴隶）。巴蜀的铁器和其他商品也运入西南夷中，有的还经由夜郎浮牂柯江转贩到南越。建元末年，番阳令唐蒙在南越发现了蜀地出产的构酱，探知从蜀经西南夷地区有路可以通达南越，因此他向武帝提出发夜郎兵浮江抄袭南越的建议。武帝派唐蒙领千人，携带缯帛食物，到夜郎进行活动。稍后，汉在巴蜀之南置犍为郡（治今四川宜宾），并发巴蜀卒修筑自僰道（在今四川宜宾）通向牂柯江的山路。武帝又命司马相如深入邛、筰、冉駹，在那里设置都尉和十余县，但不久就罢省了。

张骞在中亚的大夏时，曾发现邛竹杖和蜀布，据说来自身毒（印度），因而得知巴蜀与身毒可以交通。武帝根据这一情况，于元狩元年（前122）派使者自巴蜀四出，企图找到通身毒的道路，以便从那里通向西域。经过这些活动，汉和滇的道路打通了，汉对夜郎及其附近各族的控制加强了。但由于嶲、昆明等族的阻拦，寻求身毒道路的目的则始终没有达到。

元鼎五年（前112），汉发夜郎附近诸部兵攻南越，且兰君以此反汉，杀汉使者及犍为太守。第二年，汉兵从巴蜀南下，攻下且兰，设置牂柯郡（治今贵州黄平西）。汉又以邛都为越巂郡（治今四川西昌东南），筰都为沈黎郡（治今四川雅安南），冉駹为汶山郡（治今四川茂县北），白马为武都郡（治今甘肃成县）。元封二年（前109），武帝发兵临滇，降滇王，以其地为益州郡（治今云南晋宁）。

云南晋宁石寨山陆续发掘出的几十座滇人贵族墓葬中，除滇王金印以外，还有战国末至东汉初的大量古滇国遗物出土。战国末至西汉初的滇国青铜制品，具有浓厚的民族特色；西汉中晚期的滇国器物，与贵州、广西出土的西汉器物相似，在种类与形制上部分地受到了汉文化的影响。到了西汉末至东汉初年，滇国遗物中纯汉式器物占据重要地位，这些汉式器物多数来自中原，有的则可能是本地的仿制品。

大量滇国青铜农具的出土，说明农业在滇人经济生活中占有重要的地位。同时，滇国器物上的图像，表明滇人牧养牛、马、猪、羊、犬，猎取鹿、虎、野猪，畜牧和狩猎经济都相当发达。青铜铸造是滇人最主要的手工业，铜器相当精美。铁制品数量不多，有些铁器实际上是铜铁合体。《后汉书·西南夷传》说：滇人之地"有盐池田渔之饶，金银畜产之富"，这与滇国遗物所表现的滇人社会的经济情况大致相同。

滇国铜器上有许多反映奴隶和俘虏生活的铸像，如奴隶在主人监督下织布，以奴隶作牺牲，捕捉俘虏，俘虏被裸体悬挂等。奴隶多编发或披发，同滇人奴隶主的椎髻不同，他们显然是从外族俘虏来的奴隶。滇人墓中殉葬物丰富精美，可以印证《后汉书·西南夷传》的记载：滇人奴隶主"性豪忲，居官者皆富及累世"。

乌桓　鲜卑　乌桓是东胡的一支，汉初以来，活动在西拉木伦河以北的乌桓山一带。乌桓人"俗善骑射，弋猎禽兽为事，随水草放牧，居无常处"①。他们也经营农业，种植耐寒耐旱的穄和东墙。乌桓"男子能作弓矢鞍勒，锻金铁为兵器"，妇女能刺绣，善于编织毛织品。乌桓部落分散，邑落各有小帅，但还未出现世袭的酋长，凡"有勇健能理决斗讼者，推为大人"。血族复仇的风习，在乌桓社会中还很盛行。乌桓部落中自"大人以下各自畜牧营产，不相徭役"，还未出现明显的阶级分化。

西汉初年，乌桓为匈奴冒顿单于所破，力量孤弱，臣服于匈奴，每年向匈奴输牛马羊皮。过时不纳，要受到匈奴统治者的惩罚。武帝时霍去病率军击破匈奴左地后，把一部分乌桓徙于上谷、渔阳、右北平、辽西、辽东五郡（今河北北部及辽宁南部），设护乌桓校尉监督他们，让他们替汉军侦察匈奴动静。昭帝以后乌桓渐强，常常骚扰汉幽州边郡，也常常攻击匈奴。

鲜卑也是东胡的一支，言语习俗与乌桓大致相同，但比乌桓落后。鲜卑自从被冒顿单于击破后，远徙辽东塞外，南与乌桓相邻，没有同西汉发生直接联系。②

---

① 《后汉书》卷九〇《乌桓传》。
② 《战国策·赵策》《楚辞·大招》《史记·匈奴列传》等有所谓"师比""鲜卑""胥纰""犀毗"，都是鲜卑一词不同的音译，意即革带钩。《史记》卷一一〇《匈奴列传》张晏注："鲜卑郭落带，瑞兽名也，东胡好服之。"可见上述"师比""犀毗"等词来自东胡。今满洲语鲜卑为祥瑞，郭落为兽，可证张晏注。据此，可知战国以来鲜卑人和汉人之间在文化上已存在着某种联系。

六　社会矛盾的发展与王莽改制

汉武帝末年的农民暴动　西汉初年以来的社会经济发展过程，同时是愈来愈严重的土地兼并过程，是农民经过一个短暂的稳定时期以后重新走上流亡道路的过程。还在所谓"文景之治"的升平时期，就隐伏着深刻的社会矛盾。贾谊为此警告文帝说："饥寒切于民之肌肤，欲其无为奸邪，不可得也。国已屈矣，盗贼直须时耳！"① 贾谊笔下的"盗贼"，指的就是行将出现的农民暴动。

汉武帝统治时期，一方面社会经济发展到很高的水平，"非遇水旱，则民家给人足"；另一方面，豪党之徒兼并土地，"武断于乡曲"的现象，比以前更严重。官僚地主无不"众其奴婢，多其牛羊，广其田宅，博其产业，畜其积委"②，交相压榨农民。武帝"外事四夷，内兴功利"，在完成了辉煌事业的同时，也耗尽了文、景以来府库的余财，加重了农民的困苦。贫困破产的农民，多沦为豪强地主的佃客、佣工，受地主的残酷剥削。农民卖妻鬻子，屡见不鲜。针对这种情形，董仲舒建议"限民名田以澹不足，塞并兼之路，盐铁皆归于民，去奴婢，除专杀之威，薄赋敛，省徭役，以宽民力"③。这个建议的目的，在于从长远着眼

---

① 《汉书》卷四八《贾谊传》。
② 《汉书》卷五六《董仲舒传》。
③ 《汉书》卷二四《食货志》。

来巩固汉朝的统治,即所谓"财不匮而上下相安"①。但是它在一定程度上触及了大地主和政府的现实利益,所以无法实行。从此以后,农民的困苦更是有加无已。

武帝前期,东郡(治今河南濮阳)一带到处有农民暴动发生。②以后流民愈来愈多。元封四年(前107),关东流民达到200万口,无户籍的40万。天汉二年(前99)以后,南阳、楚、齐、燕、赵之间,农民暴动不时发生,"南阳有梅免、百政,楚有段中、杜少,齐有徐勃,燕赵之间有坚卢、范主之属,大群至数千人"③。关中也不安静,《盐铁论》说"关内暴徒保人阻险"④。暴动农民建立名号,攻打城邑,夺取武库兵器,释放死罪囚徒,诛杀郡守、都尉。至于数百为群的农民,在乡里抢夺地主的粮食财物,更是不可胜数。汉武帝派官吏分区镇压,大肆屠杀,但是农民军散而复聚,据险反抗。汉武帝又作"沉命法",规定太守以下官吏如果不能及时发觉并镇压暴动,罪至死。

在农民再接再厉的打击下,汉武帝感到专靠镇压无济于事,考虑过改变统治办法的问题。他曾对卫青说:"汉家庶事草创,加四夷侵陵中国,朕不变更制度,后世无法,不出师征伐,天下

---

① 董仲舒《春秋繁露·度制篇》:圣人"制人道而差上下也,使富者足以示贵而不至于骄,贫者足以养生而不至于忧,以此为度而调均之,是以财不匮而上下相安,故易治也"。这就是董仲舒限民名田等议的最终目的。
② 《汉书》卷六四《吾丘寿王传》。
③ 《汉书》卷九〇《酷吏咸宣传》。
④ 《盐铁论·大论篇》。

不安。为此者不得不劳民。若后世又如朕所为，是袭亡秦之迹也。"①他在征和四年断然罢逐为他求仙药而伤民糜费的方士，拒绝在轮台（今新疆轮台）屯田远戍，并且下诏自责，"深陈既往之悔"，申明"当今务在禁苛暴，止擅赋，力本农，修马复令（养马者得免徭役）以补缺，毋乏武备而已"②。同时，他还命赵过推行代田法，改进农具，以示鼓励农业生产。这样，农民暴动暂时缓和了。

昭、宣时期社会经济的恢复和发展 武帝死后，霍光辅佐昭帝，继续实行武帝晚年以来的"与民休息"政策，史载"流民稍还，田野益辟，颇有蓄积"③，西汉统治相对稳定。

昭帝始元六年（前81），御史大夫桑弘羊等与郡国所举贤良、文学六十余人辩论施政问题。贤良、文学力主罢盐铁、酒榷、均输官，示以节俭，并进而对于内外政策提出许许多多的主张。这就是有名的盐铁之议，桓宽《盐铁论》一书即是根据这次辩论写成的。贤良、文学之议对于"休养生息"政策的继续实行，显然起了促进作用；但是他们关于盐铁等方面的具体要求，多未被西汉政府采纳。始元六年七月，诏罢郡国榷酤和关内铁官，其余盐铁等政策，仍遵武帝之旧。

宣帝慎择刺史守相，平理刑狱。他继承昭帝的遗法，把都城和各郡国的苑囿、公田假给贫民耕种，减免田赋，降低盐价。这

---

① 《资治通鉴》卷二二征和二年。

② 《汉书》卷九六《西域传》。

③ 《汉书》卷二四《食货志》。

些政治经济措施，使社会矛盾继续得到缓和，农业生产开始上升。由于连年的丰稔，谷价下降到每石五钱，边远的金城、湟中地区，每石也不过八钱，这是西汉以来最低的谷价记录。过去，每年需要从关东漕运粮食600万斛，以供京师所需，宣帝五凤年间（前57—前54）大司农从三辅、弘农、河东、上党、太原各郡籴粟运京，关东漕卒因此罢省半数以上。这是三辅、河东等地农业有了发展的具体说明。沿边许多地方这时都设立了常平仓，谷贱则籴，谷贵则粜，以调剂边地的需要。更值得注意的是，包括沿边的西河郡（郡治今内蒙古鄂尔多斯市东胜附近）以西共11郡以及二农都尉，都因屯田积蓄，有了可供大司农调发的钱谷。

官府手工业继续得到发展。齐三服官，蜀、广汉以及其他各郡工官，东西织室，生产规模都很庞大。铸钱和制造铁器等手工业呈现繁荣景象。所以班固称赞宣帝时"技巧工匠器械，自元、成间鲜能及之"①。

汉宣帝被后世的史家称为"中兴之主"，刘向甚至还赞扬他"政教明，法令行，边境安，四夷亲，单于款塞，天下殷富，百姓康乐，其治过于太宗（文帝）之时"②。但这只是当时社会情况一个方面的夸饰之词。从另一方面看来，当时西汉统治集团积弊已深，豪强的发展和农民的流亡，都已无法遏止，所以社会矛盾外弛内张，实际上比文帝时要严重得多。胶东、渤海等

---

① 《汉书》卷八《宣帝纪赞》。
② 《风俗通·正失篇》。

地，农民进行暴动，早已发展到"攻官寺，篡囚徒，搜朝市，劫列侯"①的程度，连宣帝自己也承认当时"民多贫，盗贼不止"②。

西汉末年社会矛盾的尖锐化　元帝时，西汉社会更是险象丛生。农民在"乡部私求，不可胜供"的情形下，"虽赐之田，犹贱卖以贾，穷则起为盗贼"③。元帝为了怀柔关东豪强，消除他们对西汉王朝的"动摇之心"，甚至把汉初以来迁徙关东豪强充实关中陵寝地区的制度也放弃了④。儒生京房曾问元帝："陛下视今为治邪，乱邪？"元帝莫可奈何地回答："亦极乱耳，尚何道！"⑤

成帝时，西汉王朝走上了崩溃的道路。成帝"大兴徭役，重赋敛"⑥。假民公田的事不再见于记载。这时，外戚王氏控制了西汉政权，帝舅王凤、王商、王音、王根兄弟四人和王凤弟王曼之子王莽相继为大司马大将军，王氏封侯者前后共达九人之多，朝廷中重要官吏和许多刺史郡守，都出于王氏的门下。外戚贪贿掠夺最为惊人。红阳侯王立在南郡占垦草田几百顷，连贫民开辟的熟田也在占夺之列。王立把这些土地高价卖给国家，得到的报

---

① 《汉书》卷七六《张敞传》。
② 《汉书》卷八《宣帝纪》黄龙元年。
③ 《汉书》卷七二《贡禹传》。
④ 以后成帝企图恢复徙民奉陵制度，由于朝野的反对而作罢，参《汉书》卷一〇《成帝纪》及卷七〇《陈汤传》。
⑤ 《汉书》卷七五《京房传》。
⑥ 《汉书》卷八五《谷永传》。

偿超过时价一万万钱。外戚在元帝时势力还不很大,"资千万者少"①;他们后来家财成亿,膏田满野,宅第拟于帝王,都是在成、哀的短期内暴敛的结果。其他官僚也依恃权势,大占良田,丞相张禹"多买田至四百顷,皆泾渭溉灌,极膏腴上价,它财物称是"②。哀帝宠臣董贤得赐田二千余顷,贤死后家财被斥卖,得钱竟达43万万之巨。

商人的势力,这时又大为抬头。成都罗裒,临淄姓伟,洛阳张长叔、薛子仲,长安和附近诸县的王君房、樊少翁、王孙大卿、樊嘉、挚网、如氏、苴氏,多是资财巨万的大商人。罗裒除了垄断巴蜀盐井之利以外,还往来长安、巴蜀之间,厚赂外戚王根、幸臣淳于长,"依其权力,赊贷郡国,人莫敢负"③。

成帝即位不久,今山东、河南、四川等地相继爆发了农民和铁官徒的暴动。建始四年(前29),有东郡茌平(今山东茌平)侯毋辟领导的暴动。阳朔三年(前22),有颍川(郡治今河南禹州)铁官徒申屠圣等的暴动。鸿嘉三年(前18),有广汉(郡治今四川梓潼)郑躬等的暴动④。永始三年(前14),有尉氏(今河南尉氏)樊并⑤等和山阳(郡治今山东金乡)铁官徒苏令等的

---

① 《汉书》卷八六《王嘉传》。
② 《汉书》卷八一《张禹传》。
③ 《汉书》卷九一《货殖传》。
④ 《汉书》卷一〇《成帝纪》、卷二七《五行志》均说郑躬自称"山君",或亦为铁官徒。
⑤ 樊并为儒生,见《汉书》卷八八《儒林孔安国传》。

暴动。苏令领导的暴动经历十九郡国①，诛杀长吏，夺取库兵，声势最大。

哀帝时，西汉王朝的危机更加严重。师丹建议限田、限奴婢，孔光、何武等人拟定了一个办法，规定诸王、列侯以至吏民占田以30顷为限；占奴婢则诸王最多不超过200人，列侯、公主100人，以下至吏民30人；商人不得占田，不得为吏。这个办法受到当权的外戚官僚反对，被搁置起来了。

在官府和地主的双重压迫下，农民"有七亡而无一得"，"有七死而无一生"②，除了继续反抗以外，没有其他道路可走。哀帝在农民暴动的威胁下，采纳阴阳灾异论者的主张，企图用"再受命"的办法来解脱西汉统治的危机。因此他自己改称"陈圣刘太平皇帝"，改元"太初元将"。这种自欺欺人的易号改元，除了暴露西汉统治者绝望的心情以外，毫无其他意义。

王莽改制 当农民战争迫在眉睫，西汉王朝摇摇欲坠，"再受命"说风靡一时的时候，王莽继诸叔之后出任大司马大将军，辅政一年多。哀帝即位后，王莽失势。当丁、傅等外戚和其他达官贵人激烈反对限田之议时，太皇太后王氏表示以"王氏田非冢茔，皆以赋贫民"③，这实际上就是王莽对待当前社会危机所表示的笼络人心的态度。平帝时，王莽复任大司马，屡次捐钱献

---

① 《汉书》卷二六《天文志》及卷二七《五行志》均作"经历郡国四十余"，几占西汉百三郡国的一半，恐非事实。卷一〇《成帝纪》作"经历郡国十九"。

② 《汉书》卷七二《鲍宣传》。

③ 《汉书》卷一一《哀帝纪》。

地，收揽民心。在政治上，他一方面排除异己，穷治与平帝外家卫氏有关的吕宽之狱，"连引郡国豪杰素非议己者"①，死者以百数；另一方面，他又极力树立党羽，笼络儒生，让他们支持自己夺取政权的活动。在这种情况下，各地上书颂扬王莽功德者，以及献祥瑞、呈符命者络绎于途，这些人都力图证明汉祚已尽，王莽当为天子。

平帝死，孺子婴立，王莽继续辅政，主持祭祀时称假皇帝，民臣谓之摄皇帝。汉宗室刘崇和东郡太守翟义相继起兵反对王莽，但都被他压平了。居摄三年（初始元年，公元8年），王莽自立为帝，改国号曰新。

西汉王朝结束了，但西汉社会遗留下来的社会矛盾仍然十分尖锐。王莽为了解决这个矛盾，陆续颁布法令，附会周礼，托古改制。

始建国元年（9），王莽下诏，历数秦汉社会兼并之弊："强者规田以千数，弱者曾无立锥之居；又置奴婢之市，与牛马同栏，制于民臣，颛断其命。"他针对这种情况，宣布："更名天下田曰王田，奴婢曰私属，皆不得卖买。其男口不盈八而田过一井（九百亩）者，分余田予九族、邻里、乡党。故无田今当受田者如制度。敢有非井田圣制，无法惑众者，投诸四夷，以御魑魅。"

王莽颁布这个诏令的目的，并不是真正改变私人的土地所有

---

① 《汉书》卷九九《王莽传》。以下不注出处的引文，均见此传。

权，也不是改变奴婢的社会地位，而只是冻结土地和奴婢的买卖①，以图缓和土地兼并和农民奴隶化的过程。在此以后，地主官僚继续买卖土地和奴婢，以此获罪的不可胜数，因此他们强烈反对这个诏令。始建国四年，王莽不得不取消这个诏令，"下诏诸食王田及私属，皆得卖买，勿拘以法"②。这样，王莽解决当前最主要的社会矛盾的尝试，就完全失败了。

始建国二年（10），王莽下诏实行五均六筦，企图以此节制商人对农民的过度盘剥，制止高利贷者的猖獗活动，并且使国家获得经济利益。五均是在长安以及洛阳、邯郸、临淄、宛、成都等大都市设立五均司市师，管理市场。每季的中月，司市官评定本地物价，叫作市平。物价高过市平，司市官照市平出售；低于市平，则听民买卖；五谷布帛丝绵等生活必需品滞销时，由司市官按本价收买。民因祭祀或丧葬需钱，可向钱府借贷，不取利息；欲经营生业而缺乏本钱的，也可低利借贷。

六筦是由国家掌握盐、铁、酒、铸钱、五均赊贷等五项事业，不许私人经营；同时控制名山大泽，"诸采取名山大泽众物

---

① 《汉书》卷九九《王莽传》地皇二年载卜者王况谓魏成大尹李焉曰："新室即位以来，民田奴婢，不得卖买……"《后汉书》卷一三《隗嚣传》载嚣讨莽檄文中，也只说到"田为王田，卖买不得"。王莽在取消这个诏令时同样只说允许土地和奴婢的买卖。

② 《汉书》卷二四《食货志》。这个诏令还没有提到取消"王田""私属"的名称。《汉书》卷九九《王莽传》地皇三年（22）"议遣风俗大夫司国宪等分行天下，除井田奴婢山泽六筦之禁，即位以来诏令不便于民者皆收还之"，才是最后废除王田、私属等法令的措施。这时已是王莽政权彻底崩溃的前夕了。

者税之"。六筦中除五均赊贷一项是平准法的新发展以外，其余五项都在汉武帝时实行过。王莽用来推行五均六筦的，多是一些大商贾，这也同武帝以贾人为盐铁官一样。但是武帝凭借国家的力量，能够基本上控制为国家服务的商人，而王莽则无力控制这些人。这些人"乘传求利，交错天下，因与郡县通奸，多张空簿，府藏不实，百姓俞病"①。所以王莽实行五均六筦，同武帝实行同类措施，其结果也就各异了。

居摄二年（7），王莽加铸错刀、契刀、大钱等三种钱币，规定错刀一值五千，契刀一值五百，大钱一值五十，与原有的五铢钱共为四品，同时流通。始建国元年，王莽废错刀、契刀与五铢钱，另作小钱，与大钱一值五十者并行，并且颁令禁挟铜炭，以防盗铸。第二年，王莽改作金、银、龟、贝、钱、布，名曰宝货，凡五物（钱、布皆用铜，共为一物）、六名、二十八品。人民对王莽钱币毫无信任，都私用五铢钱，王莽又加严禁，以致"农商失业，食货俱废，民人至涕泣于市道。及坐卖买田宅、奴婢、铸钱，自诸侯、卿大夫至于庶民，抵罪者不可胜数"。王莽迫不得已暂废龟、贝等物，只行大、小钱，同时加重盗铸的禁令，"一家铸钱，五家坐之，没入为奴婢"。地皇元年（20），王莽又尽废旧币，改行货布、货泉二品②。

王莽屡易货币，加速了人民的破产。他滥行五家连坐的盗铸

---

① 《汉书》卷二四《食货志》。
② 改行货布、货泉年代，《汉书》卷九九《王莽传》作地皇元年（20），卷二四《食货志》作天凤元年（14）。

法，实际上恢复了残酷的收孥相坐律。犯法的人没为官奴婢，"男子槛车，儿女子步，以铁锁琅当其颈，传诣钟官，以十万数。到者易其夫妇，愁苦死者十六七"。这项法令增加了汉末以来奴隶问题的严重性，使人民受苦最深，人民的愤恨也最大。

在政治制度方面，王莽也大事更张。他把中央和地方的官名、官制、郡县名和行政区划，都大大加以改变，屡易其名。他还恢复五等爵，滥加封赏。官吏俸禄无着，就用各种办法扰民。

王莽改制所引起的混乱愈来愈大，达到不可收拾的地步。他为了挽回自己的威信，拯救自己的统治，一面玩弄符命的把戏，欺骗人民；一面虚张声势，发动对匈奴和东北、西南边境各族的不义战争。沉重的赋役征发，战争的骚扰，残酷的刑法，使农民完全丧失了生路。据官吏报告，人民"愁法禁烦苛，不得举手；力作所得，不足以给贡税；闭门自守，又坐邻伍铸钱挟铜。奸吏因以愁民，民穷悉起为盗贼"。严重的天灾也不断袭击农村，米价高达五千钱、万钱一石，甚至黄金一斤只能易豆五升。这种情况更促使农民暴动风起云涌。西汉宗室旧臣反对王莽的斗争也不断发生，而且逐渐与农民的斗争发生了联系。更始元年（23），王莽的统治终于在农民战争的无情打击下彻底崩溃，王莽本人也成为西汉腐朽统治的替罪羊了。

七 推翻王莽政权的农民战争

绿林军 反对王莽政权的农民暴动，首先发生在北方边郡地区。王莽为了出击匈奴而进行的征发，在边郡比在内地更为严重。边境数十万驻军，不但仰给边民供应，而且还大肆骚扰，破坏人民的生产和生活。边民不堪其苦，有的流亡内地，为人奴婢；有的铤而走险，聚众反抗。始建国三年（11），边民弃城郭流亡，随处暴动，并州、平州一带最为猛烈。天凤二年（15），五原、代郡民举行暴动，"数千人为辈，转入旁郡"①。

接着，黄河流域和长江流域也相继出现了农民暴动。天凤四年（17），临淮人瓜田仪在会稽长洲（今江苏苏州）举行暴动，出没于湖海之间；同年吕母在海曲（今山东日照）举行暴动，杀海曲县宰，入海坚持战斗。此起彼伏的暴动，预示大规模的农民战争即将来临。

天凤年间，荆州一带遇到连年的大饥荒，农民相率到野泽中掘草根为食。新市（今湖北京山境）人王匡、王凤替人家排难解纷，被推为首领。他们人数越聚越多，形成一支武装力量，不时攻击附近的乡聚。他们隐蔽在绿林山中（今湖北当阳境），因此被称作绿林军。几个月后，绿林军发展到七八千人。但是那时他们还没有攻城略地的打算，只盼望年成好转，能够返回田间。

地皇二年（21），王莽的荆州牧发兵进攻绿林军，绿林军出山迎击获胜，部众增至数万人，战斗意志高涨起来。地皇三年（22），绿林山中疾疫流行，绿林军出山，一支由王常、成丹等率领，西入南郡（治今湖北荆州），称下江兵；另一支由王匡、王凤、马武等率领，北上南阳，称新市兵。新市兵攻随县时，平林人陈牧、廖湛率众响应，于是绿林军中又增添了一支平林兵。

---

① 《汉书》卷九九《王莽传》。

西汉宗室刘玄，这时也投身于平林兵中。

南阳大地主刘縯、刘秀兄弟也是西汉宗室，他们抱着"复高祖之业"① 的目的，联络附近各县地主豪强，并且把宗族、宾客组成一支七八千人的军队，称为舂陵军。舂陵军与王莽军接战不利，乃与向北折回的下江兵约定"合纵"。这时绿林军连败莽军，发展到十多万人。绿林军领袖为了扩大影响，拥立刘玄做皇帝，恢复汉的国号，以公元23年为更始元年。刘玄在西汉宗室中是没落的一员，他参加农民军较早，而且又无兵权。拥立宗室刘玄，这是农民受到刘汉正统思想影响的表现；但是立刘玄而不立野心勃勃的刘縯，又是绿林军领袖疏远刘縯、刘秀的结果。

绿林建号以后，王莽发州郡兵四十二万，由王邑、王寻率领，阻击绿林军。三月，王莽军前锋近十万人，围绿林军于昆阳（今河南叶县）。绿林军八九千人，由王凤、王常率领，坚守昆阳，刘秀则轻骑突围出城，征集援兵。那时昆阳城外围兵数十重，列营百数，围兵"或为地道，冲輣撞城，积弩乱发，矢下如雨，城中负户而汲"②。在这千钧一发的时刻，刘秀发郾、定陵营兵数千人援昆阳，王邑、王寻一战失败，王寻被杀。城中守军乘势出击，"中外合势，震呼动天地，莽兵大溃，走者相腾践，奔殪百余里间"③。绿林军在这一战役中夺获军实辎重车甲珍宝，

---

① 《后汉书》卷一四《齐武王縯传》。
② 《后汉书》卷一《光武帝纪》。
③ 同上。

不可胜数。这就是中国历史上著名的以少胜多的昆阳之战。昆阳战后"海内豪杰翕然响应,皆杀其牧守,自称将军,用汉年号,以待〔更始〕诏命,旬月之间,遍于天下"①。显然,这次战役对于绿林军入关和王莽覆灭,起了决定性的作用。

刘秀在昆阳之战中立了功绩,他们兄弟的势力逐渐凌驾农民军,因此新市、平林诸将劝更始帝把刘縯杀了。接着,绿林军分兵两路进击王莽。一路由王匡率领,攻克洛阳。更始帝在洛阳派遣刘秀到黄河以北去发展势力,刘秀北上后,就逐步脱离了农民军的控制。另外一路绿林军由申屠建、李松率领,西入武关。析县人邓晔起兵攻下武关,迎入绿林军,合兵直取长安,关中震动。这时长安发生暴动,王莽被杀,长安被绿林军迅速攻克。公元24年初,更始帝迁都长安。

进入长安的绿林军纪律严明,府库宫室一无所动,长安市里不改于旧。绿林军瓦解了一批关中的豪强武装,迅速平定三辅。但是不久以后,更始帝自己首先沉醉在腐化的宫廷生活中,地主儒生乘机大肆活动,绿林军内部离心离德的现象逐渐滋长起来了。

赤眉军 比绿林军举行暴动稍后,琅琊人樊崇等在莒县暴动。樊崇作战勇敢,附近各地农民军领袖逄安、徐宣、谢禄、杨音等都率部归附他。他们在泰山、北海一带进行斗争,击败田况所部莽军。参加这支队伍的都是为饥饿所迫的农民,他们同绿林军一样,起初并无攻城徇地的意图。他们因袭汉朝乡官和地方小吏称号,把各级首领分别称为三老、从事、卒史,彼此之间以巨

---

① 《后汉书》卷一《光武帝纪》。

人相呼。他们没有文书、旌旗、部曲、号令,口头相约:"杀人者死,伤人者偿创。"①

公元22年,王莽派太师王匡和更始将军廉丹,率军十多万,进攻这一支农民军。为了作战时与敌人相区别,农民军把眉毛涂红,因而获得赤眉军的称号。王匡、廉丹的军队残害百姓,十分横暴,百姓作歌道:"宁逢赤眉,不逢太师(王匡),太师尚可,更始(廉丹)杀我。"②赤眉军在成昌(今山东东平)击败莽军,杀廉丹,势力大为扩展。当刘玄进入洛阳时,赤眉军也在中原活动,樊崇等二十多人还接受了刘玄的列侯封号。由于刘玄排斥赤眉,樊崇等人脱离刘玄,转战于今河南一带。

赤眉军虽然连战获胜,但是部众思归,军心涣散。赤眉领袖认为部众回乡必散,于是率领他们西攻长安。公元25年,赤眉军进至华阴,有众三十万。赤眉领袖在地主和巫师怂恿下,在军中找到一个没落的西汉宗室、15岁的牛吏刘盆子作皇帝。接着,赤眉军进攻长安,推翻了刘玄的统治。

刘秀建立东汉王朝 赤眉入关时,刘秀也派兵向关中进发。在此之前,当刘秀于公元23年冬渡河北上时,黄河以北已有铜马、大彤、高湖、重连、铁胫、大枪、尤来、上江、青犊、五校、檀乡、五幡、五楼、富平、获索等部农民军。他们各领部曲,"或以山川土地为名,或以军容强盛为号"③,共有数百万

---

① 《后汉书》卷一一《刘盆子传》。
② 《汉书》卷九九《王莽传》。
③ 《后汉书》卷一《光武帝纪》注。

人。除了农民军以外，各地豪强地主武装和王莽的残余势力也还不少。豪强地主在邯郸拥立诈称成帝之子的卜者王郎为帝，声势最大。刘秀依靠信都太守任光、昌成人刘植、宋子人耿纯等地主武装的支持，又得到上谷太守耿况、渔阳太守彭宠的援助，击败了王郎。更始帝派人立刘秀为萧王，并令他罢兵去长安。刘秀羽翼已成，力量强大，于是拒不受命，留在河北镇压农民军，并坐观关中的变化。他逐个吞灭了铜马、高湖、重连等部农民军，关中一带把他称作"铜马帝"。

公元25年6月，当赤眉军迫近长安时，刘秀在鄗（今河北柏乡）南即皇帝位（光武帝），沿用汉的国号，以这一年为建武元年。不久，刘秀定都洛阳，史称东汉。

同年九月，赤眉军入长安。长安附近的豪强地主隐匿粮食，武装抵制赤眉。赤眉军粮尽不支，又无法打破豪强地主的封锁，于是西走陇坂，企图获得出路。赤眉在那里受到割据势力隗嚣的阻挡和风雪的袭击，折返长安，引众东归。这时，刘秀的军队已经扼守洛阳以西地区，截断了赤眉东归道路。赤眉军奋勇力战，但终因粮尽力绌，于建武三年（27）春战败。

轰轰烈烈的农民战争推翻了王莽政权。刘秀恢复了汉朝的统治后，除了继续镇压河北农民军余部以外，还致力于削平各地的割据势力，于建武五年（29）统一了北方的主要地区。建武九年（33），他平定了割据陇西的隗嚣，建武十二年（36）平定了割据蜀地的公孙述，实现了全国的统一。

第三章　东汉时期豪强大族势力的扩张和统一国家走向瓦解

一　社会经济的发展和豪强势力的扩张

生产的发展　南方经济水平的显著提高　光武帝在国内统一战争中，利用农民战争造成的有利形势，于建武二年至十四年（26—38）连续六次颁布释放奴婢的诏令。诏令规定：凡属王莽以来吏民被没为奴婢而不符合西汉法律的，青、徐、凉、益等割据区域吏民被略卖为奴的，吏民遭饥乱嫁妻卖子为奴而要求离去的，一律免为庶人；奴婢主人如果拘执不放，按西汉的"卖人法"和"略人法"治罪。建武十一年（35），光武帝又连续颁令：杀奴婢的不得减罪；灸灼奴婢的按法律治罪，免被灸灼者为庶民；废除奴婢射伤人弃市律。西汉后期和王莽统治以来，"卖人法"和"略人法"已成具文，收孥相坐律得到恢复，奴隶问题的严重性增加了。光武帝的这些诏令，缓解了奴婢问题，也起了动摇青、徐、凉、益等州割据势力的作用。这对农民处境的改善，对社会经济的发展，都是有利的。

光武帝对于严重的土地兼并问题,没有也不可能提出解决办法。那时地主阶级仍然保有大量土地和依附农民,以光武帝为首的新的统治集团,也大肆搜括土地,洛阳地区和南阳地区尤为严重。但是在农民战争之后,腐败的政治有所刷新,农民"七死""七亡"的情况多少有了改变,东汉统治集团还能注重生产。由于这些原因,农业和手工业在东汉前期得以向前发展一步。

东汉时的农业生产比西汉时有了提高。北方出土的东汉铁农具钁、锸、锄、镰、铧等,数量之多,大大超过西汉。犁的铁刃加宽,尖部角度缩小,较过去的犁铧坚固耐用,便于深耕。大型铧比较普遍,其他农具,一般也比过去宽大。东汉出土的曲柄锄和大镰,便于中耕、收获。回转不便的耦犁在某些地方已被比较轻便的一牛挽犁所代替。比较落后的淮河流域和边远地区,也在推广牛耕和铁铧犁。南方的一些地方还发展了蚕桑业。

黄河的修治,是促进东汉前期北方农业恢复和发展的一件大事。平帝时黄河决口,河水大量灌入汴渠,泛滥数十县。东汉初年,国家无力修治;河北的官僚地主为了使自己的田园免除河患,乐于以邻为壑,又力阻修治汴渠。因此黄河以南的兖、豫等地人民,受灾达60年之久。明帝时,以治水见长的王景和王吴,用堰流法修作浚仪渠。永平十二年(69),王景与王吴又率卒几十万修治黄河、汴渠。王景、王吴在从荥阳东到千乘(今山东利津)海口的地段内勘察地势,开凿山阜,直截沟涧,疏决壅积;还在汴河堤上每十里立一水门,控制水流。他们用这个办法终于使河汴分流,消除了水患,使黄泛地区广大土地重新得到耕种。

河工告成后,明帝还把"滨渠下田赋与贫人,无令豪右得固其利"①。

关东地区以至于长江以南,陂池灌溉工程也陆续兴建起来。汝南太守邓晨修复了鸿郤陂,以后鲍昱继续修整,用石闸蓄水,水量充足。南阳太守杜诗修治陂池,广拓土田。渔阳太守张堪在狐奴(今北京顺义境)引水溉田,开辟稻田八千多顷。章帝时,王景为庐江太守,修复芍陂(在今安徽寿县),境内得以丰稔。在芍陂旧址发现过一处东汉水利工程,可能就是王景修筑芍陂闸坝的遗存。这项工程采用夹草的泥土修筑闸坝,是我国水利技术史上的一项重要成就。江南的会稽郡在稍晚的时候修起了镜湖,周围筑塘三百多里,溉田九千多顷。巴蜀地区的东汉墓葬中,有许多池塘、水田的陶制模型出土,池塘和水田之间,连以渠道,这是巴蜀地区水利灌溉发达的实证。此外,各地兴复或修建的陂湖渠道还有不少。

最晚到两汉之际,我国出现了水碓,它在谷物加工方面的功效,比用足践碓高十倍,比杵臼高百倍。② 东汉末年,出现了提水工具翻车、渴乌,翻车"设机车以引水",渴乌"为曲筒以气引水"③。

生产工具和生产技术的改进,使农产品的亩产量显著提高。据《东观汉记》记载,章帝时张禹在徐县开蒲阳旧陂,垦田四千

---

① 《后汉书》卷二《明帝纪》。
② 《太平御览》卷八二九引桓谭《新论》。
③ 《后汉书》卷七八《宦者张让传》注。

余顷,得谷百万余斛,每亩产量在两三斛之间①。这比《汉书·食货志》所记西汉的亩产量高出一倍以上。史籍记载东汉户口数和垦田数都比西汉的最高数字略少②,这是由于东汉地主隐匿的土地和人口大大超过西汉,不能据以判断东汉农业水平。

东汉时期,手工业也同农业一样,比西汉时提高了。东汉铁器出土地点,建国以来陆续发现的达百余处,远比西汉为多。西汉时冶铁不发达的南方地区,也逐渐出现了冶铁和铁器制造业。桂阳郡的耒阳出铁,东汉初年,别郡的人常聚集在这里冶铸;卫飒任桂阳太守,"上起铁官,罢斥私铸,岁所增入五百余万"③。今南京、杭州、绍兴、南昌等地,都有东汉铁器出土。这个时期,主要兵器全为铁制品,铜兵器出土极少。和铁农具一样,铁兵器外形也比西汉时期加大。铁制的生活日用品,在南北各地都有发现。这种种情况,都说明铁的总产量比过去大为增加了。

东汉初年,杜诗在产铁地南阳任太守,他推广水力鼓风用的水排,用力少,见功多,是冶铁技术史上一项重大改革。

和帝时罢盐铁之禁,自此以后,大地主和大商贾又重新公开冶铁制器。据桓帝时曾任五原太守的崔寔说:"边民敢斗健士,

---

① 《东观汉记·张禹传》。又《后汉书》卷四九《仲长统传》载《昌言·损益篇》估计,通肥硗之率,计稼穑之入,亩收三斛,与此相近。

② 关于东汉垦田和户口数,备见《续汉书·郡国志》序注及书后注。东汉垦田以和帝时最多,达7320170顷。户口以桓帝时最多,但数字有讹错,只能窥见大概。

③ 《后汉书》卷七六《循吏卫飒传》。

皆自作私兵,不肯用官器。"① 可见那时连兵器也可以私造了。

炼铜和铜器制作,在长江以南的很多地方都很发达。广汉、蜀郡、会稽以及犍为属国的朱提县堂狼山②等地,都有兴盛的铜器制作业。广汉、蜀郡的官府作坊仍有一定规模,但是私人作坊所造铜器,数量更多些。朱提堂狼的铜洗,会稽的铜镜,历代出土很多。此外蜀郡、广汉的漆器,北方各地品种繁多的精美丝织品,都在西汉的基础上继续提高。东汉末年,成都织锦开始发达起来。漆器生产也有发展,出土漆器数量很多。此外,出土的东汉画像砖表明,巴蜀人民此时已经利用火井煮盐。

东汉时期,北方的通都大邑,商业仍然发达。豪强富室操纵了大商业,他们"船车贾贩,周于四方,废居积贮,满于都城"③。他们还大放高利贷,"收税(利息)与封君比入"④。这个时期,"天下百郡千县,市邑万数"⑤,都卷进了商品流通范围。东汉政府铸币能力不够,五铢钱不能满足市场流通需要,所以缣帛谷物兼具货币职能。这也反映了自然经济成分的增长。官僚贵戚凭借权势,从事西域贸易和国外贸易。窦宪曾寄人钱 80

---

① 崔寔《政论》,见《群书治要》卷四五。
② 按西汉有朱提(今云南昭通境)、堂狼(今云南东川境)二县,东汉堂狼县并入朱提县,所以《续汉书·郡国志》注引《南中志》谓朱提有堂狼山。据此,传世东汉朱提铜器与堂狼铜器实为朱提县堂狼山一地所造。东汉铜器铭文有"朱提堂狼造"和"堂狼朱提造"之例,亦可为证。
③ 《后汉书》卷四九《仲长统传》。
④ 《后汉书》卷二八《桓谭传》。
⑤ 王符《潜夫论·浮侈》。

万,从西域市得杂罽十余张;又令人载杂彩700匹,白素300匹,以市月氏马、苏合香和毦氍。①

上述东汉经济情况中,值得注意的是南方经济水平的显著提高,这在农耕、蚕桑、水利、铜铁冶炼、铜器制造等方面都有表现。与此同时,南方人口也大量增加,扬州人口从西汉时的321万增加到东汉时的434万,荆州从374万增加到627万,益州从455万增加到724万②。南方人口增加,除了生产水平提高和北人南移的原因以外,还由于南方各族人民大量成为东汉的编户。史籍表明今云南地区人口增加五倍之多,主要即东汉时"徼外蛮夷内附"的直接结果。丹阳、豫章、长沙、零陵等郡人口增长也非常快,这自然与越人、蛮人成为东汉编户有关。桓帝时抗徐"试守宣城长,悉移深林远薮椎髻鸟语之人置于县下"③,就是一例。南方社会生产力的提高,南方人口的增长,也是南方各民族社会进步的表现。

南方经济的发展,使东汉后期得以屡次调拨荆、扬各郡租米赈济中原灾民。明帝永平年间,东汉王朝发徒2000人,重开今宝鸡与汉中之间的褒斜道,并在沿途修建驿亭和桥阁④,便利了

---

① 据班固《致班超书》,所市诸物分见《太平御览》卷八一四、八一六、九八二,《艺文类聚》卷八五。

② 户口增加概数,据《汉书》卷二八《地理志》和《续汉书·郡国志》比较得出。由于上计不实和郡国分合等原因,这个数字不很精确。

③ 《后汉书》卷三八《度尚传附抗徐传》。

④ 褒斜道,汉武帝时一度修通,以转输漕运,事见《史记》卷二九《河渠书》。东汉明帝扩建,事见《金石萃编》卷五《开通褒斜道石刻》。

益州与中原的交通。据《华阳国志》记载，东汉时"府盈西南之货，朝多华岷之士"①，可见益州经济在当时的重要。

光武帝对豪强地主武装的安抚和斗争　社会经济的发展，在西汉时期导致了豪强势力扩张的结果。刘秀本人就是南阳的大豪强，他靠着自己的地主武装，才得以扩大势力，最后抢得了皇帝的宝座。南阳、河北等地区响应刘秀的人，都是拥有宗族、宾客、子弟的豪强地主。河北的刘植、耿纯以私兵随刘秀，成为东汉开国勋臣，他们在病危时都指定子侄代统营众，不愿放弃私家武装。在农民军所至的地区，豪强地主多聚众自保，待机渔利，如刘秀母舅南阳樊宏作营堑以待刘秀；京兆第五伦聚宗族邻里依险阻固，抗拒赤眉；南阳族姓冯鲂"聚宾客，招豪杰，作营堑，以待所归"②。这些豪强地主都先后归附刘秀，成为刘秀的有力支柱。

那时，也有许多拥有武装的豪强地主，称为兵长、渠帅，雄张乡土，抗拒政令。他们既不愿放弃自己的割据武装，归附刘秀，又无力建号自守，以与东汉统治集团公开抗衡。刘秀除了用武力削平一批之外，尽量采取安抚的手段对待他们，企图以官爵相诱，不战而使他们降服。建武二年（26），冯异代邓禹取关中，刘秀告诫冯异说："征伐非必略地屠城，要在平定安集之耳。"③ 他还具体指明："营堡降者遣其渠帅诣京师，散其小民令

---

① 《华阳国志·公孙述刘二牧志》。
② 分见《后汉书》卷三二《樊宏传》、卷四一《第五伦传》、卷三三《冯鲂传》。
③ 《后汉书》卷一七《冯异传》。

就农桑，坏其营壁无使复聚。"① 冯异如令而行，"威行关中"。

但是在东汉建国以后的十余年中，兵长、渠帅的活动迄未停止。他们散在郡县，威福自行，权势胜过官府，"小民负县官不过身死，负兵家灭门殄世"②。在光武帝的攻击下，这些兵长、渠帅更是"各生狐疑，党辈连接，岁月不解"③。所以，尽管全国统一战争已经完成，地方豪强势力仍然很嚣张，东汉统治很不稳固。

针对这种情况，光武帝在建武十五年（39）采取了一个新的措施。他下诏州郡检核垦田顷亩和户口年纪，名为度田。度田的目的，除为了掌握确实的名籍和垦田数目，以增加赋税收入外，更重要的是企图通过户口年纪的检核，以控制和解散豪强武装。但是州郡官吏畏惧豪强，不敢对他们推行度田，反而借度田之名蹂躏农民。光武帝以度田不实的罪名，处死了曾任汝南太守的大司徒欧阳歙、河南尹张伋以及其他郡守十余人。接着，"郡国大姓及兵长、群盗处处并起，攻劫在所，害杀长吏。郡县追讨，到则解散，去复屯结"④。显然，这是大姓兵长对度田的抗拒。光武帝发兵威胁他们，把捕获的大姓兵长迁徙他郡，赋田授廪，割断他们与乡土的联系。经过这次斗争后，豪强武装转为隐蔽状态，割据形势相对缓和了。度田与按比户口的制度，在形式

---

① 《资治通鉴》卷四〇建武二年。
② 《续汉书·五行志》注引《东观汉记》载杜林上疏。
③ 《后汉书》卷二八《桓谭传》。
④ 《后汉书》卷一《光武帝纪》。

上也成为东汉的定制。①

度田虽然取得了一些成就，但是豪强势力并没有被根本削弱，土地兼并仍在继续发展，广大农民生活仍然很痛苦。在这种情形下，光武帝忧心忡忡，甚至不敢贸然举行封禅，他说："即位三十年，百姓怨气满腹，吾谁欺，欺天乎！"②

明、章、和帝时，社会经济虽然向上发展，但农民弃业流亡，"裸行草食"③的现象依然存在。明、章、和帝不得不屡下诏令，以苑囿地和郡国公田赋予贫民耕种。有时还要给予种粮，蠲免租赋，以缓和农民的不满。

大地主的田庄　豪强地主势力的基础，是他们的大田庄。光武母家南阳樊氏"治田殖至三百顷，广起庐舍，高楼连阁，波陂灌注，竹木成林，六畜放牧，鱼蠃梨果，檀棘桑麻，闭门成市，兵弩器械，赀至百万"④。田庄除经营丝麻等手工业外，还用自产的木材制作各种器物，"其兴工造作，为无穷之功，巧不可言"。四川出土的一种画像砖，刻画着地主宅院外面的大片稻田、池塘、山林和盐井；山东滕县出土的画像石，则表现了地主田庄中冶铁的情景。这些资料，除了说明地主田庄经济力量的强大以外，还说明田庄经济达到了很高的自给自足程度。

---

① 《后汉书》卷三九《刘般传》和《江革传》有光武帝以后实行度田和按比户口的材料，但这些都是偶见的事。

② 《续汉书·祭祀志》。

③ 《后汉书》卷三九《刘平传附王望传》。

④ 《水经注》卷二九《比水》引《续汉书》。参看《后汉书》卷三二《樊宏传》。

东汉后期,崔寔著有《四民月令》①一书,是地主经营田庄的家历。从书中所记的种植时令看来,它主要是根据中原地区特别是洛阳一带的田庄情况写成的。《四民月令》的资料,说明地主田庄中种有许多种类的谷物、蔬果、竹木、药材和其他经济作物,饲养各种牲畜,还有养蚕、缫丝、织缣帛麻布、染色、制衣鞋、制药、酿酒、酿醋、作酱等手工业。田庄主为了盘剥农民,在各种产品的收获季节分别收购这些产品,而在农民需要种子、食物、绢布的季节把这些物品卖出去。地主甚至在四五月间天暖时购进农民御寒用的敝絮,十月天寒时卖出,从中取利。这些也就是上述樊氏田庄"闭门成市"的一部分具体内容。

田庄里被剥削的劳动者,是地主的宗族、亲戚和宾客,其中宗族占主要地位。每年腊月,地主选配人力,安排田事,让农民收拾农具,准备春耕。春冻一解,繁忙的农事正式开始,直到隆冬为止。农事稍闲的时候,农民还要为主人修理沟渎,葺治墙屋。田庄主人对依附农民榨取实物地租,这种地租在今存《四民月令》辑本中没有记载,但是按东汉初年马援在苑川役属宾客之例,是地主"与田户中分"②。如果加上劳役部分,则地主对依附农民的剥削率就要更高了。

崔寔在他另一著作《政论》中,叙述了农民沦于依附地位

---

① 《四民月令》的辑本见严可均《全后汉文》。《四民月令》是地主的家历,同人君"敬天授时"的《礼记·月令》不同,与《吕氏春秋·十二纪》《淮南子·时则训》也不同。

② 《水经注》卷二《河水二》。

的过程和他们的痛苦生活。他说:"下户踦䟊,无所跱足,乃父子低首,奴事富人,躬帅妻孥,为之服役……历代为虏,犹不赡于衣食。生有终身之勤,死有暴骨之忧。岁小不登,流离沟壑,嫁妻卖子。"① 地主为了使依附农民不致逃亡,在一定的时节按不同的亲疏关系"振赡贫乏","存问九族","讲和好礼",使残酷的剥削关系蒙上一层宗族"恩纪"的伪装,以便更有力地束缚他们。在东汉时修成的《白虎通》一书中,更从意识形态上规定了宗族统治的秩序。

拥有大田庄的大族地主聚族而居,往往有族墓,重厚葬。族姓源流日益受到士大夫的重视,王符《潜夫论》和应劭《风俗通》都有关于姓氏的专篇。

《四民月令》所描绘的大田庄,在东汉是大量存在的。据仲长统的估计,东汉末年"百夫之豪,州以千计"②。他还说这种"豪人之室,连栋数百,膏田满野,奴婢千群,徒附万计,船车贾贩,周于四方,废居积贮,满于都城"③。从这个记载中,还可以看到豪强地主同时也是大商人,他们不但武断乡曲,也控制着城市中的经济生活。

《四民月令》的记载表明,大地主的田庄里,还拥有一支私家武装。每当二三月青黄不接或八九月寒冻将临时,地主就纠集一部分农民,在田庄里"警设守备","缮五兵,习战射",准备

---

① 崔寔《政论》《通典》卷一引。
② 《文选》卷五九王简栖《头陀寺碑文》注引《昌言》。
③ 《后汉书》卷四九《仲长统传》载《昌言·理乱篇》。

镇压可能出现的农民暴动。出土的一些东汉楼阁、院宅模型,有武士持兵守卫,他们显然都是地主的私兵。还有一些东汉农夫俑和持盾武士俑,两者衣着完全一样,都佩带环首大刀,表现了依附农民和私兵身份的一致。

据《四民月令》看来,地主的私兵不是常设的,而是定期召集农民组成的,这与光武帝度田以前地主武装"岁月不解"的情况,自然有所不同。这种私兵是维持本地封建秩序的支柱,是实现国家镇压职能的补充力量①,这与度田以前地主武装公开割据反抗的情况也不一样。但是这种私兵在一定条件下又能转化为公开的割据武力,转化为统一国家的对立物。东汉末年豪强地主武装割据局面的骤现,其根源就在这里。

由于豪强地主势力的发展,东汉农民创造的物质财富,大部分不是作为赋税流入国库,而是作为地租为豪强地主所攫取。所以对于东汉王朝说来,社会经济的发展,不是像西汉那样表现为国家的强大和统一的巩固,而是表现为国家的贫弱和政治的不稳。

二 专制体制的完备和统治集团内部的矛盾

专制体制的完备 西汉后期社会矛盾和统治集团内部矛盾交

---

① 私兵甚至还可以由主人率领外出作战。《后汉书》卷七一《朱俊传》:光和元年为交趾刺史,"令过本郡简募家兵",以镇压交趾的暴动。后来朱俊还率领家兵镇压过黑山军。

织的历史，使东汉统治者触目惊心。王莽代汉，绿林、赤眉暴动，都是东汉统治者的严重教训，他们力图使这种历史不致重演。同时，东汉统治者面对着豪强地主强大的势力，也力图加以控制，尽可能把它纳入东汉统治的轨道。在这种历史教训和现实要求交相作用之下，光武、明、章等帝都极力使专制主义中央集权制度进一步完备起来，以此加强统治。

东汉初年，功臣众多，封侯者百余人，明帝时将其中功绩较大的28人画像于云台。列侯封地大者六县，超过汉高祖对功臣侯的封赏。但是在政治上，光武帝则一反汉高祖以功臣任丞相执政的办法，不给功臣实权实职，剥夺他们的兵柄。功臣除了任边将的以外，多在京城以列侯奉朝请，只有邓禹、李通、贾复等少数人，得与公卿参议大政。鉴于王莽代汉，光武帝不让外戚干预政事，不给他们尊贵地位。马援功勋虽大，但以身为外戚，甚至不得列入云台二十八将数中。明帝令外戚阴、邓等家互相纠察；梁松、窦穆虽尚公主，但是都由于请托郡县、干乱政事而受到屠戮。章帝后兄窦宪以贱价强买明帝女沁水公主园田，章帝甚至切责窦宪，还说"国家弃宪如孤雏腐鼠耳！"① 对于宗室诸王，光武帝申明旧制"阿附蕃王之法"，不让他们蓄养羽翼。建武二十八年（52），光武帝命郡县收捕诸王宾客，牵连而死的以千数。明帝兄弟楚王英被告结交方士，作符瑞图谶，楚王被迫自杀。永平十四年（71），明帝又穷治楚王之狱，被株连而致死徙的外戚、诸侯、豪强、官吏又以千计，系狱的还有数千人。

---

① 《后汉书》卷二三《窦融传附窦宪传》。

第三章 东汉时期豪强大族势力的扩张和统一国家走向瓦解

在中央政府中，号称三公的太尉、司徒、司空①只是名义上的首脑，实际权力在中朝的尚书台。光武帝曾裁并其他许多中朝官职，所以尚书台更能集中事权。尚书台设千石的尚书令和六百石的尚书仆射，令、仆以下有左右丞，掌"文书期会"等事，有六曹尚书②分掌庶政，每曹有尚书郎若干人。皇帝挑选亲信的大臣"录尚书事"，无异于自己直接指挥尚书台，所以尚书台专权用事，实际上就是专制皇权的加强。宫内许多官员西汉时例由士人充任或者参用士人，这时专由宦官充任，以便皇帝直接掌握。皇权的加强，相权的削弱，在东汉后期王朝衰败的条件下，导致了外戚宦官挟主专权的结果，这是东汉统治者始料所不及的。

在地方政权方面，光武帝裁并四百多县，这相当于西汉的县、邑、道、侯国数的1/4③。吏职减去了9/10，边塞的亭候吏卒也陆续罢省了。这些措施，主要是为了减少开支。地方政权中最重要的改革，是废除内郡的地方兵，裁撤郡都尉，并其职于太

---

① 太尉、司徒、司空由太尉、丞相、御史大夫演变而来，西汉末年已是如此。
② 《晋书》卷二四《职官志》载东汉尚书六曹为：三公曹，主岁尽考课诸州郡事；吏部曹（西汉为常侍曹），主选举祠祀事；民曹，主缮修功作盐池园苑事；客曹，主护驾羌胡朝贺事；二千石曹，主辞讼事；中都官曹，主水火盗贼事。六曹并令、仆，谓之八座。
③ 《汉书》卷二八《地理志》：西汉平帝时"凡郡国一百三，县、邑千三百一十四，道三十二，侯国二百四十一"，县、邑、道、侯国共一千五百八十七。《续汉书·郡国志》：东汉顺帝时"凡郡国百五，县、邑、道、侯国千一百八十"。按《汉书》卷一九《百官公卿表》：县"有蛮夷曰道"。

守；取消郡内每年征兵操练的都试，让地方兵吏一律归还民伍。废除地方兵后，国家军队常常招募农民或征发刑徒组成，指挥权完全集中在中央和皇帝之手。这样就有可能加强皇帝镇压叛乱、控制全国的力量，减少州郡豪强掌握本地军队的机会。不过终东汉之世，地方兵并未全废，有事的时候，仍常征发内郡地方兵，由太守或刺史率领作战。内郡的都尉也常复置。但是内郡地方兵由于没有都试，缺乏经常的训练，所以战斗力不如西汉的正卒、戍卒。同时刺史领兵之制，使刺史兼有一州军政大权，开东汉末年刺史割据之渐。这些结果，也是同东汉统治者加强专制集权的愿望背道而驰的。

　　光武帝深知儒学是统治者重要的精神武器，所以他特别提倡讲经论理，从儒生中选择统治人才。早在"宫室未饰，干戈未休"的建武五年（29），光武帝就着手建立太学，设置博士，让他们各以"家法"传授诸经。明帝更是广召名儒，自居讲席，让诸儒执经问难。郡国学校也纷纷建立起来了。[①] 除了通过学校培植统治人才以外，政府又用察举孝廉、征辟僚属以及举贤良方正、直言极谏、茂才、明经等科目，网罗地主士大夫的子弟做官。孝廉按郡内人口每20万人举一人为率，每岁选拔，是儒生仕进的主要阶梯。征辟由三公及郡守为之，被征辟的士大夫，往往由于"才高名重"而躐等升迁。光武帝对于隐居山林，不仕王莽的人，多方搜求，重礼征聘，表示他对名节的表彰，企图以此使"天下归心"。他以特礼相待隐居不仕的严光（严子陵），就

---

① 《文选》卷一班固《东都赋》："四海之内，学校如林。"

是一个著名的例证。东汉王朝通过提倡经学，表彰名节，广开仕宦之路，收揽和培育了大量的统治人才，培养了重名节的社会风气，使它自己在豪强势力严重发展的时候，仍然得以维持统治。

外戚、宦官的黑暗统治 东汉王朝专制体制的加强，在一定的时间内起着稳定统治秩序的作用。但是和帝以后，当这个王朝趋于衰败时，它又起着相反的作用，促成了外戚、宦官的专权和他们之间的争斗。

和帝10岁即位，窦太后临朝。她以窦宪为侍中，内幹机密，出宣诰命。窦宪诸弟都居亲要之职，大批的窦氏党徒，都做了朝官或守令。窦宪还以"仁厚委随"的老臣邓彪为太傅录尚书事，以与自己呼应。窦氏的奴客缇骑，杀人越货，横行京师。和帝在深宫中与内外臣僚隔绝，可以依靠的只有贴身的宦官。永元四年（公元92年），他用宦官郑众掌握的一部分禁军，消灭了窦氏势力。郑众从此参与政事，并受封为鄛乡侯，这是宦官用权和封侯的开始。

安帝时，实际掌权的是邓太后和她的兄弟邓骘等人。这个期间，邓太后除了并用外戚、宦官以外，又起用名士杨震等，以图取得士大夫的支持。邓太后死，安帝与宦官李闰、江京等合谋，消灭了邓氏势力。此后李闰、江京等人大权在握，而皇后阎氏的兄弟阎显等人也居卿校之位，形成宦官、外戚共同专权的局面。

延光四年（125），宦官孙程等19人，拥立11岁的济阴王为帝（汉顺帝），并且杀掉阎显。顺帝时，孙程等19人皆得封侯，宦官的权势大为增长。他们不但可以充任朝官，还可以养子袭爵。后来，顺帝也扶植外戚势力，相继拜后父梁商和商子冀为大将军。

顺帝死后,梁太后和梁冀先后选立冲、质、桓三帝。梁太后也任用宦官,还扩充太学,尽力争取官僚士大夫,但是根本大权还是掌握在梁冀手里。梁冀为大将军,"十日一入平尚书事",专权近20年。他的宗亲姻戚充斥朝廷和郡县,官吏升迁,都得先向他谢恩,满足他的各种需索。他还"遣客出塞,交通外国,广求异物"[①]。他又在洛阳周围强占土地,调发卒徒,兴建私人苑囿,绵延近千里。他擅立苛刻禁令,不许别人触动苑中一草一木,苑兔被人误杀,牵连处死的至十多人。他还占夺几千口良人作奴婢,名之曰"自卖人"。梁冀当政时期,对郡县的调发比过去增多十倍,人民大批地被榜掠割剥,死于棰楚之下。延熹二年(159),桓帝梁皇后死,桓帝与宦官单超等人合谋消灭梁氏,连及公、卿、刺、守,死者数十人。梁冀被抄的家财达三十多万万钱,官府获得这笔巨大收入后,为了收揽人心,得以在这一年减收天下租税之半。

梁冀死后,宦官独揽政权,他们"手握王爵,口含天宪"[②],权势达于顶点。宦官的兄弟姻亲临州宰郡,杀人越货,与盗贼无异。宦官侯览前后夺人宅舍竟达381所,夺人田地118顷。

和帝以来外戚、宦官交替专权,是东汉统治集团的内部矛盾在专制制度下的尖锐表现。专制制度的完备,使权力高度集中于皇帝之手,皇帝成为一切权力的化身,觊觎权力的人,都力图挟

---

① 《后汉书》卷三四《梁统传附梁冀传》。

② 《后汉书》卷四三《朱穆传》。

持皇帝。外戚由于接近皇帝,利用皇帝幼弱,易于掌握朝政;而宦官又因缘时会,取外戚的地位而代之。无论外戚或宦官当权,都力图拥立幼主,以便自己继续操纵。他们又都趁权力在手的时候排除异己,竭泽而渔。从士大夫看来,宦官是他们所不齿的微贱的暴发户,所以在外戚、宦官的争斗中,外戚较多地得到士大夫的支持。随着这种党争的愈演愈烈,东汉统治愈来愈腐朽,大规模农民暴动的条件也愈来愈成熟了。

官僚士大夫集团的形成　世家大族的出现　在宦官、外戚的反复争斗中,还有另一种政治力量在起作用,这就是官僚士大夫结成的政治集团。

东汉时期,士人通过察举、征辟出仕。郡国察举时,"率取年少能报恩者"①,这在明帝时已是如此。征辟的情形也是一样。被举、被辟的人,成为举主、府主的门生、故吏,门生、故吏为了利禄,不惜以君臣、父子之礼对待举主、府主,甚至"怀丈夫之容而袭婢妾之态,或奉货而行赂,以自固结"②。举主、府主死后,门生、故吏服三年之丧。顺帝时,北海国相景某死,故吏服三年丧者凡87人。③ 秩位高于景某的官僚,其门生、故吏服丧者更不知有多少。大官僚与自己的门生、故吏结成集团,因而也

---

① 《后汉书》卷三二《樊宏传附樊儵传》。

② 徐干《中论·谴交》。

③ 《金石萃编》卷七《北海相景君碑》,碑立于汉安三年(144)。钱大昕《潜研堂金石文跋尾》说:碑文中"谅闇沈思""陵成宇立"诸语,非臣下可用,景君碑用之,可证景君与其故吏之间,确有君臣名分。

增加了自己的政治力量。

东汉后期的士大夫中，出现了一些累世专攻一经的家族，他们的弟子动辄数百人甚至数千人。通过经学入仕，又形成了一些累世公卿的家族，例如世传欧阳《尚书》之学的弘农杨氏，自杨震以后，四世皆为三公；世传孟氏《易》学的汝南袁氏，自袁安以后，四世中居三公之位者多至五人。这些人都是最大的地主，他们由于世居高位，门生、故吏遍于天下，因而又是士大夫的领袖。所谓世家大族，就是在经济、政治、意识形态上具有这种种特征的家族。东汉时期选士唯"论族姓阀阅"①，所以世家大族的子弟，在察举、征辟中照例得到优先。

世家大族是大地主中长期发展起来的一个特殊阶层。由于他们在政治、经济以及意识形态方面所具有的特殊地位，当政的外戚往往要同他们联结，甚至当政的宦官也不能不同他们周旋。世家大族在本州、本郡的势力，更具有垄断性质，太守莅郡，往往要辟本地的世家大族为掾属，委政于他们。宗资（南阳人）为汝南太守，委政于本郡的范滂，成瑨（弘农人）为南阳太守，委政于本郡的岑晊，因而当时出现了这样的歌谣："汝南太守范孟博（滂），南阳宗资主画诺；南阳太守岑公孝（晊），弘农成瑨但坐啸。"② 操纵了本州本郡政治的世家大族，实际上统治了这些州郡。崔寔在《政论》中记有这样的歌谣："州郡记，如霹

---

① 马总《意林》载仲长统《昌言》："天下士有三俗，选士而论族姓阀阅，一俗。"

② 《后汉书》卷六七《党锢传序》。

雳，得诏书，但挂壁"①，这表明地方势力的强大，已超过皇帝诏书的力量了。

清议和党锢 东汉后期，官僚士大夫中出现了一种品评人物的风气，称为"清议"。善于清议的人，被视为天下名士，他们对人物的褒贬，在很大的程度上左右乡间舆论，因而影响到士大夫的仕途进退。郭泰就是这样一个"清谈闾阎"②的名士，据谢承云："泰之所名，人品乃定，先言后验，众皆服之。"③汝南名士许劭与从兄许靖，"好共核论乡党人物，每月辄更其品题，故汝南俗有'月旦评'焉"④。大官僚和世家大族为了操纵选举，进退人物，对于这种清议也大力提倡。在当时政治极端腐败的情况下，这种清议在士大夫中间，多少起着一些激浊扬清的作用。但是风气所至，士大夫相率让爵、推财、避聘、久丧，极力把自己伪装为具有孝义高行的人物，以博得清议的赞扬。许多求名不得的人，不惜"饰伪以邀誉，钓奇以惊俗。不食君禄，而争屠沽之利；不受小官，而规卿相之位"⑤。

安帝、顺帝相继扩充太学，笼络儒生，顺帝时太学生多至三万余人。太学生一般都是出自地主阶级，同官僚士大夫有着密切

---

① 崔寔《政论》，见《太平御览》卷四九六引。
② 《抱朴子·正郭篇》。
③ 《后汉书》卷六八《郭泰传》注引谢承《后汉书》。
④ 《后汉书》卷六八《许劭传》。
⑤ 司马光语，见《资治通鉴》卷四三顺帝永建二年。《后汉书》卷六八《郭太传附黄允传》载，"以俊才知名"的黄允，被妻子攘袂揭露"隐匿秽恶十五事"，就是一例。

的联系，因此太学就成为清议的中心。太学生为安帝以来风起云涌的农民暴动所震动，深感东汉王朝有崩溃的危险。他们认为宦官外戚的黑暗统治是引起农民暴动、导致东汉王朝衰败的主要原因，所以力图通过清议，反对宦官外戚特别是当权的宦官，挽救东汉统治。

在宦官外戚统治下，"州郡牧守承顺风旨，辟召选举，释贤取愚"①，不附权贵的士人受到排斥。顺帝初年，河南尹田歆察举六名孝廉，当权的贵人勋戚交相请托，占据名额，名士入选的只有一人。桓帝以后，察举制度更为腐败，时人语曰："举秀才，不知书。察孝廉，父别居。寒素清白浊如泥，高第良将怯如鸡。"② 在士大夫中，有一部分人"向盛背衰"，"交游趋富贵之门"③，"姁媚名势，抚拍豪强"④，助长了宦官外戚的声势。这种情形，也使太学清议集中到攻击腐败的朝政和罪恶的权贵，而对敢于干犯权贵的人，大加赞扬。桓帝永兴元年（153），冀州刺史朱穆奏劾贪污的守令，打击横行州郡的宦官党羽，被桓帝罚作左校（左校掌左工徒）。太学生刘陶等数千人诣阙上书，表示愿意"黥首系趾，代穆校作"⑤，因此桓帝不得不赦免朱穆。延

---

① 《后汉书》卷七八《宦者·曹节传》。

② 《抱朴子·审举》。

③ 马总《意林》卷五载仲长统《昌言》，谓天下士有三俗，"交游趋富贵之门，二俗"；天下士有三可贱，"向盛背衰，三可贱"。

④ 赵壹《刺世疾邪赋》，见《后汉书》卷八〇《文苑·赵壹传》。

⑤ 《后汉书》卷四三《朱晖传附朱穆传》。

熹五年（162），皇甫规得罪宦官，论输左校，太学生张凤等三百余人，跟大官僚一起诣阙陈诉，使皇甫规获得赦免。官僚、太学生的这些活动，对当政的宦官是一种巨大的压力。郡国学的诸生，也同太学清议呼应。

太学诸生，特别尊崇李膺、陈蕃、王畅等人，太学中流行着对他们的评语："天下模楷李元礼（膺），不畏强御陈仲举（蕃），天下俊秀王叔茂（畅）。"① 李膺的名望最高，士人与他交游，被誉为"登龙门"，可以身价十倍。李膺为司隶校尉时惩办不法宦官，"诸黄门、常侍皆鞠躬屏气，休沐不敢复出宫省"②。延熹九年（166），李膺杀术士张成，张成生前与宦官关系密切，所以他的弟子牢修诬告李膺"养太学游士，交结诸郡生徒，更相驱驰，共为部党，诽讪朝廷，疑乱风俗"③。在宦官怂恿下，桓帝收系李膺，并下令郡国大捕"党人"，词语相及，共达二百多名。第二年，李膺及其他党人被赦归田里，禁锢终身。这就是有名的"党锢"事件。

党锢事件发生后，士大夫闻风而动。他们把那些不畏宦官势力，被认为正直的士大夫，分别加上三君、八俊、八顾、八及、八厨等美称，清议的浪潮更为高涨。度辽将军皇甫规没有被当作名士列入党锢，甚至自陈与党人的关系，请求连坐。

灵帝建宁元年（168），名士陈蕃为太傅，与大将军窦武

---

① 《后汉书》卷六七《党锢传序》。
② 《后汉书》卷六七《党锢·李膺传》。
③ 《后汉书》卷六七《党锢传序》。

（窦太后之父）共同执政。他们起用李膺和被禁锢的其他名士，并密谋诛杀宦官。宦官矫诏捕窦武等人，双方陈兵对阵，结果陈蕃、窦武皆死，他们的宗亲宾客姻属都被收杀，门生、故吏免官禁锢。建宁二年，曾经打击过宦官势力的张俭被诬告"共为部党，图危社稷"，受到追捕，党人横死狱中的共百余人，被牵连而死、徙、废禁的又达六七百人。熹平五年（176），州郡受命禁锢党人的门生、故吏和父子兄弟。直到黄巾军的暴动发生后，党人才被赦免。

官僚士大夫和太学生的反宦官斗争，在当时具有一定的正义性，博得社会的同情，因此张俭在被追捕时，许多人破家相容，使他得以逃亡出塞。但是官僚士大夫和太学生的反宦官斗争，只是为了缓和社会矛盾，维护东汉王朝的正常统治秩序，从而维护自己的利益。所以这仍然是统治集团内部的斗争。当农民暴动不但没有因此偃旗息鼓，而且还发展到从根本上危及东汉统治的时候，被禁锢的党人就获得赦免，他们也就立刻同宦官联合，集中力量来镇压暴动的农民。官僚士大夫与世家大族息息相通，根深蒂固，总的说来力量比宦官强大。所以在农民暴动被镇压下去后，他们重整旗鼓，发动了对宦官的最后一击，终于彻底消灭了东汉宦官的势力。

三 边境各民族　东汉王朝同边境各族的关系

南匈奴　北匈奴　东汉初年，当光武帝刘秀进行国内统一战争时，匈奴的势力有所发展。建武二年（26），渔阳太守彭宠反对刘秀，曾结匈奴为援。割据三水（今宁夏同心）的卢芳依附匈奴，在匈奴的支持下占据五原、朔方、云中、定襄、雁门等郡，同匈奴一起经常寇扰北边。光武帝也曾遣使与匈奴修好，但是没有取得结果，匈奴对北边的压力丝毫没有减轻。以后东汉派吴汉率军抗击匈奴，也经岁无功而返。统一战争结束后，卢芳于建武十四年（38）逃入匈奴。东汉为了避免边境冲突，罢省定襄郡，徙其民于西河；徙雁门、代郡、上谷等郡吏民六万余口于居庸、常山以东。这样，匈奴左部就得以转居塞内。建武二十年（44），匈奴一度进至上党、扶风、天水等郡，成为东汉王朝严重的威胁。

正在这时，匈奴人遇到连年的旱蝗，赤地数千里，人畜死耗很大。东面的乌桓乘机进击匈奴，迫使匈奴北徙。接着，匈奴贵族中又发生了争夺统治权的内讧。建武二十四年（48），匈奴日逐王比被南边八部拥立为南单于，他袭用其祖父呼韩邪单于的称号，请求内附，得到东汉的允许。从此以后，匈奴分裂为南北二部。

建武二十六年（50），南单于入居云中（今内蒙古托克托），不久又转驻西河郡的美稷（今内蒙古鄂尔多斯市东胜附近），分屯部众于北边各郡，助汉守边。东汉王朝常以财物、粮食、布帛、牛羊等赠给南匈奴，供给之费，每年达一亿零九十余万钱。南匈奴同东汉和平相处，边境安宁，原来内徙的沿边八郡居民，也多陆续回归本郡。和帝初年，南匈奴领有三万四千户，二十三万多口，包括军队五万人。南匈奴人逐步转向定居和农耕生活，并且逐渐向东、向南迁徙。

北匈奴离汉边较远。他们控制着西域，常常侵扰河西和北方郡县，掳掠南匈奴人和汉人。东汉王朝为了避免这种侵扰，答应与北匈奴"合市"，一些南匈奴贵族因此对东汉发生怀疑，他们同北匈奴贵族暗中联络，准备共同反对东汉王朝。东汉王朝为了隔绝南、北匈奴的交通，设置度辽营，屯兵于五原曼柏（今内蒙古鄂尔多斯市东北部）。章帝时，北匈奴贵族驱牛马万余头，到武威与汉人"合市"，得到郡县的隆重款待和东汉王朝的馈赠。

北匈奴受到北面的丁零、东面的鲜卑、东南面的南匈奴夹攻，又受到西域许多国家的反击，势力薄弱，部众离散。东汉王朝为了保障河西四郡的安全，并相机恢复同西域的交通，于是利用这一时机，发动了对北匈奴的进攻。明帝永平十六年（73），汉军四路出击：祭肜、吴棠出高阙塞，窦固、耿忠出酒泉塞，耿秉、秦彭出张掖居延塞，来苗、文穆出平城塞。窦固、耿忠的军队追击北匈奴至天山和蒲类海（今新疆巴里坤湖），夺得伊吾卢（今新疆哈密），在那里置宜禾都尉，留吏士屯田。和帝永元元年（89），窦宪、耿秉率师出击北匈奴，北匈奴降者二十余万人。汉军出塞三千余里，直至燕然山，命班固刻石而还。

永元二年（90），汉军复取伊吾；永元三年（91），汉军出居延塞，围北单于于金微山，匈奴战败后离开了蒙古高原，向西远徙。从这时起，匈奴东面的鲜卑族逐步西进，占据了匈奴的故地。

西域诸国　班超在西域的活动　王莽时期，西域分割为55个小国，其中北道诸国，复受制于匈奴。莎车在塔里木盆地西端，当匈奴入西域时，莎车王康保护着受匈奴攻击的原西域都护吏士及其眷属千余人，并率领近傍诸国军队抵抗匈奴的侵犯。建武五年（29），莎车王康"檄书河西，问中国动静"①，河西大将军窦融承制立康为"汉莎车建功怀德王西域大都尉"。建武十四年（38），莎车王贤与鄯善王安遣使到汉，请派都护，光武帝没有力量，只好拒绝。此后匈奴遇到连年旱蝗，势力衰竭，莎车则逐渐骄横，攻掠近傍小国。在这种情势下，车师前王、鄯善、焉耆等18国，于建武二十一年（45）遣王子入侍，再请汉派都护，光武帝仍然没有答应。莎车王贤见都护不出，于是攻破鄯善，杀龟兹王，兼并南道许多小国，重征贡赋。鄯善王警告东汉朝廷：如果再不置都护，只有臣服于匈奴。光武帝回答说："如诸国力不从心，东西南北自在也。"② 这样，车师、鄯善、龟兹先后投降匈奴。此后，于阗攻灭莎车，势力增强，称雄南道，但不久也被匈奴控制了。

明帝时，东汉开始发动了进击匈奴的战争。永平十六年（73），窦固、耿忠出酒泉塞，占领伊吾卢，设置宜禾都尉，进行屯田。伊吾卢是西域东部门户，"宜五谷桑麻蒲萄，其北又有柳中，皆膏腴之地"，所以是东汉与匈奴争夺西域的关键。永平十七年（74），东汉恢复了西域都护，以陈睦充任，并以耿恭为戊校尉，关宠为己校尉，分驻车师后王部和前王部。

窦固占领伊吾后，派假司马班超率吏士36人，出使西域南道各国，争取他们断绝和匈奴的关系，同东汉一起抗拒匈奴。那

---

① 《后汉书》卷八八《西域传》。

② 同上。

时西域各国的一部分贵族,希望摆脱匈奴的野蛮统治,终止各国之间的纠纷,所以愿意帮助班超。也有一部分贵族受匈奴挟持,凭借匈奴势力,与班超为敌。班超就是在这种复杂的形势下进入南道诸国的。

班超先到鄯善。他夜率吏士烧匈奴使者营幕,杀匈奴使者,控制鄯善。接着班超西至于阗,迫使于阗王杀匈奴使者,归服汉朝。

永平十七年(74)班超前往西域西端的疏勒。当时疏勒役属于匈奴,班超遣人间道驰入疏勒,废黜匈奴人所立的疏勒王,另立亲汉的疏勒贵族为王。

当班超在西域南道获得进展的时候,匈奴所控制的焉耆、龟兹等国,在永平十八年(75)发兵攻击东汉都护,都护陈睦被杀。匈奴围困己校尉兵,杀校尉关宠;车师也发兵助匈奴,攻戊校尉耿恭。章帝建初元年(76),耿秉率东汉援军败车师,击退匈奴,救出耿恭和残存的吏士二十余人。东汉无力固守车师,于是撤销都护和戊己校尉,召班超回国。建初二年,东汉撤退伊吾卢屯田兵,西域门户重又被匈奴掌握。

南道诸国怕班超撤退后匈奴卷土重来,进行报复,都苦留班超,疏勒、于阗挽留班超最为恳切。在这种情况下,班超决心留驻西域。班超压服了疏勒一部分亲匈奴的势力,击平了姑墨,并且用东汉前后两次援兵千余人以及于阗等国兵,迫使匈奴在南道的属国莎车投降,又击败了龟兹援助莎车的军队,西域南道从此畅通。

和帝永元元年至三年(89—91),东汉窦宪率军连破匈奴,匈奴主力向西远徙，西域的形势发生了有利于汉的变化。永元二年（90），大月氏贵霜王朝发兵七万，逾葱岭入侵，企图建立对西域的统治。班超发西域各国兵，逼退了这次侵略。永元三年（91），北道龟兹等国降于班超，汉以班超为西域都护，驻守龟兹，并复置戊己校尉。永元六年（94），焉耆等国归汉，北道完全打通，西域五十余国全部内属，班超以此受封为定远侯。

永元九年（97），班超派甘英出使大秦，甘英到达条支国（今波斯湾北头），临海欲渡，为安息人所阻而还。这是中国使节远至波斯湾的最早记载。

班超在西域奋斗了30年，他运用各种方法，帮助西域人解除了匈奴贵族的束缚，使西域重新与内地连为一体，这在客观上是有利于西域各族和汉族人民的。永元十四年（102）八月，班超回到洛阳，九月病卒。

班超东归以后，继任的都护任尚失和于西域诸国，受到诸国的攻击。接着陇西羌人与东汉发生战争，陇道断绝。安帝永初元年（107），东汉派班超之子班勇率兵西出，迎接都护及屯田卒东归。西域交通中断后，残留于天山与阿尔泰山间的北匈奴，又乘机占领伊吾卢，寇掠河西，杀害出屯伊吾卢的敦煌长史索班。东汉朝廷经过激烈辩论后，于延光二年（123）决定，派班勇为西域长史，出屯柳中。

班勇进驻西域后，陆续逐退了残余的匈奴势力，再一次打通了西域道路，保障了河西边塞。班勇自幼随父在西域成长，深悉西域道里、风土和政治情况。他编著的《西域记》一书，是范晔撰《后汉书·西域传》的重要根据。

桓帝以后，东汉无力控制西域，西域内部情况也混乱起来。但是西域长史和戊己校尉作为凉州刺史的属官，一直存在到灵帝末年。建安时凉州大乱，东汉与西域的交通断绝。

近几十年来，有不少关于东汉时期西域经济生活的考古资料出土。在罗布泊附近的古鄯善国、尼雅河流域的古精绝国以及沿丝绸之路的其他各处遗址中，陆续发现许多东汉的精美丝织物、刺绣服物、铜镜、钱币。尼雅河流域还发现冶铁遗址、铁工具以及麦粒、青稞等农作物遗存。这许许多多的遗物，表明东汉时期中原与西域的经济联系相当密切，也表明西域地区物质生活大有进步。西域是中亚、南亚商人荟萃的地方，这一带出土的简牍中，有月氏人的名籍，有古窣利文、佉卢文、婆罗谜文的文书。塔里木盆地曾出土大量的压有汉文和佉卢文的钱币，年代约当东汉晚期。西域商人以及中亚、南亚商人沿着西域大道，向内地运来毛皮、毛织物、香料、珠玑和其他奢侈品，交换内地盛产的丝织物和铜铁器物。

乌桓　鲜卑　东北各族　东汉初年，乌桓常与匈奴联结，"朝发穹庐，暮至城郭"①，骚扰北方沿边各郡。光武帝以币、帛招服乌桓，建武二十五年（49）封乌桓渠帅81人为侯王君长，让他们率领部众入居塞内，为东汉侦察匈奴、鲜卑的动静。东汉在上谷宁城（今河北宣化附近）复置护乌桓校尉，兼领鲜卑，并管理与乌桓、鲜卑互市事务。中平四年（187），前中山太守张纯叛入乌桓，为各郡乌桓元帅，寇掠今河北、山东一带。稍

---

① 《后汉书》卷九〇《乌桓传》。

后，乌桓王蹋顿强盛，河北地区的吏民为避豪强混战之祸，投奔乌桓的达十余万户。

东汉初年，鲜卑人常与乌桓、匈奴一起骚扰边郡。光武帝末年，许多鲜卑大人陆续率部归附东汉，东汉封他们为王侯，"青徐二州给钱岁二亿七千万为常"①。东汉击走北匈奴后，鲜卑逐步向西发展，残留的北匈奴人十多万落，也自号鲜卑，与鲜卑人逐渐融合。从此以后，鲜卑趋于强盛。2世纪中叶，鲜卑部落大人檀石槐统一鲜卑诸部，立庭于弹汗山歠仇水上（今山西阳高北）。檀石槐"南抄缘边，北拒丁零，东却夫余，西击乌孙，尽据匈奴故地"。他把领地分为东、中、西三部，右北平（今冀东一带）以东为东部；以西至上谷（今河北怀来）为中部；再西至敦煌、乌孙为西部，各置大人主领，总属于檀石槐。鲜卑"兵利马疾，过于匈奴"，连年寇扰幽、并、凉三州边郡。光和年间（178—184），檀石槐死，鲜卑分裂，力量渐衰。

在松花江流域，居住着以农业为主要生活的扶余人。扶余有宫室、城栅和监狱、刑罚，蓄养奴隶，盛行人殉。扶余东北今乌苏里江流域有挹娄人，受扶余贵族控制。挹娄人穴居于山林间，经济生活以农业为主，好养豕，阶级分化不明显。

扶余东南鸭绿江流域的山地，聚居着能歌善舞的高句丽人，是扶余人向南发展的一支。据传说：朱蒙在忽本立高句丽国，后人迁都国内城，又迁丸都城（均在今吉林集安）。汉武帝时，以高句丽为县，属玄菟郡。高句丽人主要从事农业生产，其社会中

---

① 《后汉书》卷九〇《鲜卑传》。

已出现了明显的阶级分化。

羌 东汉王朝同羌人的战争 王莽末年,羌人大量入居塞内,散布在金城等郡,与汉人杂处。他们"数为小吏黠人所见侵夺,穷恚无聊"①,常常起而反抗。东汉王朝屡次派兵镇压羌人的反抗,并把一部分羌人迁徙于陇西、汉阳等郡及三辅地带。

安帝永初元年(107),东汉撤回西域都护和西域田卒,并征发金城、陇西等郡羌人,前往掩护。羌人害怕远戍不还,行抵酒泉时纷纷逃散。东汉郡县发兵邀截,并捣毁沿途羌人庐落,羌人多惊走出塞,相聚反抗。他们久居郡县,没有武器,只是用竹木当戈矛,用木板当盾,屡次打败了东汉军队。北地、武都、上郡、西河等地羌人一时俱起,东攻赵、魏,南入益州,进击关中,截断陇道。各地的汉军和地主大修坞壁,企图节节阻拒,但羌人仍然所向无敌。永初五年(111),一部分羌人进至河东、河内,迫近洛阳。东汉沿边诸郡纷纷把治所内徙,同时还割禾拆屋,强徙居民。被迫迁徙的人流离失所,随道死亡,有许多人同羌人合作,武装抗拒东汉的官吏。汉阳人杜琦、杜季贡、王信等联合羌人,起兵反对东汉统治,成为羌人队伍的首领。羌人的反抗斗争支持了12年,才被东汉统治者压服下去。在这次战争中,东汉所耗战费达240多亿钱,东汉王朝经过这次大震动,根基动摇,内地的农民暴动也此起彼伏地爆发了。

顺帝永和元年(136)以后,凉州、并州和关中的羌人,又相继发动反抗斗争。这次战争延绵十年之久,东汉所耗军费又是

---

① 《后汉书》卷八七《西羌传》。

80余亿钱。

桓帝延熹二年（159）以后，各地羌人又相继对东汉进行了反抗斗争。东汉王朝用陇右、河西大姓皇甫规、张奂、段颎等人领兵作战。皇甫规、张奂主张"招抚"羌人，并且惩治羌人所怨恨的贪虐官吏，羌人先后归服的达20余万人。段颎残暴异常，羌人被他残杀的达数万人。

在羌人的反抗斗争中，羌人贵族分子和东汉军队同样烧杀抢掠，他们不但摧残了羌人，同时也使边郡汉人死徙流亡，造成了极其严重的恶果。桓帝初年的童谣："小麦青青大麦枯，谁当获者妇与姑，丈人何在西击胡。吏买马，君具车，请为诸君鼓咙胡。"① 由此可见，在长期的战争中，内地的男丁征发已尽，经济受到很大的破坏。从此以后农民暴动更为激烈，东汉王朝也日益走向崩溃。

南方各蛮族 在洞庭湖和湘江以西的山岭中，居住着古老的以犬为图腾的盘瓠蛮，又称武陵蛮、五溪蛮。他们很早以来就从事农耕，但是还没有"关梁符传租税之赋"②。西汉向蛮人征收"賨布"，大口每岁一匹，小口二丈。东汉初年，武陵蛮强盛起来，攻击郡县。东汉在那里增置官吏，加强对蛮人的统治，因此蛮人反对东汉的斗争延绵不断，屡伏屡起。

在今鄂西、川东地区，居住着以虎为图腾的廪君蛮，又称巴蛮或巴郡南郡蛮。战国末年秦惠王并巴中后，以廪君蛮的巴氏为

---

① 《续汉书·五行志》。
② 《后汉书》卷八六《南蛮传》。

蛮夷君长，巴氏岁出少量赋钱，并且世以秦女为妻。廪君民户，则岁出"嵹布"八丈二尺，鸡羽三十镞。东汉时，廪君各部常常起兵，反抗东汉，东汉军队屡次强徙廪君部民，置于江夏郡（郡治今湖北新洲）界中，因此廪君蛮得以逐步向东发展。

四川嘉陵江流域的阆中一带，住有爱好歌舞的板楯蛮。相传板楯蛮应募射杀白虎，秦昭襄王与他们约定"顷田不租，十妻不算，伤人者论，杀人者得以倓钱赎死"，他们因此以射虎为事。楚汉之际，板楯蛮曾助汉高祖攻下关中，所以蛮中罗、朴、督、鄂、度、夕、龚七姓渠帅得以免除租赋，一般蛮户则每人岁纳"賨钱"40。西汉初年，板楯蛮的巴渝舞，已成为汉朝庙堂的一种歌舞。

东汉时期，板楯蛮经常被征发作战，屡著战功。但东汉王朝对待板楯人却是"仆役棰楚，过于奴虏"，板楯人"愁苦赋役，困罹酷刑"，以至常常邑落相聚，反抗东汉统治。直到中平五年（188），他们还响应了巴郡黄巾的起义斗争。

在川西、川东、鄂西北和湘西等地，相继发现过许多独木舟葬具——船棺葬。战国时期的船棺葬，本地文化特点表现较多；秦汉之际的，则显著地受到中原文化的影响。从出土地域、出土铜器上的花纹等特点看来，船棺葬大概就是廪君蛮和板楯蛮祖先的墓葬。廪君蛮和板楯蛮同为巴人的裔族，文化类型相同。秦汉船棺葬中中原文化影响的显著和以后船棺葬的消失，说明廪君蛮和板楯蛮从西汉时起，正经历着与汉人融合的历史过程。

西南各族 东汉时期，西南地区除了夜郎、滇、嶲、昆明、徙、邛都、筰都、冉駹等族以外，还有哀牢及其他许多部落或民族,在那里开山辟土,放牧种谷。

哀牢人住在今云南澜沧江以东的哀牢山中,以龙为图腾,主要经营五谷蚕桑,生产精美的丝织物和麻织物。哀牢地区富有铜铁铅锡金银等矿藏,还出产各种珠宝和奇禽异兽。光武帝时期,一部分哀牢人和东汉联系,归附东汉。明帝永平十二年(69),哀牢人内附的达五万余户,五十五万余口,东汉在澜沧江以西置永昌郡(治今云南保山)。从那时起,东汉通过哀牢地区,同滇西和缅甸境内的掸族,有了直接往来,发生了经济文化联系。

东汉时期,西南边徼以外的部落和民族,遣使贡献方物和请求内属的还有很多。明帝永平年间(58—75),汶山以西的白狼、槃木、唐菆等百余部相率内附,人数很多,白狼王还作诗三章,纪念这一重大的历史事件,称作《白狼歌》。《白狼歌》词的汉字声读和意译,都保存在《后汉书·西南夷传》和注中,是研究西南民族历史和语言的宝贵资料。

四 东汉后期的社会矛盾和农民战争

东汉后期的社会矛盾　和帝、安帝以后,东汉统治集团趋于腐朽,豪强势力日益扩张,轮流当政的宦官外戚竞相压榨农民,农民处境日益恶劣。从这时起直到东汉末年,水旱虫蝗风雹连年不断地袭击农村,地震有时也成为一种严重灾害,牛疫更是特别流行。沉重的赋役和疠疫、饥馑严重地破坏了农村经济,逼使农民到处流亡。东汉王朝屡颁诏令,用赐爵的办法鼓励流民向郡县著籍,但这不过是画饼充饥,对流民毫无作用。流民数量越来越多，桓帝永兴元年（153），竟达数十万户。地方官吏为了邀赏，常常隐瞒灾情，虚报户口和垦田数字，这又大大增加了农民的赋税负担，促使更多的农民逃亡异乡。

灵帝时，宦官支配朝政，政治腐败达于极点。灵帝开西邸公开卖官，二千石官 2000 万钱，四百石官 400 万钱，县令长按县土丰瘠各有定价，富者先入钱，贫者到官后加倍缴纳。公卿等官千万钱、500 万钱不等。在豺狼当道的情形下，天灾有加无已，流民颠沛流离，正常的社会秩序几乎完全破坏了。

流亡的农民走投无路，到处暴动。早在安帝永初三年（109），就有张伯路领导流民几千人，活动于沿海九郡。顺帝阳嘉元年（132），章和领导流民在扬州六郡暴动，纵横四十九县。汉安元年（142），广陵人张婴领导流民，在徐、扬一带举行暴动，时起时伏，前后达十余年之久。桓帝、灵帝时，从幽燕到岭南，从凉州到东海，到处都有流民暴动发生。流民暴动的规模也越来越大，从几百人、几千人扩展到几万人、十几万人。一些举行暴动的流民队伍，还与羌人、蛮人反对东汉王朝的斗争相呼应。从安帝到灵帝的八十余年中，见于记载的农民暴动，大小合计将近百次，至于各处的所谓"春饥草窃之寇""寒冻穷厄之寇"①，更是不可胜数。那时，农民中流传着一首豪迈的歌谣："小民发如韭，剪复生；头如鸡，割复鸣。吏不必可畏，民不必可轻！"② 这首歌谣，生动地表现了东汉农民前赴后继地进行斗

---

① 《齐民要术》卷三引崔寔《四民月令》。
② 《太平御览》卷九七六引崔寔《政论》。文字据严可均《全后汉文》订正。

争的气概。

东汉时期,暴动农民首领或称将军、皇帝,或称"黄帝""黑帝""真人"。前者表示他们进行反抗斗争时,无须假托当权集团人物来发号施令;后者表示他们懂得利用宗教组织农民,以与东汉王朝抗衡。

分散的农民暴动,虽然在东汉军队和豪强武装的镇压下一次又一次地失败了,但是继起的暴动越来越多,规模越来越大,终于形成了全国性的农民起义。

黄巾军 灵帝时,道教的一支——太平道,在流民中广泛地传布开来。巨鹿人张角是太平道的首领。张角称"大贤良师",为徒众符咒治病,并派遣弟子分赴四方传道,得到农民的信任,"天下襁负归之"①。张角还和洛阳的一部分宦官联系,利用他们作为内应,据说张角自己还曾"窃入京师,觇视朝政"②。

张角的活动,引起了东汉统治集团的注目。东汉王朝屡下"赦令",企图以此瓦解流民群。但是流民群在张角的领导下,仍然日益壮大。东汉王朝的阴谋失败,又准备令州郡用武力大肆"捕讨"。司徒杨赐深恐单纯的镇压会加速大规模农民起义的发生,因此主张"切敕刺史二千石简别流人,各护归本郡,以孤弱其党,然后诛其渠帅"③。稍后,侍御史刘陶等人建言,要求汉

---

① 《后汉书》卷五四《杨震传附杨赐传》。
② 《后汉书》卷五七《刘陶传》。
③ 《后汉书》卷五四《杨震传附杨赐传》。

朝下诏"重募角等，赏以国土，有敢回避，与之同罪"①。东汉统治者所有这些对策，都没有达到预期的目的。

张角的道徒，发展到几十万，遍布在青、徐、幽、冀、荆、扬、兖、豫八州。张角部署道徒为36方②，大方万余人，小方六七千人，各立首领，由他统一指挥；并传播"苍天已死，黄天当立，岁在甲子，天下大吉"③，向人民宣告东汉崩溃在即，新的朝代将要代起。太平道徒广为散布"黄天泰平"的口号，并在各处府署门上用白土涂写"甲子"字样。经过这些酝酿和部署以后，大规模农民起义的形势，在城乡各地完全成熟了。

中平元年（184年，甲子年）初，大方马元义调发荆、扬等地徒众数万人向邺城集中，又与洛阳的道徒相约，在三月初五日同时举行暴动。但是，在这个紧要关头，暴动计划泄露，东汉王朝捕杀马元义，诛杀洛阳"宫省直卫"和百姓千余人，并令冀州逐捕张角。张角得知计划泄露，立即通知36方提前起事。中平元年二月，以黄巾为标志的农民军，在7州28郡同时俱起，中国历史上第一次组织、准备比较严密的农民起义，就这样爆发了。

---

① 《后汉书》卷五七《刘陶传》。

② 《后汉书》卷七一《皇甫嵩传》："方，犹将军号也。"《后汉纪》36方作36坊。

③ 《后汉书》卷七一《皇甫嵩传》。按《三国志》卷一《魏书·武帝纪》注引《魏略》载陈群、桓阶奏："桓、灵之间，诸明图纬者皆言汉行气尽，黄家当兴。"可见黄天之说是当时流行的谶语，张角加以利用。

势力强大的黄巾军，有如下几个部分：波才领导的颍川黄巾，张曼成、赵弘、韩忠、孙夏等人相继领导的南阳黄巾，彭脱等人领导的汝南、陈国黄巾，卜已领导的东郡黄巾，张角、张宝、张梁兄弟领导的巨鹿黄巾，戴风等人领导的扬州黄巾，今北京地区的广阳黄巾，等等。黄巾人众极多，声势浩大，被称为"蚁贼"。南阳黄巾杀太守褚贡，汝南黄巾败太守赵谦，广阳黄巾杀幽州刺史郭勋和太守刘卫。巨鹿附近的农民也俘虏安平王刘续和甘陵王刘忠，响应黄巾。黄巾军"所在燔烧官府，劫略聚邑，州郡失据，长吏多逃亡；旬日之间，天下响应，京师震动"。同年七月，汉中爆发了五斗米道首领巴郡人张修领导的农民暴动，被称为"米贼"。此外，湟中义从胡（小月氏）和羌人，也在陇西、金城诸郡起兵，反对东汉统治。

黄巾军一开始就威胁着东汉的都城，东汉王朝首先力图加强洛阳的防守力量。外戚何进受命为大将军，将兵屯守洛阳都亭，部署守备。洛阳附近增设了八关都尉。为了统一统治集团内部的力量，防止一部分士大夫与黄巾合谋，东汉王朝宣布赦免党人，解除禁锢。东汉统治者还诏敕州郡修理守备，简练器械，并"远征三边殊俗之兵"①，对各部黄巾先后发动进攻。

皇甫嵩、朱俊率军四万，进攻颍川波才的黄巾。波才打败了朱俊军，并在长社把皇甫嵩军围住，皇甫嵩全军恐慌。波才缺乏经验，依草结营，在汉军火攻下受到挫折，又被皇甫嵩、朱俊军与曹操的援军追击于阳翟，陷于失败。汉军接着向东进攻，击败

---

① 《续汉书·百官志》五注引应劭《汉官仪》。

了汝南、陈国黄巾。皇甫嵩又北上东郡，东郡黄巾领袖卜已被俘。

南阳黄巾领袖张曼成战死后，赵弘率十余万众继起，据守宛城。朱俊军转击南阳，围宛城三月不下，战斗非常激烈，赵弘、韩忠相继战死。十一月宛城陷落，这支黄巾军也失败了。

巨鹿黄巾领袖张角称天公将军，弟张宝、张梁分别称地公将军、人公将军，号召力很大，是黄巾的主力。东汉先后以涿郡大姓卢植和率领羌胡军队的董卓进击张角。张角坚守广宗（今河北威县）。八月，东汉以皇甫嵩代董卓进攻巨鹿黄巾。那时张角病死，部众由张梁统率，"梁众精勇，嵩不能剋"。十月，汉军偷袭张梁军营，张梁阵亡；又攻张宝于下曲阳（今河北晋州），张宝败死。东汉统治者对起义农民展开了血腥的报复，他们对张角剖棺戮尸，又大量屠杀农民，在下曲阳积尸封土，筑为京观。

黄巾起义发生以后，黄河以北农民纷纷保据山谷，自立名号，反对东汉统治。他们是博陵张牛角（青牛角）、常山褚飞燕（张燕）以及黄龙、左校、郭大贤、于氐根、张白骑、刘石、左髭丈八、平汉、大洪、司隶、缘城、雷公、浮云、白雀、杨凤、于毒、五鹿、李大目、白绕、眭固、苦蝤等部，大者二三万，小者六七千。张燕联络太行山东西各郡农民军，众至百万，号黑山军，势力最为强大。中平五年（188），各地农民又相继以黄巾为号，起兵于西河、汝南、青徐、益州等地区，江南地区也屡见黄巾军活动。

黄巾起义发生在地方割据倾向迅速发展的时代，豪强地主拥有强大的武装，这种地主武装同官军联合，处处阻截和镇压农民军，迫使农民军不能大规模集中力量发动进攻。所以黄巾军虽然坚守过一些据点，但是终于不能摧毁敌方的主力军。起义高潮过去以后，黄巾余部和黑山军各部更是缺乏攻击力量，只能各守一方，待机而动，以至于在四面八方的敌军夹攻中相继失败。

这场农民战争瓦解了东汉王朝。极端黑暗腐败的宦官、外戚集团，失去东汉王朝的凭借，经过短暂的反复，不久以后陆续从历史上消失了。

第四章　秦汉时期的文化

一　学术思想和宗教

从提倡黄老到独尊儒术　秦始皇统一六国,接着又统一文字,这使文化学术的发展获得了有利的条件。但是不到十年,秦始皇颁令焚书,禁绝私学,文化学术又受到严重的摧残。以后,项羽入咸阳,焚秦宫室,博士官典藏的图书也荡然无存。

秦朝置博士官,多至 70 员,诸子百家,包括儒家在内,都可以立为博士。博士掌通古今,备顾问,议礼议政,并教授弟子。焚书坑儒事件发生后,博士、诸生受到打击,官府之学衰微。有些博士后来投奔陈胜,参加了反秦活动。

西汉初年,汉高祖继续实行秦代挟书之律①,蔑视儒学和儒生。在这种情况下,儒家学术源流几乎完全断绝,"独有一叔孙通略定礼仪,天下唯有易卜,未有它书"②。博士制度在汉初依然存在,高祖曾以叔孙通为博士,文帝曾以申公、韩婴、公孙臣

---

① 惠帝四年(前 191)始废挟书之律,见《汉书》卷二《惠帝纪》。
② 《汉书》卷三六《楚元王传附刘歆传》。

等人为博士，但是这些博士人数不多，不过具官待问而已，不受当世的重视，在传授文化方面也没有起多大的作用。

在学术思想发展的低潮中，道家的黄老无为思想为汉初统治者所提倡，占据支配地位。道家"历记成败存亡祸福古今之道，然后知秉要执本，清虚以自守，卑弱以自持"①，所以它适应农民战争后的政治形势，适合恢复生产、稳定社会秩序的需要。道家虽有可考的传授源流②，但是"所言道者传之其人，世无师说"③，学术内容可以在很大的程度上随时损益，使之切合当时统治者的具体要求。惠帝初年，胶西盖公好黄老言，应齐丞相曹参之聘，仕于齐国，为当时黄老之宗。盖公对曹参"为言治道贵清静而民自定"④，就是直接陈述了汉初统治者迫切需要的"安集百姓"的办法。所以汉初统治者把黄老之言当作"君人南面之术"⑤加以利用，而各种不同流派的思想家也都乐于称说黄老之言。

西汉初年代表黄老政治思想的著作，是陆贾的《新语》。陆贾针对汉初的政治经济形势，探讨了"以寡服众，以弱制强"的统治方法，认为"道莫大于无为，行莫大于谨敬"。他说：虞舜之治天下，"寂若无治国之意，漠若无忧民之心，然天下

---

① 《汉书》卷三〇《艺文志》。
② 《史记》卷八〇《乐毅列传赞》载有黄老之言的师传。
③ 《隋书》卷三四《经籍志》三。
④ 《史记》卷五四《曹相国世家》。
⑤ 《汉书》卷三〇《艺文志》。

治"①，因此治天下必须无为。但是陆贾兼有儒家及其他诸家思想②，他之强调无为，是为了使西汉的专制统治由弱转强，使统治者得以"执一政以绳百姓，持一概以等万民"，"同一治而明一统"③，也就是说，有所不为是为了有所为，这是与老子"绝圣弃智""剖斗折衡"，追求小国寡民理想大不相同的。系统地阐明道家思想的著作《淮南鸿烈》，也叫《淮南子》，是武帝时淮南王刘安集宾客写成的。《淮南子》问世时，黄老思想在政治上已不占支配地位了。

在汉初特定的社会条件下，统治者的无为而治，使农民生活比较安定，社会生产较易恢复，也使统治秩序渐形巩固。但是到了文景时期，无为而治又产生了新的问题：王国势力凌驾朝廷，商人豪强日甚一日地兼并农民，匈奴对汉无止尽地慢侮侵掠。因此，无为而治已不再适应经济、政治的需要了。贾谊提出了变无为为有为的要求，他在《治安策》里说："夫俗至大不敬也，至亡等也，至冒上也，进计者犹曰'毋为'，可为长太息者

---

① 分见《新语·慎微篇》和《无为篇》。

② 《史记》卷九七《陆贾列传》说：陆贾对汉高祖"称说诗书"，认为秦以不"行仁义、法先圣"而亡，这是儒家思想。陆贾"有口辩"，"常使诸侯"，并"游汉廷公卿间"，促成诸吕之灭，这近于纵横之士。又，《新语》一书，《汉书·艺文志》归入儒家，而在刘歆《七略》中，则又别见于兵权谋家。

③ 《新语·怀虑篇》。按汉初真正的黄老之徒，也大谈君臣上下之分，维护西汉的专制制度。《史记》卷一二〇《儒林·辕固生列传》所记黄老之徒黄生的政治见解，就是这样。

此也。"①

文景时期，政治思想上出现了由无为到有为、由道家到儒家的嬗变的趋势。文帝时，"天下众书往往颇出，皆诸子传说，犹广立于学官，为置博士"②。故秦博士伏生出其壁藏《尚书》二十余篇，文帝曾使晁错从他受业。博士之数，恢复到了秦时的七十余人，百家杂陈而儒家独多。儒家的《书》《诗》《春秋》以及《论语》《孝经》《孟子》《尔雅》，都有博士，其中《诗》博士就有齐、鲁、韩三家，内容各异；《春秋》博士也有胡毋生、董仲舒二家。这种情形，为汉武帝独尊儒术提供了有利的条件。

武帝建元元年（前140），董仲舒在举贤良对策中提出："诸不在六艺之科、孔子之术者，皆绝其道勿使并进。"③ 同年，武帝采纳丞相卫绾之议，罢黜"治申、商、韩非、苏秦、张仪之言"④ 的贤良。卫绾没有直接指斥黄老之言，但是好黄老的窦太后（武帝祖母）仍然力加反对，借故把鼓吹儒学的御史大夫赵绾和郎中令王臧系狱。儒家势力虽然暂时受到打击，可是建元五年（前136）武帝设置五经博士，儒家经学在官府中反而更加齐备。

建元六年（前135）窦太后死，武帝起用好儒术的田蚡为相。田蚡把不治儒家五经的太常博士一律罢黜，排斥黄老刑名百

---

① 《汉书》卷四八《贾谊传》。
② 《汉书》卷三六《楚元王传附刘歆传》。
③ 《汉书》卷五六《董仲舒传》。
④ 《汉书》卷六《武帝纪》。

家之言于官学之外，并且优礼延揽儒生数百人。这就是有名的"罢黜百家，独尊儒术"。独尊儒术以后，官吏主要出自儒生，儒家逐步发展，成为此后2000年间的正统思想。这种情况对于学术文化的发展是非常不利的，但是在当时条件下，有利于专制制度的加强和国家的统一。

取得独尊地位的儒家，在先秦儒家"仁义"学说之外，吸取了阴阳家神化君权的学说，极力鼓吹封禅和改制。元封元年（前110），武帝举行封禅大典。太初元年（前104），武帝颁令改制，以汉为土德，"色上黄，数用五，定官名，协音律"①，并采用以正月为岁首的太初历，代替沿用了百余年的以十月为岁首的秦历。新的儒家也吸取了法家尊君抑臣的思想，力图用刑法来加强统治。所以汉武帝一方面"外施仁义"②，一方面又条定刑法，重用酷吏；汉宣帝更宣称汉家制度"霸王道杂之"，并且"所用多文法吏，以刑名绳下"③。

董仲舒的思想　儒家的独尊，不但由董仲舒首倡其议，而且新儒学的思想内容，也由他奠立基石。董仲舒，广川（今河北枣强境）人，习《公羊春秋》，景帝时为博士。武帝时，他上《天人三策》，系统地阐明了他的哲学思想和政治思想。他著有《春秋繁露》一书。

---

① 《汉书》卷六《武帝纪》。按贾谊曾在此前建议："改正朔，易服色制度，定官名，兴礼乐"，但是"文帝谦让未皇也"。事见《汉书》卷四八《贾谊传》。

② 《史记》卷一二〇《汲黯列传》。

③ 《汉书》卷九《元帝纪》。

董仲舒认为人君受命于天,进行统治,所以应当"屈民而伸君,屈君而伸天"①。如果人君无道,天即降灾异来谴告和威慑。如果人君在灾异之前不知改悔,就会出现"伤败"。因此人君必须"强勉行道"②。这就是他的"天人感应"学说。他认为《春秋》一书著录了长时期的天象资料,集中了天人相与之际的许多解释,所以后世言灾异要以《春秋》为根据。

董仲舒主张"道之大原出于天,天不变道亦不变"。这是他的形而上学的宇宙观。同时他又认为朝代改换,也有举偏补弊的问题。他说:"继治世者其道同,继乱世者其道变。"他认为秦朝是乱世,像"朽木粪墙"一样,无可修治,继起的汉朝必须改弦更张,才能"善治",这叫做"更化"。更化不但应表现为改正朔,易服色,制礼乐,而且还应表现为去秦弊政。这就是他提出限民名田、禁止专杀奴婢等要求的理论根据。不过在他看来,"王者有改制之名,无易道之实"③,所以改制并不影响"天不变道亦不变"的理论。

董仲舒据《公羊春秋》立说,主张大一统。他说:"《春秋》大一统者,天地之常经,古今之通谊也。"他的所谓"大一统",就是损抑诸侯,一统乎天子,并使四海"来臣"。但是如果"师异道,人异论,百家殊方,旨意不同",人君就无以持一统。因此他要求罢黜百家,独尊儒术。

---

① 董仲舒《春秋繁露·玉杯》。
② 《汉书》卷五六《董仲舒传》。本段引文未注出处者均本此。
③ 《春秋繁露·楚庄王》。

对于人君应当如何实行统治的问题，他主张效法天道。"天道之大者在阴阳，阳为德，阴为刑"，所以人君的统治必须阴阳相兼，德刑并用。天道以阳为主，以阴佐阳，因此人君的统治也应当以德为主，以刑辅德。他的所谓德，主要是指仁义礼乐，人伦纲常。他以君臣、夫妻、父子为"王道之三纲"，并认为三纲"可求于天"①，与天地、阴阳、冬夏相当，不能改变。他主张设学校以广教化，因为这是巩固统治的最可靠的堤防。

董仲舒的学说，基本上是借用阴阳家的思想重新解释儒家经典。这种新的儒家学说，适应文景以来政治、经济发展的要求，对于巩固国家的统一，有其积极作用。他的更化和任德的主张，有助于防止暴政，缓和对人民的剥削压迫。董仲舒思想的核心是维护统治秩序，神化专制皇权，并力图把政权和族权、神权、夫权紧密结合起来。由于这种原因，董仲舒的学说在以后曾长期地为历代王朝的统治者所拥护。

经学和谶纬　武帝以来，儒学传授出现了一个昌盛的局面。博士官学中不但经学博士完备，而且由于经学师承的不同，一经兼有数家，各家屡有分合兴废。宣帝末年，《易》有施、孟、梁丘，《书》有欧阳、夏侯胜、夏侯建（大小夏侯），《诗》有齐、鲁、韩，《礼》有后氏，《春秋》有公羊、穀梁，共12博士②。博士就是经师，他们的任务是记诵和解释儒家经典。他们解经繁密驳杂，有时一经的解释达百余万言。博士有弟子，武帝时博士

---

① 《春秋繁露·基义》。

② 据王国维《汉魏博士考》，《观堂集林》卷四。

弟子50人，以后递增，成帝时多至3000人，东汉顺帝时甚至达到30000人。经学昌盛和博士弟子众多，主要是由于经学从理论上辩护王朝的统治，因此，统治者对儒生广开"禄利之路"①。

在儒学发展的同时，也出现了搜集与整理图书的热潮。汉武帝"敕丞相公孙弘广开献书之路"②，还设写书官抄写书籍。当时集中的图书数量颇多，"外则有太常、太史、博士之藏，内则有延阁、广内、秘室之府"③。以后成帝命陈农访求天下遗书，又命刘向总校诸书。刘向校经传、诸子、诗赋，任宏校兵书，尹咸校数术（占卜之书），李柱国校方技（医药之书）。每一书校毕，都由刘向条成篇目，写出提要。刘向子刘歆继承父业，完成了这一工作，并且写出了《七略》④ 一书。《七略》是我国第一部目录书，它著录的书目，大致都保存在《汉书·艺文志》中。

刘歆在校书的过程中，发现了一些经书的不同底本，因而导致了经学内部今文经和古文经的区分和两派的争论。原来西汉博士所用经书，是根据老儒口授，用当时通行的隶书写成的，而民间却仍有用秦以前的古文字写成的经书。后来刘歆宣称他发现了古文《春秋左氏传》，并利用它来解《春秋经》。他还说发现《礼》39篇（《逸礼》），《尚书》16篇（《古文尚书》），这两

---

① 《汉书》卷八八《儒林传赞》。
② 《文选》卷三八任彦昇《为范始兴作求立太宰碑表》注引刘歆《七略》。
③ 《汉书》卷三〇《艺文志》如淳注引刘歆《七略》。
④ 《七略》包括《辑略》（诸书总要）、《六艺略》《诸子略》《诗赋略》《兵书略》《术数略》《方技略》，总共著录图书13269卷。

种书是鲁共王坏孔子旧宅而得到，由孔子 12 世孙孔安国献入秘府的。刘歆要求把这些书立于学官，并与反对此议的博士进行激烈辩论，指斥他们"因陋就寡"，"保残守缺"，"信口说而背传记，是末师而非往古"，"挟恐见破之私意，而无从善服义之公心"①。这场论战之后，经学中出现了今文和古文两个流派，各持不同的底本，各有不同的经解。王莽当政时，为了托古改制的需要，曾为《古文尚书》《毛诗》《逸礼》等古文经立博士。王莽命甄丰摹写几种古文经典，镌刻石上。这是我国最早的"石经"。东汉初年，取消古文经博士，复立今文经博士，共十四博士②。东汉时期民间立馆传经之风很盛，某些名学者世代传经，形成了经书的"家法"，著录生徒成千上万人。在民间传播的经学，有很多是古文经。

西汉末年，又出现了一种谶纬之学。谶是伪托神灵的预言，常附有图，故称图谶。据说秦始皇时卢生入海得图书，写有"亡秦者胡也"，这是关于图谶的最早记载。纬是与经相对而得名的，是假托神意解经的书。东汉初年，谶纬共有 81 篇。当时的儒生以《七纬》③为内学，以《五经》为外学，他们为了利禄，都兼习谶纬。谶纬的内容有的解经，有的述史，有的论天文、历数、

---

① 《汉书》卷三六《楚元王传附刘歆传》。

② 据《续汉书·百官志》及注：东汉博士与西汉比较，《易》增京氏，《书》仍欧阳、大小夏侯，《诗》仍齐、鲁、韩，《礼》有戴德（大戴）、戴胜（小戴），《春秋》则废穀梁而并立公羊严、颜二氏，共十四博士。

③ 《七纬》以与《易》《诗》《书》《礼》《乐》《春秋》《孝经》等所谓《七经》相对而得名，经都有纬。

地理，更多的则是宣扬神灵怪异，其总的思想属于阴阳五行体系。这些内容，除包含一部分有用的自然科学知识和古史传说以外，绝大部分都是荒诞不经的迷信妄语，极便于人们引用来穿凿附会，作任意的解释。王莽、刘秀称帝，都曾利用谶纬。刘秀把谶纬作为一种重要的统治工具，甚至发诏班命，施政用人，也要引用谶纬，谶纬实际上超过了经书的地位。中元元年（56），光武帝"宣布图谶于天下"①，更使图谶成为法定的经典。汉章帝会群儒于白虎观，讨论经义，由班固写成《白虎通德论》（又称《白虎通义》《白虎通》）一书，这部书系统地吸收了阴阳五行和谶纬之学，形成今文经学派的主要论点。《白虎通》的出现，是董仲舒以来儒家神秘主义思想的进一步发展。

谶纬的流行，今文经的谶纬化，使经学的内容更为空疏荒诞，所以一些较有见识的士人如桓谭、尹敏、郑兴、张衡等，都表示反对谶纬。桓谭陈说："诸巧慧小才伎数之人，增益图书，矫称谶记，以欺惑贪邪，诖误人主。"② 他力言谶不合经，表示自己不读谶书。桓谭在神秘主义思想统治一切的时候，提出了"精神居形体，犹火之然（燃）烛矣"③ 的见解，在哲学史上有可贵的意义。

在反谶纬思潮的影响下，许多儒生专攻或兼攻古文经。古文

---

① 《后汉书》卷一《光武帝纪》。
② 《后汉书》卷二八《桓谭传》。
③ 《弘明集》卷五桓谭《新论·形神》。严可均辑《全后汉文》卷一四《新论》辑本以此归于《新论·祛蔽篇》。

经治学重在训诂，解经举其大义，不像今文经那样徒重章句推衍。东汉古文经大师贾逵、服虔、马融等人，在经学上都有过一定贡献。古文经学家许慎为了反对今文经派根据隶定的古书穿凿附会而曲解经文，于是编成一部《说文解字》，共收小篆及其他古文字9353个，逐字注释其形体音义。郑玄兼通今古文经而以古文经为主，他网罗众家之说，为《毛诗》《三礼》等书作出注解。许慎、郑玄的著作，除起了抑制今文经和谶纬发展的作用外，对于古史和古文字、古文献的研究，也有贡献。熹平四年（175），蔡邕参校诸体文字的经书，用隶书书写五经（或云六经）经文，镌刻石碑，立于太学，这是我国最早的官定经本，后世称为"熹平石经"。这对于纠正今文经学家臆造别字，对于维护文字的统一，起了积极作用。

王充的思想 古文经学家用训诂的方法反对今文经学和谶纬，虽然取得了一些成就，但是他们局限于探索经文本义，除了桓谭以外，在理论上都没有重大的发挥。他们不可能超越于儒家思想体系之外，而且有复古倾向。在这场反对今文经学和谶纬的斗争中，只有王充跳出了经学的圈子，以唯物主义思想攻击了今文经和谶纬。

王充，会稽上虞人，生于建武三年（27），死于和帝永元年间。王充出身于"细族孤门"[①]，早年曾在太学受业，常在洛阳书肆中博览百家之言。后来，他做过短时期的州郡吏，其余的岁

[①] 《论衡·自纪》。

月,都是"贫无一亩庇身","贱无斗石之秩"①,居家教授,专力著述,写成了《论衡》85篇(今存84篇)二十余万言。

王充自称其思想"违儒家之说,合黄老之义"②。他以道家自然之说立论,而对自然作了唯物主义的解释。在论证方法上,他强调"引物事以验其言行"③。他反对儒者的"天地故生人"之说,主张"天地合气,人偶自生"④。他认为儒家天人感应说是虚妄的,因为"天道,自然也,无为;如谴告人,是有为,非自然也"⑤。在他看来,天之所以无为,可以从天无口目,不会有嗜欲得到证明。他说"六经之文,圣人之语,动言天者,欲化无道,惧愚者之言"⑥,揭露了统治者神道设教的目的。

王充认为精神依存于形体,他说:"形须气而成,气须形而知,天下无独燃之火,世间安得有无体独知之精?"⑦根据这种道理,他反对人死为鬼之说。他说:"人之所以生者,精气也,死而精气灭。能为精气者,血脉也。人死血脉竭,竭而精气灭,

---

① 《论衡·自纪》。

② 《论衡·自然》。

③ 同上。

④ 《论衡·物势》。在《自然》篇中,王充还说明了"天地合气,万物自生"的道理。

⑤ 《论衡·谴告》。

⑥ 同上。

⑦ 《论衡·论死》。

灭而形体朽,朽而成灰土,何用为鬼?"① 他从无鬼论出发,反对厚葬,提倡薄葬。

王充对于传统的思想和成见,具有批判精神。他甚至对孔、孟和儒家经典,也敢于提出怀疑和批判。他在《论衡·问孔》中反对世俗儒者对孔子的片言只语进行无穷无尽的推衍,因而对孔子反复提出问难。他说:"夫贤圣下笔造文,用意详审,尚未可谓尽得实,况仓卒吐言,安能皆是?"他还说:"苟有不晓解之问,追难孔子,何伤于义?诚有传圣业之知,伐孔子之说,何逆于理?"他在《论衡》的其他部分,还分别对孟子、墨子、韩非、邹衍等人进行了分析,所涉及的问题,有许多与汉朝的政治、文化设施有直接关系。

王充受当时生产水平和知识水平的限制,对于他自己引为论据的某些自然现象,有时理解错误。他同中国古代的许多思想家一样,无法透彻阐明复杂的社会历史现象和客观规律,不能正确说明人的主观作用。所以他不得不用天命来解释社会事物变化的终极原因,用骨相来解释个人的贵贱夭寿,因而陷入了宿命论。这是王充思想的重大缺陷。

由于《论衡》对汉代占统治地位的思想进行了无情的攻击,所以这部著作在很长时间内无法公诸于世,直到东汉末年才流传开来。

佛教和道教 佛教产生于印度,经由中亚传入我国新疆地

---

① 《论衡·论死》。

区,西汉末年传入内地。①

佛教入中国后,最早的信徒多为帝王贵族,如楚王英"喜黄老,学为浮屠(佛)斋戒祭祀"②,桓帝"宫中立黄老浮屠之祠"③。当时的人把佛当作一种祠祀,近于神仙方术④;并且把佛教教义理解为清虚无为,"省欲去奢"⑤,与黄老学说相似,因此浮屠与老子往往并祭,而"老子入夷狄为浮屠"⑥的传说也颇流行。

桓、灵之世,安息僧安世高、大月氏僧支谶等相继来中国,在洛阳翻译佛经,汉人严浮调(他是见于记载的最早出家的汉人)受佛学于安世高,参与译事。从此以后,佛教经典翻译,才

---

① 关于佛教传入中国的年代,有多种不同的说法。《三国志》卷三〇《魏书·东夷传》评注引《魏略·西戎传》:"汉哀帝元寿元年(前2),博士弟子景卢受大月氏王使伊存口受《浮屠经》。"大月氏是中亚佛教盛行之地,口授佛经又是印度传法和中国早期翻译佛经的通行办法,所以这一说是比较可信的。献帝初平年间写成的《牟子理惑论》以及以后写成的《四十二章经序》等,都说东汉明帝遣使于大月氏写佛经42章,为佛入中国之始。但是据《后汉书》所载,明帝永平八年(65),楚王国内已有信佛的优婆塞(不出家的男佛教信士)与沙门,楚王英曾为他们设盛馔,可见以明帝写经为佛教东来之始,似不可信。关于这个问题,还有很多异说,其考证备见汤用彤《汉魏两晋南北朝佛教史》第一、二章。

② 《后汉书》卷四二《楚王英传》。

③ 《后汉书》卷三〇《襄楷传》。

④ 上述楚王、桓帝都是这样。范晔解释其原因说:"将微义未译,而但神明之邪?"见《后汉书》卷八八《西域传论》。

⑤ 《后汉书》卷三〇《襄楷传》。

⑥ 同上。

算正式开始。不过汉代所译佛经,仍然掺杂了许多祠祀的道理,佛教与道家仍然被联系在一起。所以东汉末年的《牟子理惑论》虽然反对神仙方术,但仍用老庄无为思想来发挥佛教教义。

初平四年(193),丹阳人笮融为徐州牧陶谦督广陵等郡漕运,他断盗官运,大起浮屠祠,造铜浮屠像,用复免徭役来招致信徒,"由此远近前后至者五千余人户,每浴佛,多设酒饭,布席于路,经数十里,民人来观及就食且万人,费以巨亿计"①。这是我国佛教造像和大规模招致信徒之始。

东汉时期,民间流行的巫术与黄老学说的某些部分结合起来,逐渐形成了道教。顺帝时,琅琊宫崇"上其师于吉于曲阳泉水上所得神书百七十卷",号为《太平清领书》,"其言以阴阳五行为家,而多巫觋杂语"②。今存的《太平经》残本,即是从《太平清领书》演化而来,是道教的主要经典。《太平经》推尊图谶,多以阴阳之说解释治国之道,还采撷了一些佛教义理加以缘饰。《太平经》中有一些地方宣扬散财救穷、自食其力,这些经义易于为农民所理解和接受。东汉后期被称为"妖贼"的许多次农民暴动,就是农民用道教作为组织手段而发动的。

灵帝时,巨鹿张角奉《太平清领书》,在冀州传教,号为太平道,自称"大贤良师","蓄养弟子,跪拜首过,符水咒说以疗病";并且派遣弟子"使于四方,以善道教化天下"③,组织徒

---

① 《三国志》卷四九《吴书·刘繇传》。
② 《后汉书》卷三〇《襄楷传》。
③ 《后汉书》卷七一《皇甫嵩传》。

众举行了黄巾暴动。

与太平道形成和传布同时,还出现了道教的另一派,即五斗米道。顺帝时,张陵学道于蜀地鹄鸣山中,以道书招致信徒,信道者出米五斗,有病则令自首其过。这就是五斗米道。张陵死,子张衡、孙张鲁世传其道。张鲁为益州牧刘焉督义司马,保据汉中。① 张鲁自号师君,置祭酒以治民,不置长吏。诸祭酒于途次作义舍,置义米肉,行路者量腹取足。民犯法,三原然后行刑。张鲁保据汉中的 30 年中,人民生活比较安定。建安二十年(215),曹操灭张鲁。此后五斗米道继续流传,后世以张陵为教主的天师道,主要就是从五斗米道发展而来的。

二 史学、文学、艺术

史学 官府撰修本朝历史的传统,在秦汉时期被继承下来了。汉武帝时政治的发展,提出了"通古今之变"② 的要求,这就需要整理古今历史,用以说明当代社会的状况。太史令司马谈次第旧闻,裁剪论著,开始了这一项繁重的工作,但是没有完成。

---

① 据《三国志》卷八《魏书·张鲁传》与注引《典略》以及《后汉书》卷八《灵帝纪》与注引刘艾《灵献二帝纪》,可知在张鲁入汉中前,巴郡人张修已在汉中传布五斗米道。后修与鲁同受刘焉之命占领汉中,鲁又杀修,始在汉中建立了政治的和宗教的统治。

② 《汉书》卷六二《司马迁传》载《报任安书》。

司马迁是司马谈之子，左冯翊夏阳（今陕西韩城）人，生于武帝建元六年（前135），或景帝中元五年（前145），死年不详。司马迁幼年从孔安国受《古文尚书》，20岁后遍游长江中下游和中原各地，还曾出使巴、蜀、邛、筰、昆明，并随汉武帝四出巡幸，有很广泛的社会见识。元封三年（前108），司马迁为太史令。他继承父业，"䌷史记石室金匮之书"，"网罗天下放失旧闻"[①]，于太初元年（前104）正式开始撰修《史记》。天汉二年（前99），李陵败降匈奴，司马迁在朝廷为李陵辩护，被武帝处以腐刑。他效法古代"倜傥非常之人"[②]在困厄中发愤著书的先例，完成了不朽的著作《史记》。

《史记》原名《太史公书》，包括12本纪、10表、8书、30世家、70列传，共130卷。它是一部上起传说中的黄帝，下迄汉武帝时期的中国通史，是中国历史上第一部内容完整、结构周密的历史著作。《史记》以人物传记为主，吸收了编年、记事等体裁的长处，创造了历史书籍的纪传体的新体裁，这种体裁，成为此后2000年中编写王朝历史的规范。

《史记》作为一部不朽的名著，可贵之处首先在它敢于正视社会实际，按当时的认识水平，尽可能如实地勾画出了社会历史面貌。《史记》一方面把历史上的社会经济、意识形态、天文历法、水利工程等方面的制度与大事，同政治制度、政治大事并于一书，广泛地反映了历史面貌；另一方面，它又把医生、学者、

---

① 《史记》卷一三〇《太史公自序》。
② 《汉书》卷六二《司马迁传》载《报任安书》。

商贾、游侠、农民领袖等人物的传记,与帝王将相并于一书,反映了不同阶级、不同阶层的历史动态。《史记》把许多少数民族的社会历史写成列传,更增加了历史的完整性。

《史记》在记载某些人物时所持的褒贬态度,表现了这一著作的杰出的思想价值。它把项羽同秦始皇、汉高祖一起列入本纪,把农民领袖陈涉(胜)同诸侯一起列入世家。它不但敢于斥责历史上的暴君,而且还敢于"作景帝本纪,极言其短"[1]。它在称赞武帝功德的同时,也斥责武帝"内多欲而外施仁义"[2]。他赞扬了游侠的某些侠义行为,揭露了酷吏对人民的残暴统治。由于这种悖背传统的褒贬态度,《史记》曾经被后世史学家视为"是非颇谬于圣人"[3],并且被诬为"谤书"[4],不见容于某些统治者。

《史记》概括了大量的经过选择的历史资料,包括他亲身采访所得的古老传闻。它叙事讲求实事求是,不强不知以为知,不轻下断语。所以刘向、扬雄、班固等人都称赞《史记》,认为它"不虚美,不隐恶,故谓之实录"[5]。

司马迁作《史记》,自比于孔子作《春秋》,在写作方法上,

---

[1] 《史记》卷一三〇《太史公自序》注引卫宏《汉旧仪》。

[2] 《史记》卷一二〇《汲黯列传》。

[3] 《汉书》卷六二《司马迁传赞》。

[4] 《三国志》卷六《魏书·董卓传》注引谢承《后汉书》载王允语。又,《三国志》卷一三《魏书·王肃传》载魏明帝谓司马迁著《史记》"内怀隐切","令人切齿"。

[5] 《汉书》卷六二《司马迁传赞》。

力图遵循据传为孔子所说"我欲载之空言,不如见之于行事之深切著明"的原则。《史记》写作以叙事为主,是非褒贬一般寓于叙事之间。顾炎武认为"古人作史有不待论断而于序事之中即见其指者,惟太史公能之"①。

《史记》采用以人物传记为主的体裁,这种体裁使司马迁能够充分发挥文学才能,使《史记》同时成为中国文学史上的一部辉煌著作。

司马迁相信天命,认为秦的统一是"天所助焉"②,认为刘邦是"受命而帝"③。此外,《史记》在叙事上也"甚多疏略,或有抵梧"④。这些缺陷除了叙事不当是创始之作难于避免的以外,主要是由于时代局限造成的。

东汉班固所撰《汉书》,是继《史记》之后的又一部史学名著。班固的父亲班彪作《后传》数十篇,拟将《史记》续至西汉末年为止。班固继承父业,用了二十余年时间,完成了这一著作的绝大部分。班固由于外戚窦宪之狱的牵连,和帝时下狱死。据说和帝命班固之妹班昭补写八《表》,马续补写《天文志》,最后完成了《汉书》的编撰。

《汉书》是我国第一部完整的断代史,它基本上因袭《史

---

① 《日知录》卷二六"《史记》于序事中寓论断"条。当然司马迁并不排斥必要的议论,《史记》每篇之后的"太史公曰",往往能概括或加深作者的见解。

② 《史记》卷一五《六国年表序》。

③ 《史记》卷一六《秦楚之际月表序》。

④ 《汉书》卷六二《司马迁传赞》。

记》的体裁，但比《史记》更为严密。《汉书》的《百官公卿表》《刑法志》《地理志》《艺文志》等，是《史记》的《表》《书》里所没有的。《汉书》叙事周密详尽，"不激诡，不抑抗，赡而不秽，详而有体"①，具有很高的史学价值和文学价值。但是班固生活在儒家伦常完全定型的东汉时期，历史观受到儒家尊君思想的严密束缚，所以《汉书》中"论国体则饰主阙而折忠臣，叙世教则贵取容而贱直节"②，缺乏批判性，比《史记》逊色。

东汉时期修成的史书，还有荀悦《汉纪》（成于建安时）、赵晔《吴越春秋》和佚名的《越绝书》等，前一种系改编《汉书》而成的编年史，后二种专记一方之事，开后代地方史志之始。东汉史官所修的《东观汉记》是当代史的著述，为后世各家后汉书的重要根据。

文学 汉代的文学作品，主要有赋、散文、乐府诗三种形式。

赋是散文韵文并用、"铺采摛文，体物写志"③的一种文体，是直接从骚体演变而来的。西汉早期的赋，如贾谊的《吊屈原赋》《鵩鸟赋》等，都是借物抒怀，文词朴实，与骚体诗还很接近。赋的出现，也与战国诸子的散文有重要的关系。章学诚说："古之赋家者流，原本《诗》《骚》，出入战国诸子。假设问对，

---

① 《后汉书》卷四〇《班固传论》。
② 《史通·书事》引傅玄语。
③ 《文心雕龙·诠赋》。

庄、列寓言之遗也；恢廓声势，苏、张纵横之体也；排比谐隐，韩非《储说》之属也；征材聚事，《吕览》类辑之义也。"①

汉初的赋家枚乘，以《七发》著名。汉武帝之世，是赋的成熟时期，赋家接踵而出，其中最著名的有司马相如、东方朔等人。司马相如的《子虚赋》《上林赋》，是这个时期赋的代表作。这些赋都是气势恢廓，景物迷离，辞藻华丽而奇僻，反映了西汉国家的宏伟辽阔和物质世界的丰富多彩。西汉后期，最著名的赋家是扬雄；东汉时期，则以班固、张衡最有名。除了他们之外，两汉重要的思想家、文学家，几乎都是赋的重要作者。但是汉武帝以来的赋，以文字的雕琢和辞藻的堆砌取胜，思想内容贫乏。有些赋家企图以赋作为讽谏的工具，但是结果往往是"劝而不止"。武帝好神仙，司马相如"上《大人赋》欲以风（讽），帝反缥缥有陵云之志"②。所以有些赋家对自己的文学生活颇为不满，赋家枚皋"自悔类倡"③，赋家扬雄也慨叹"童子雕虫篆刻……壮夫不为也"④。

东汉后期，大赋稍趋衰歇，各种抒情写物的小赋代之而兴，这类小赋多少摆脱了大赋的铺张刻板的格式，意境较为清新，但是仍然缺乏充沛的生命力。

两汉的散文文学，有很大的成就。西汉初年贾谊、晁错的政

---

① 章学诚《校雠通义》卷三。
② 《汉书》卷八七《扬雄传》。
③ 《汉书》卷五一《枚乘传附枚皋传》。
④ 扬雄《法言·吾子篇》。

论文，如《陈政事疏》《过秦论》和《论贵粟疏》等，都是言辞激切，有声有色，感情充沛，富于文采，对后代散文的发展，有深远的影响。

汉代散文的最高成就，是司马迁的《史记》一书。司马迁在《史记》的人物传记中，刻画了社会各方面许多人物的有血有肉的形象，贯注了他自己爱憎的感情。《史记》叙事带有强烈的故事性，善于使用绘声绘影的人物对话，来暴露人物的性格。司马迁的这些文学手法，大大加强了他的以叙事表现历史的史学方法的效果。《史记》在文学上的成就，同在史学上的成就一样重要，所以鲁迅把《史记》评为"史家之绝唱，无韵之《离骚》"[1]。

汉代的乐府民歌，是我国文学宝库中极有价值的遗产。乐府本来是政府的音乐机构，汉武帝始设乐府，以李延年为协律都尉，编制庙堂乐歌。乐府也广泛地在民间采风配乐，"代赵之讴，秦楚之风"[2]，都在乐府采集之列。乐府采集的民歌，经过加工配乐，后来就称为乐府诗或乐府。

乐府诗大部分是"感于哀乐，缘事而发"[3]的民间优秀作品，它们的内容，广泛而深入地反映了当时的社会生活。如《战城南》《十五从军征》反映了人民被迫当兵服役的痛苦，《平陵

---

[1] 《汉文学史纲要》，《鲁迅全集》第 8 卷，人民文学出版社，1957 年，第 308 页。

[2] 《汉书》卷三〇《艺文志》。

[3] 同上。

东》《思悲翁》反映了官府对人民的横暴掠夺，《东门行》描写了贫民为饥饿所迫铤而走险的复杂心情，《上山采蘼芜》《有所思》表现了妇女命运的悲惨和受到遗弃后的愤怒，《陌上桑》《上邪》描绘了妇女忠贞的爱情和坚强的性格。这些篇章，有完整的故事性和强烈的浪漫主义色彩，感情发自内心，既细腻而又深刻，所以思想性和艺术性都很强。

东汉时期，在乐府民歌的影响下，还出现了一些模仿乐府写成的五言诗。这些作品比乐府诗篇幅长，叙事较曲折。《文选》所录《古诗十九首》的大部分，都是东汉的五言诗（其余是入乐的乐府歌词）。《古诗十九首》的思想内容很复杂，其中有的是离情怨语，如《冉冉孤生竹》等；有的是抒发爱情的诗篇，如《迢迢牵牛星》等；有的是宦途不顺的遣怀之作，如《青青陵上柏》等。这些诗都没有接触最尖锐最根本的社会矛盾，所反映的生活是狭窄的。至于另外一部分哀叹人生短促，要求早获荣华和及时行乐的作品，更是反映了一些士大夫在东汉腐朽统治下蝇营狗苟而又惶惑不安的庸俗感情，是十九首中的糟粕。从艺术价值看来，《古诗十九首》吸取了乐府的技巧，词句平易动人，意境隽永，可以和乐府媲美。

长篇叙事诗《孔雀东南飞》，是汉代诗歌中最杰出的作品。它描写的是建安时期庐江府小吏焦仲卿妻刘兰芝为焦母所迫还家，其兄逼嫁权贵，兰芝、仲卿殉情自杀的故事。在这首诗中，宁死不屈的刘兰芝、焦仲卿和代表家族宗法势力的焦母、刘兄，形象都非常鲜明；刘兰芝勤劳、纯洁、倔强，更是我国古典文学中光辉的妇女形象之一。

绘画和雕刻 西汉以来，装饰性的壁画非常流行，宫殿邸舍到处都有壁画。宫殿壁画题材，大抵如《鲁灵光殿赋》所说："图画天地，品类群生，杂物奇怪，山神海灵。"人们以这类人物鬼神入画，其目的在于"恶以诫世，善以示后"①，宣扬伦常道德。汉代黄门令（少府属宫）官署中有许多画工。汉元帝时画工毛延寿善"为人形，丑好老少，必得其真"；画工陈敞、刘白、龚宽等"并工为牛马飞鸟众势"；画工阳望、樊育等则以"善布色"②著称。东汉画工种类更多，邓后诏令中，曾提到画工39种。

长沙马王堆汉墓出土帛画，幅长205厘米，画面分为上、中、下三个部分，分别表现天上、人间和地下的情景，描绘细致，色彩绚烂，极其珍贵。

汉代坟墓壁画，保存到现在的为数不少，其中以平陆、望都、辽阳等处的东汉彩色壁画，艺术价值较高。这些壁画的线条刚劲有力，色彩浓淡有度，画面的立体感很强。壁画内容多为人物车马、饮宴祭祀等，是东汉官僚地主生活的反映。东汉时期，官僚地主常用石材修建坟墓或祠堂，在石材画像上施以阴线或阳线的雕刻，一般称之为画像石。现存的画像石以嘉祥武氏祠、肥城孝堂山的石祠和沂南的石刻画像最为著名。画像石题材丰富，有渔猎、耕织、宴飨、作战、伎乐、舞蹈等场面，以及许多历史故事。此外，在四川境内出土的一种画像砖，表现了生产和生活

---

① 《文选》卷一一王延寿《鲁灵光殿赋》。

② 均见《西京杂记》卷二。

的情景，线条清晰，形态逼真，与画像石同是宝贵的艺术遗产和重要史料。

汉代的立体雕刻艺术也很可观。陕西兴平霍去病墓前的石兽群，是利用天然石的形态略为加工而成，制作古朴，浑厚有力。山西安邑的西汉石虎，技法简练，形象生动，可与兴平石兽媲美。东汉时期，雕刻技术更为成熟，雅安高颐墓和南阳宗资墓前的石兽，都神姿优美，气魄雄伟。东汉陶俑出土也很多，其中以成都的说唱俑和洛阳的杂技俑造型最生动，是汉代艺术珍品。

乐舞和角抵 西汉初年，盛行楚歌、楚舞，巴渝舞也传入了长安宫殿。武帝以后，琵琶、箜篌等乐器从西域等地陆续传入中土。乐府在采风的同时，创造了不少新声乐曲，按音乐类别，除了价值不大的郊庙歌辞以外，主要有鼓吹曲辞、相和歌辞和杂曲歌辞三大类。从此以后，中国古典乐舞比过去更为丰富多彩。汉朝人喜爱乐舞，民间酒会，"富者钟鼓五乐，歌儿数曹，中者鸣竽调瑟，郑舞赵讴"[①]。祭祀喜庆，也都是载歌载舞。

最晚到汉代时，出现了窟礧子，亦云魁礧子，即今之傀儡戏。窟礧子"作偶人以戏，善歌舞，本丧家乐也，汉末始用之于嘉会"[②]。

[①] 《盐铁论·散不足》。又同书《崇礼》："家人有客，尚有倡优奇变之乐，而况县官乎"。

[②] 《旧唐书》卷二九《音乐志》二。盖据《续汉书·五行志》一刘昭注引《风俗通》。

角抵之戏，战国和秦朝已有①，秦二世曾在甘泉宫作"觳抵（角抵）优俳之观"②。汉武帝时安息以"黎轩（罗马帝国）善眩人献于汉"③。东汉安帝时掸国（今缅甸境内）国王雍由调献大秦国的"乐及幻人，能变化吐火，自支解，易牛马头，又善跳丸，数乃至千"④。中国原有的角抵、跳丸诸戏，至此又增添了许多新内容。

据张衡《西京赋》和李尤《平乐观赋》的描绘，东汉洛阳平乐观的角抵，不但有角技、眩变、假面之戏，而且还敷衍仙怪故事，演员中并杂有俳优。在现存的东汉画像石上，还可以看到栩栩如生的乐舞和角抵场面。

三 自然科学

天文历算 天象的研究，是同农时的推定直接联系着的，所以历来就较发达。关于天体结构，曾有三种不同的学说，即宣夜说、盖天说、浑天说。宣夜之说已失师传，研究的人不过"好奇徇异"，并非"极数谈天"⑤。盖天说以《周髀算经》一书为代

---

① 《汉书》卷二三《刑法志》："战国稍增讲武之礼，以为戏乐，用相夸视。而秦更名角抵。"

② 《史记》卷八七《李斯列传》。

③ 《史记》卷一二三《大宛列传》。

④ 《后汉书》卷八六《西南夷传》。

⑤ 《晋书》卷一一《天文志》上。

表，认为"天象盖笠，地法覆盘"①。这一学说虽然"数术具存"，但"考验天状，多所违失"②，所以史官不用。浑天说认为天地之象如卵之裹黄，"天成于外，地定于内。天体于阳，故圆以动；地体于阴，故平以静"③。这种说法在科学上虽然仍有很大缺陷，但比上述二说近于实际，所以被史官采用，汉代史官观象的铜仪，即是根据浑天说设计而成的。

浑天说的代表人物，是东汉的太史令张衡。张衡是有名的文学家，又是反谶纬的思想家，也是杰出的科学家。他撰有关于天体结构的著作《灵宪》一书，书中正确地阐明了一些天文现象，如说"月光生于日之所照，魄生于日之所蔽，当日则光盈，就日则光尽"④。张衡在西汉天文学家落下闳、耿寿昌等人创造的浑天仪的基础上，设计了一种新的浑天仪，以漏水转动，其中星宿出没，与灵台观象所见完全符合。张衡鉴于东汉地震频繁，还创造了候风地动仪，以测定地震的方位。张衡的这些创造，被当时人视为神奇，所以崔瑗在张衡的碑铭上，盛赞张衡"数术穷天地，制作侔造化"⑤。

汉人对于星辰的测定，积累了丰富的知识。《史记·天官书》和《汉书·天文志》都详细记载了周天二十八宿的名称和

---

① 《周髀算经》卷下。
② 《续汉书·天文志》注引蔡邕《天文表》。
③ 《续汉书·天文志》注引《灵宪》。
④ 同上。
⑤ 《后汉书》卷五九《张衡传论》。

部位。汉人从星辰运行中推算出一年的 24 节气,其名称和顺序与后世通行的完全符合。武帝征和四年(前 89)关于日食的观测记录,成帝河平三年(前 26)关于太阳黑子的观测记录,都是天文学上的珍贵资料。

天文学的发展,使历法的修订成为可能。秦和汉初沿用颛顼历(秦历),这种历法年代久远,日月差数无法校正,甚至出现"朔晦月见,弦望满亏多非是"① 的现象。汉武帝命司马迁与射姓、邓平、唐都、落下闳等人造历,于太初元年(前 104)颁行,称太初历。西汉末年,刘歆对太初历作了系统的解释,并调整为三统历。这是中国第一部记载完整的历法。东汉元和二年(85)改用四分历。

最晚到汉武帝时期,出现了我国第一部算学著作《周髀算经》。《周髀算经》主张盖天说,它记载了用竿标测日影以求日高的方法,从而认识了勾股定理。除此以外,西汉张苍、耿寿昌都整理过古代的算书,《汉书·艺文志》还著录了许商和杜忠两家《算术》,但都已失传。

汉代最重要的算学著作是《九章算术》。《九章算术》是出于众手,经过长期修改和补充而成的著作,它最后定型,当在东汉和帝时期。这部书是 246 个算术命题和解法的汇编,分为方田、粟米、衰分、少广、商功、均输、盈不足、方程、勾股等九章。《九章算术》的命题,包括田亩计算、土地测量、粟米交

---

① 《汉书》卷二一《律历志》。

换、比例分配、仓库体积、土方计算、赋税摊派等，都是从实际生活中提出的问题。在这些问题的解答中，《九章算术》应用了分数计算方法、比例计算方法、开平方、开立方、二次方程和联立一次方程的解法，还提出了负数的概念和正负数的加减法等。《九章算术》的出现，标志着中国古代数学的完整体系的形成，开启了中国数学研究的一个新阶段。在世界数学史上，《九章算术》也占有重要地位。

农学 两汉时期，在农业生产经验积累的基础上，农学已成为一种专门的学科。《汉书·艺文志》里著录了农学著作九种，除了《氾胜之书》以外，至少还有两种可以确认为西汉著作。

氾胜之，汉成帝时议郎，曾在三辅教田，据说关中因此丰穰。他所著的《氾胜之书》概括了他从农业生产实践中所获得的丰富经验，是我国历史上第一部完整的农学著作。氾胜之根据关中地区的自然条件，细致地探索了精耕细作的生产方法。他提倡复种、间种以及两种作物混合播种，以增加土地利用率，提高单位面积产量。他十分重视人在农业生产中的作用，认为"农士惰勤，其功力相什倍"。他的最大贡献，是总结出了著名的区种法。

区种法要求掘坑点播，按不同的作物决定不同的行距、株距和掘土深度，并且要求在作物生长过程中大力进行中耕、灌溉、施肥。这种方法把大田的耕作提高到园艺的水平，因此每亩收成高达二三十斛乃至百斛。区种法在科学上有很高的价值，但是由于它对技术条件和人力条件要求过高，所以不能普遍推行①，只有在灾年为了少种多收，人们才偶尔采用这个方法。

氾胜之还对植物栽培的一般过程进行了总结。他说："凡耕之本，在于趣时和土，务粪泽，早锄早获。"他掌握了各种不同作物的生长规律，确定了禾、黍、麦、稻、桑、麻以及蔬果的不同栽种法。氾胜之提出的溲种法，即用肥料和虫药来处理种子，以增加种子发育和抗病能力的方法，在农业科学上也很有价值。

东汉后期成书的崔寔《四民月令》，主要是地主经营田庄的家历，但是所记农业技术经验也很丰富，为后人所取法。所以《隋书·经籍志》把这部书列入农家著作，唐末的韩鄂把这部书称为"崔寔试谷之法"②。

医学 中国医学的完整体系，也是在秦汉时期建立起来的。西汉时最后写定的《黄帝内经》一书，包括《素问》与《灵枢》（或称《针经》）两部分，是中国最早的一部医书。《素问》假托黄帝与岐伯的对话，阐述了许多生理病理现象和治疗原则。《灵枢》则记述了针刺之法。汉时还有《难经》一书，用问难法发明《内经》本旨。东汉出现的《神农本草经》，是我国第一部完整的药物学和植物分类学著作。

---

① 《氾胜之书》说："区田不耕旁地，庶尽地力"；"凡区种，不先治地，便荒地为之"。《后汉书》卷三九《刘般传》说："郡国以牛疫水旱，垦田多减，故诏敕区种，增进顷亩，以为民也。而吏举度田，欲令多前，至于不种之处，亦通为租。可申敕刺史二千石务令实核，其有增加，皆使与夺田同罪。"由此可见，区种法与汉代的土地私有制和赋税制度不相适应，也是它不可能普遍推行的原因。

② 侯康《补后汉书艺文志》卷四引韩鄂《四时纂要序》。

西汉医家，以淳于意（仓公）最有名，淳于意传阳庆之方，治病多验。《史记》所载仓公诊籍二十余例，是最早的病案。东汉时的涪翁、郭玉等，均以针灸见长。汉代太医令还集中民间医方，加以推广。今存居延、武威汉简中，有多种医简，马王堆汉墓出有《五十二病方》，满城汉墓出土有医具。

建安时期的张机、华佗，是当时病理、医术造诣最高的人。张机字仲景，南阳人，汉末长沙太守。建安中，南阳疾疫流行，张机宗族病死三分居二，其中死于伤寒的又十居其七。于是张机"勤求古训，博采众方"①，撰《伤寒杂病论》。晋王叔和编次其书，析为《伤寒论》和《金匮要略》二种。《伤寒论》对伤寒诸症分析病理，提出疗法，确定药方。《金匮要略》一书，则是杂病病症、医方的汇集。张机被后世称为医圣，他的著作，"其言精而奥，其法简而详"②，是后世医家的重要经典。

华佗，沛人，"精于方药，处齐（剂）不过数种，心识分铢，不假称量；针灸不过数处"③。对于针、药所不能治的疾病，华佗用外科手术加以治疗。施手术时，先令病人用酒调服"麻沸散"使失知觉，然后"刳破腹背，抽割积聚。若在肠胃，则断截湔洗，除去疾秽。既而缝合，傅以神膏，四五日创愈，一月之间皆平复"④。华佗还提倡"五禽之戏"，即模仿虎、鹿、熊、

---

① 张机《伤寒杂病论集》。
② 高保衡等《伤寒论序》。
③ 《后汉书》卷八二《方术华佗传》。
④ 同上。

猿、鸟的活动姿态以锻炼身体。他认为人体必须经常活动，才能使饮食消化，血脉流通，少生疾病。

纸的发明　中国古代的书写材料有两类：一类是竹简木简，一类是缣帛。秦汉时期简帛并用，以简联为册的书籍称为编，以缣帛曲卷成书，则称为卷。但是简编笨重，缣帛价贵，都不是合适的书写材料，不能适应文化发展的需要。纸就是在这种情形下，逐渐被人们创制出来的。

西汉末年，出现了一种名叫赫蹏的薄小纸，是用蚕丝制成。这种纸价格仍然昂贵，不能大量制造和广泛使用。

在出现蚕丝制纸的同时或更早，已有人用植物纤维造纸。1957年，在西安灞桥的西汉早期墓葬中，发现过一些用麻类纤维制成的残纸，据认为这是世界上已知的最早的人造纸片。西汉中期末期和东汉初期的植物纤维纸的遗存，20世纪以来在甘肃、新疆也常有发现。植物纤维造纸方法的大规模推广，当始于东汉和帝时。当时宦官蔡伦集中了前人的经验，用树皮、麻头、敝布、破渔网造纸，价格低廉。以后全国普遍制造，人们就把这种纸称作"蔡侯纸"。造纸技术经过二百多年的发展，渐趋完善，到东晋末年完全代替了简帛，成为最通常的书写材料。中国的造纸术逐步传入朝鲜、日本和中亚各国，又经阿拉伯传入欧洲，对世界文化的发展起了促进作用。

化学的起源　两汉时期，由于铜铁冶炼和制陶、制革、染色、酿造等手工业生产的发展，人们观察到生产过程中的一些物质变化现象，积累了一些化学反应的知识。汉武帝时期，方士们一方面像战国、秦代的方士一样鼓吹入海求仙药，另一方面试图从丹砂中提炼出丹药和金银。方士炼丹术自然是无稽之谈。但是他们通过炼丹的实践,更多地了解到汞、铅、硫黄等物质的属性和它们在一定条件下的变化规律。东汉时会稽人魏伯阳根据自己炼丹的经验,写成《周易参同契》一书,记载了一些基本化学变化的知识。这部书是世界上最古的炼丹书籍,在化学史上有相当高的地位。

三国两晋南北朝时期

第一章　三国鼎立和西晋短期统一

一　割据势力混战和三国鼎立局面形成

董卓之乱和割据势力混战　黄巾大军被镇压下去后,各地农民反对统治者的斗争,一度沉寂下来。中平五年(188),并、青、徐、益等州黄巾又起,他们力量分散,没有再次形成反对汉朝统治的高潮。

在镇压农民起义的过程中,豪强地主原有的私家武装由隐蔽转为公开,并且大大加强了;州郡官吏也纷纷扩充势力,同东汉王朝保持若即若离的关系。长期以来地主经济发展所导致的分裂形势,进一步明朗起来,东汉王朝实际上已无法维持对全国的统治。

为了防范农民军和加强对州郡的控制,东汉把一些重要地区的刺史改为州牧,选择有名望而又可靠的宗室和其他的列卿、尚书充任,给以一州的军政大权。改设州牧不但没有加强中央的控制,反而使某些地区的分散的割据势力按地区集中起来,更便于实行割据。

在斗争转入低潮的形势下,东汉统治集团中外戚、宦官的斗争又趋激烈。中平六年（189），汉灵帝死，刘辩（少帝）继立，大将军何进掌握大权。何进联络大族地主的代表人物袁绍，起用一批名士，并且杀掉统领西园八校尉军的宦官蹇硕①。他还密召并州牧董卓入京，帮助他铲除宦官势力。正在这时，宦官杀何进，袁绍又勒兵发动政变，把宦官一网打尽。接着，董卓带兵进入洛阳。

董卓本是陇西豪强，他同羌中豪帅有很多联系，曾镇压羌人和黄巾的起义斗争。灵帝死前，董卓出任并州牧，驻军河东"以观时变"②。他入京后，并吞何进兄弟和执金吾（中尉改名）丁原的军队，尽揽东汉朝政。他废黜少帝，立陈留王刘协为帝（汉献帝），并逼走袁绍、曹操等人。董卓的专横，洛阳的混乱，使各地的分裂割据活动迅速扩大。州郡牧守各树一帜，招兵买马，讨伐董卓，混战立即在北方各地展开了。

初平元年（190），关东各路讨伐董卓的军队以袁绍为盟主，进屯洛阳周围各地。董卓为了躲避关东兵锋，避免并州黄巾截断后路的危险，挟持汉献帝西迁长安，并驱迫洛阳一带百姓西行。他行前大肆烧掠，使洛阳周围室屋荡尽，一空如洗。关东联军本来都是乌合之众，尔虞我诈，彼此并吞，很快就分崩离析了。

不久以后，长安发生政变，董卓被杀。董卓死后，关中成了他的部将李傕、郭汜等彼此攻杀的战场，长安附近居民死亡逃

---

① 西园军，灵帝中平五年初置，凡八校尉，袁绍、曹操皆为校尉，蹇硕以上军校尉统领之。

② 《后汉书》卷一〇二《董卓传》。

散，关中行旅断绝。

经过五六年复杂的分合过程后，全国逐渐形成许多割据区域：袁绍占据冀、青、并三州，曹操占据兖、豫二州，公孙瓒占据幽州，刘备、吕布在陶谦之后相继占据徐州，袁术占据扬州的淮南部分，刘表占据荆州，刘焉占据益州，孙策占据江东，韩遂、马腾占据凉州，公孙度占据辽东，等等。北方的割据形势特别严重，割据者烧杀掳掠，混战经年，使社会生产受到空前的大破坏，出现了"白骨纵横万里"[①]的惨象。

在割据者展开混战的时候，北方和长江流域各地的黄巾，继续活跃。青州黄巾群辈相随，众至百万，转战青、兖各地，势力很盛，往往"父兄歼殪，子弟群起"[②]。但是不久以后，他们陆续被一些强大的割据者镇压下去了。

曹操统一中原 曹操（155—220）是沛国谯（今安徽亳州）人；父曹嵩，宦官曹腾养子。董卓入京后，他逃至陈留，聚兵五千，同各地的"名豪大侠，富室强族"[③]一起，参加了讨伐董卓的关东联军。初平三年（192），他在济北诱降黄巾军30余万，男女百余万口，选其精锐，改编为自己的主要队伍，名叫青州军。一些豪强地主如李通、任峻、许褚、吕虔、李典等，也先后率领宗族、部曲、宾客，追随曹操。在当时的割据者中，曹操对东汉黑暗统治和农民起义威力有较深的认识，是地主阶级中的一

---

① 曹丕诗，见《三国志》卷二《魏书·文帝纪》延康元年注载丕令。
② 《三国志》卷八《魏书·陶谦传》注引《吴书》。
③ 《三国志》卷二《魏书·文帝纪》注引《典论》。

个有远见的人物。建安元年（196），他把汉献帝迎到许县，取得了"挟天子以令诸侯"的地位，扩大了政治影响。他在许县和其他地方设立屯田，积蓄军资，巩固了军事势力。因此他得以陆续消灭黄河以南许多割据势力，隔黄河与袁绍抗衡。那时袁绍又并有幽州，是北方最强大的割据力量。

建安五年，袁曹两军发生了官渡（在河南中牟境）会战。袁绍兵多粮足，而统治混乱，军心涣散。曹操虽然力寡粮绌，后方不稳，但是他采用各个击破和偷袭粮囤的战术，迅速击溃了袁军，全歼袁军主力，奠定了统一中原的基础。官渡战后，曹操利用袁绍之子袁谭、袁尚的矛盾，相继占领青、冀、幽、并四州，统一了中原。建安十二年，曹操率军出卢龙塞（今河北喜峰口），打败了与袁氏残余势力勾结的乌桓蹋顿单于，这对于巩固中原统一，保障人民安居生产，起了积极作用。

赤壁之战和三国鼎立　建安十三年（208），曹操挥军南下，企图夺取刘表之子刘琮据有的荆州（今湖北襄阳），然后再进占江东，逐步统一全国。在中原活动失败的刘备，正依托于荆州，他在曹军的追逐下自樊城南奔江陵，行抵当阳，为曹军所败。那时，孙权已经继孙策统治江东，他与刘备的谋士诸葛亮结盟于柴桑（今江西九江），共与曹军相持于赤壁（今湖北赤壁市西北）。一场大战在赤壁展开，在这一战役中，曹军将近30万人，号称80万；而孙刘联军只有5万左右，处于绝对的劣势。但是曹军远道疲惫，军中又流行时疫，战斗力不强。孙吴军主帅周瑜乘东南风纵火焚烧曹军水师，与刘备军队水陆并进，迫使曹操退回北方。这就是决定南北相持局面的有名的赤壁之战。

赤壁战后,曹操经过短期的准备,于建安十六年(211)将兵进入关中,驱逐了韩遂、马超。建安二十年,曹操从武都(今甘肃成县境)出征汉中,击败了长期保据汉中的张鲁,完成了北方的统一,并徙汉中民八万余口于洛、邺。建安二十三年,曹操子曹彰率兵击平了代郡乌桓,北方边境也安静了。

刘备占领了荆州的长江以南四郡后,于建安十六年进入益州,逐步消灭了原来益州的割据者刘璋(刘焉之子)的势力。建安二十四年,刘备从曹军那里夺得汉中,并命关羽在荆州向曹操发动猛攻,一度震动许都。孙权袭杀关羽,占领荆州全部,解除了关羽对曹操的威胁。这样,三国鼎立的局面事实上已形成了。

220年,曹操之子曹丕称帝,建都洛阳,国号魏。第二年,刘备在成都称帝,国号汉,世称蜀。孙权则接受了曹丕的封号,称吴王。222年,蜀军出峡,与吴陆逊军相持于夷陵(湖北宜昌境),被火攻击溃,败退回蜀。从此以后,长江上下游两大势力处于平衡状态,蜀国辅政的诸葛亮与孙权结盟,共抗曹军。229年,孙权在建业称帝,建立吴国。

三国鼎立局面出现的根本原因,在于各个地区经济的发展,导致了分裂倾向的加剧。长江流域上下游几个区域的经济,发展到了勉强可以自给和彼此均衡的程度,给南方孙、刘的割据提供了物质基础。而同一时期北方的国家则由于社会经济受到割据混战的严重摧残,无力消灭南方的国家,以统一全中国。但是统一的历史在中国已存在过四百多年,统一的因素仍在程度不等地起着作用,统一仍然是中国历史发展的趋势。所以在无数割据者角逐的混乱局面中，终于出现了魏、蜀、吴三大割据范围，它们的统治者在各自的区域内削平了较小的割据势力，巩固了内部的统一，并且都力图打破均衡局面，实现全中国的统一。

二　魏国的政治和经济

屯田制和士家制　曹操在统一中原，奠定魏国基础的同时，还实行了许多经济措施和政治措施，对北方社会转向安定和经济的恢复，起了促进作用。

长期不断的豪强兼并战争，使北方农业生产难于进行，使千千万万的农民死亡流徙。许多地主在战乱中也不能自保，不得不丢下土地，大量地向南方和其他地点流亡。这样，北方农村中到处是"田无常主，民无常居"①，大量荒地无法开垦，农业生产严重衰败，人民生活在饥饿之中，就连靠抢劫来维持的地方军队，也得不到粮草。

当所有的割据者面对着这种艰难境况熟视无睹时，曹操却采取枣祗、韩浩的建议，着手屯田积谷。建安元年，曹操攻破汝南、颍川黄巾，夺得大批劳动人手和耕牛农具，在许昌附近开辟屯田，成效很大。接着，曹操令郡国置田官，招募流亡屯田，并用国渊典屯田事。国渊"相土处民，计民置吏，明功课之法"②，把屯田制度广泛地推行起来。

---

① 《后汉书》卷七九《仲长统传》引《昌言·损益》。
② 《三国志》卷一一《魏书·国渊传》。

屯田区一般都设立在肥沃易垦或其他重要处所,由典农中郎将、典农校尉和屯田都尉等农官而不由郡县官管理,统属于中央的大司农①。屯田区的土地所有权属于国家。屯田民(或称屯田客)是国家的佃客,他们被编制成军队形式,分种国家土地,按四六分(用官牛的)或对分(不用官牛的)向国家缴纳地租。屯田区的这种分成取租办法(当时称为分田之术)保证了国家随着生产力的提高获得日益增多的地租,而使屯田客不能完全占有自己增产所得,所以是一种"于官便,于客不便"②的办法。在这种剥削和束缚下,屯田客生活痛苦,为了备荒,甚至不得不种植产量特高的稗当粮食。③

虽然这样,屯田民一般不负担另外的徭役,生活又有一定的保障,这自然比颠沛流离要好。在生产方面,屯田区能够保障农时,能够提供耕牛,能够集中力量兴修水利,而且在技术上讲究精耕细作,不强求扩大耕种面积④,这些都适合屯田民的要求,有利于提高粮食的产量。屯田制具有这些条件,所以能够在短期内稳定北方的农业生产,保证统一战争的需要。

魏国屯田中,有很大一部分是军屯。军屯以军士耕种,由大

---

① 置大司农在建安十八年(213)。屯田官属于大司农,见《三国志》卷一二《魏书·司马芝传》及卷九《魏书·曹爽传》注引《魏略·桓范传》。在未置大司农以前,屯田官由司空掾属(后来是丞相掾属)权管,国渊为司空掾属典屯田事可证。

② 《三国志》卷一六《魏书·任峻传》注引《魏武故事》。

③ 《齐民要术》卷一注。

④ 《晋书》卷四七《傅玄传》:"魏初课田,不务多其顷亩,但务修其功力。"

司农属官度支中郎将调遣。军屯的实行，对于开垦荒地，减轻农民养兵运粮的负担，起了积极的作用。

为了保持一部分固定的兵源以应付战争的需要，魏国还建立了士家制度。士家有特别的户籍，世代当兵，或服挽船、养马、鼓吹等各种特定的劳役。士家中的妇孺与尚未轮代的男丁，也要为政府耕田或服役。士家身份低于平民。为了使他们不与平民混杂，法律规定士家的妻因夫死改嫁，或者女儿出嫁，都只能嫁给士家；士逃亡，妻子要被没为官奴婢或处死。冀州的士家有十万户以上。

屯田制和士家制，都是只能在社会发展到一定阶段上出现的制度。东汉以来，豪强地主用租佃制度剥削佃客，并把佃客组成自己的部曲家兵。曹操建立的屯田制和士家制，就是国家在特定条件下用豪强征敛方式剥削国家佃客、用私人部曲方式组织国家军队的制度。这些制度，一方面是豪强地主统治农民的方式在国家统治中的反映，另一方面又是对豪强地主的一种制约，使他们不能无限制地占夺土地，招纳流民，从而阻碍国家的统一。

在当时的条件下，在建安年间，屯田客和士家成为国家榨取粮谷和征集兵员的主要对象，但是自耕农民也仍然是国家租调兵徭的重要负担者。曹操统一中原后，适应自耕农民农业和家庭手工业密切结合的特点，规定他们每亩土地交纳租谷四升，叫做田租，每户人家交纳绢二匹、绵二斤，叫做户调，除此之外，官吏不得擅自兴发。曹操还命令州郡督察豪强，"重豪强兼并之法"，并重用满宠、王修、司马芝、杨沛等人，打击严重破坏国家法度的豪强地主。

颁行租调制和重豪强兼并之法，虽然多少改善了农民在经济上的处境，但是由于战争频繁，他们的兵徭负担，仍然未见减少。诗人左延年在黄初时写成的《从军行》里说："苦哉边地人，一岁三从军，三子到燉煌，二子诣陇西，五子远斗去，五妇皆怀身。"① 这种残酷的兵徭，在曹操时大概还要多些；而且内地农民所受徭役之苦，也不会比边地农民有多大的差别。

"唯才是举"和九品中正制　在农民战争和稍后的豪强割据混战的过程中，北方的一些豪强地主受到打击和兼并，无法独立称雄，不得不率部归降曹操。曹操善于统驭他们，拔擢他们为将校牧守，因此他们都成了曹操的重要支柱。

这个时期，还有一些士大夫贫困不能自存。② 有的还避难他乡，变易姓名③，通财合族④，丧失了族权和门第的凭借，得不到乡举里选的机会，社会地位显著降低。管宁觉察到当时"妄变氏族"的普遍，"著《氏姓论》以原本世系"⑤，正是企图稳定这些士人的社会地位的一种表现。所以当曹操异军突起的时候，许多士人远道来奔，攀附曹操，庇托于他的帷幄之中，企图保全或挽回自己家族的势力。曹操也乐于借重士人，来巩固自己的统

---

① 《乐府诗集》卷三二引《广题》。
② 《三国志》卷二七《魏书·王昶传》注引《任嘏别传》，谓嘏博昌著姓，"遇荒乱，家贫卖鱼"。
③ 《三国志》卷九《魏书·曹休传》，卷一二《魏书·邢颙传》。
④ 《三国志》卷二三《魏书·赵俨传》，谓俨"避乱荆州，与杜袭、繁钦通财同计，合为一家"。
⑤ 《三国志》卷一一《魏书·管宁传》注引《傅子》。

治。官渡战前豫州郡县纷纷叛投袁绍时，曹操派出陈群、何夔等名士作豫州县令，这些名士都效忠曹氏，用自己的社会威望来为他镇静地方，稳定局势。曹操得邺城后，立即辟用原来袁绍辖区的名士为掾属；破荆州后，也大肆搜罗本地的和北方逃来的士人。这些士人也多成了曹操的得力佐助。

但是，也有一部分士人同某些割据势力保持着千丝万缕的联系，他们或者不愿亲附曹操，或者貌合神离，对曹操桀骜不驯，讥刺侮慢，党同伐异，煽动"处士横议"。曹操对他们是早有戒心的。①

曹操统一中原后，开始向那些不亲附自己的士人展开了进攻。他声称要"整齐风俗"，"破浮华交会之徒"②，先后杀掉了最狂妄的名士孔融和以家世文才自傲的杨修，也杀掉了浮华惑众、倾动邺都的魏讽以及他的几十名党羽。在曹操统治的后半期中，由于"恃旧不虔"③而被处死的士人颇为不少。曹操与这一部分士人的斗争，表明他企图进一步突破大族名士势力的挟制以树立专制统治，这与他在经济上推行屯田制和重豪强兼并之法的意义是一致的。

与此同时，曹操于建安八年（203）下令，提出"治平尚德行，有事赏功能"的选官准则，驳斥了"军吏虽有功能，德行不足堪任郡国之选"的议论。十五年，他发布"唯才是举"的

---

① 《三国志》卷一《魏书·武帝纪》。
② 《后汉书》卷一〇〇《孔融传》。
③ 《三国志》卷一二《魏书·崔琰传》。

教令，十九年、二十二年又屡加重申。这些教令，责成所属把那些不齿于名教但"有治国用兵之术"的人以及"高才异质"的文吏，同那些亲附自己的大族子弟一起加以拔用。① 崔琰、毛玠等人典选举，推行曹操的这一主张。"唯才是举"自然是以曹氏统治集团的利益为依归的，但是这对于制止大族地主垄断政权，对于重建专制统一的统治，也起了积极作用。

建安末年，刘廙上《论治道表》，建议使郡县守令居任稍久，三年乃加黜陟，黜陟以户口垦田增减、盗贼发兴和人民逃亡多少为标准。他认为官吏考课"皆当以事，不得依名"②。曹操对他的建议，非常赞许。对官吏重事轻名，这就是"唯才是举"精神在吏治方面的贯彻。

建安二十五年（220）春，曹操死，曹丕继为魏王。他基本上遵循曹操关于选举的主张，并建立了九品官人之法，也就是九品中正制。九品中正制是在中央选择"贤有识鉴"③的官员，兼任其本郡的"中正"，负责察访与他们同籍的散在各地的士人，评列为九品，作为吏部除授官职的依据（后来在齐王芳时，又增设州中正，也以籍隶本州的中央官员兼任）。九品中正制初行时，士人品定之权掌握在政府的中正手中，中正采择舆论，按人才优

---

① 《三国志》卷一《魏书·武帝纪》。二十二年令文曰："今天下得无有至德之人放在民间；及果勇不顾，临敌力战；若文俗之吏，高才异质；或堪为将守，负污辱之名，见笑之行；或不仁不孝，而有治国用兵之术？其各举所知，勿有所遗。"

② 《三国志》卷二一《魏书·刘廙传》注引《刘廙别传》。

③ 《资治通鉴》卷六九黄初元年。

劣以定品第，多少改变了名士"臧否人伦"、操纵选举的局面，因此中正也就能够选出一些比较有才干的人，用来充实官僚机构。①

经济的恢复　曹魏时期，北方的水利事业取得了显著成就。曹操为了出击乌桓，于建安九年至十二年间（204—207），在清水南端开凿白沟，在清水北端依次开凿平虏渠（滹沱水到泒水间）、泉州渠（泃河口到潞河间）和新河（鲍邱水到濡水间），其中白沟以北一段，就是隋代所修永济渠的基础。除此以外，曹操、曹彰、司马懿等还先后在中原地区开凿了另外一些渠道，如白沟同漳水间的利漕渠，漳水同滹沱水间的白马渠，滹沱水同泒水间的鲁口渠等。在河淮地区，曹魏时期陆续整修了睢阳渠，新建了贾公、讨虏、广漕等渠。上述航运渠道中，有些也具有灌溉效益。这许多水利设施，不但大大便利了北方各地的灌溉、漕运和交通，而且对巩固北方的统一也起了积极作用。

灌溉陂渠的修复和兴建，在曹魏时期也很普遍。襄邑的太寿陂、寿春的芍陂、萧县的郑陂、蓟城的戾陵堰和车箱渠，都是著名的灌溉工程。刘馥在淮南，广开屯田，兴治芍陂、茹陂、七门、吴塘诸堨以溉稻田，"官民有蓄"②。郑浑修成郑陂后，附近

---

① 《晋书》卷三六《卫瓘传》：九品之制"其始造也，乡邑清议，不拘爵位，褒贬所加，足为劝励，犹有乡论余风"。《宋书》卷九四《恩幸传序》：九品之制"盖以论人才优劣，非为世族高卑"。这些都是对九品中正制初行阶段的评价。

② 《三国志》卷一五《魏书·刘馥传》。

地带"比年大收,顷亩岁增,租入倍常,民赖其利"①。

魏文帝、明帝时,中原地区的农业已有了相当的恢复。洛阳的典农部民"斫开荒莱","垦田特多"②;洛阳以外,"四方郡守,垦田又加"③。由于流民还乡和设置屯田,关中的荒残面貌逐渐改变。战乱时到辽东避难的青州农民,都纷纷渡海回到青州。齐王芳在位时,淮河流域的农业有了显著发展。由于邓艾的倡议,许昌附近的许多屯田区陆续迁移到颍水沿岸和淮河南北。屯田兵民在那里广开陂渠,且田且守,"自寿春到京师,农官兵田,鸡犬之声,阡陌相属"④。屯田的收获,除所费以外,每年可积谷五百万斛,这对于支持魏国攻吴的战争,起了重要的作用。

铁冶陆续恢复起来,利用水力鼓风冶铸的水排也得到推广。⑤《魏都赋》列述"锦绣襄邑,罗绮朝歌,绵纩房子,缣总清河"⑥,可见两汉时期中原各地发达的丝织业,经过一度严重破坏后,又陆续恢复生产了。由于农业和手工业的恢复,商品交换也有了起色,关津重税有所减轻。魏文帝曾罢五铢钱,明帝时重新颁用。北方各地的道路得到修整,汉代以来陆续修凿的连接关东和关中的三门峡栈道,这时也由一支5000人的队伍"岁常

---

① 《三国志》卷一六《魏书·郑浑传》。
② 《三国志》卷二七《魏书·王昶传》。
③ 《晋书》卷二六《食货志》。
④ 同上。
⑤ 《三国志》卷二四《魏书·韩暨传》,《水经·谷水注》。
⑥ 左思《魏都赋》,见《文选》卷六。

修治，以平河阻"①。洛阳是当时北方的商业中心，贾贩很多，西域胡商也远道来此贸易。邺城列肆兼罗，户口殷盛，也是一个比较繁华的都市。

世家大族势力的重起和司马氏代魏　在魏国经济恢复的时候，一些流散四方的地主陆续回家，招纳部曲佃客，重整旧业。过去以事功见用的以及敢于打击豪强的官吏，到魏文帝时多退居闲冗，让位给以经学和文章见长的人②，这些所谓儒雅之士，正是世家大族在政治上的代表。

明帝时，魏国政治已很腐败。明帝宫人众多，后宫所费与军费略等。他大修洛阳、许昌宫殿，征役急迫，农民脱离土地的现象又严重起来。他在荥阳附近广设猎场，破坏农田；猎场周广千余里，有杀场内兽者处死。这个时期，满朝官吏也都一改曹操时比较清素的风气，竞效侈靡。法律虽经整顿，制定了新律18篇，废除了从两汉因袭而来的大量的旁章科令，但是新律"科网本密"③，统治者又"用法深重"④，百姓手足无措。曹操为了"广耳目"而设立的专以刺举臣属阴私为事的校事官，到文帝、明帝时更为滥虐，校事刘慈数年间"举吏民奸罪以万数"⑤，其中枉

---

① 《水经·河水注》。

② 《三国志》卷一五《魏书·贾逵传》注引《魏略·杨沛传》，谓沛以助曹操打击豪强见称，"黄初中儒雅并进，而沛本以事能见用，遂以议郎冗散里巷"。

③ 《晋书》卷三〇《刑法志》。

④ 《三国志》卷二五《魏书·高堂隆传》。

⑤ 《太平御览》卷二四一引《魏略》；《三国志》卷二四《魏书·高柔传》。"举吏民"，宋本《三国志》无"民"字。

屈的人非常多。这种种情况，不仅加深了社会矛盾，而且也激起了统治阶级内部争权夺利的斗争。

景初三年（239），明帝死，八岁的曹芳（齐王）继帝位，宗室曹爽和太尉司马懿辅政。曹爽重用少年名士何晏、邓飏、李胜、毕轨、丁谧等人，终日浮华交会，清谈玄理，在政治上变易朝典旧章。① 司马懿是河内温县的大族，是当时魏国统治集团中最有谋略而又最煊赫的人物。正始十年（249），他在京城发动政变，一网打尽了曹爽和他的党羽，掌握了魏国的权柄。嘉平三年（251），太尉王凌（原为车骑将军，镇扬州）以淮南兵反；嘉平六年，李丰、张缉等在京城谋废司马氏；正元二年（255），镇东将军毌丘俭等以淮南兵反；甘露二年（257），征东将军诸葛诞又以淮南兵反。这些连续发生的军事反抗和政变，都先后被司马懿和他的儿子司马师、司马昭等人镇压了。

司马氏统治时期，世家大族势力蒸蒸日上。曹操建立的各种制度虽然依旧实行，但是内容愈来愈起着变化。屯田制早已在破坏中。② 按照制度本来不负担徭役的屯田民，也同自耕农民一样，为徭役所苦。有些屯田民不得耕作，游食糊口。屯田土地大量被官吏侵吞，何晏等人当政时，分割洛阳、野王屯田达数百顷

---

① 见《三国志·魏书》卷一四《蒋济传》《孙资传》注引《孙资别传》、卷九《曹爽传》、卷二八《王凌传》注引《汉晋春秋》。

② 屯制田的破坏始于文帝黄初年间。《三国志》卷一二《魏书·司马芝传》："自黄初以来听诸典农治生，各为部下之计。"

之多。司马师还募取屯田民为兵，"坏乱旧法"①。魏国末年，司马氏更把类似屯田民的国家佃客即所谓"租牛客户"赏赐给公卿贵势之门，动辄成百户。屯田官和豪强地主都藏纳逃亡农民，所以到魏末时全国户籍中还只有六十六万多户。

九品中正制在世家大族势力的影响下，也发生了显著的变化。掌握机柄的中正官位把持在世家大族之手，如晋代的北地泥阳大族傅畅"祖考历代掌州乡之论"，自魏至晋不衰②。通过中正品第入仕的官吏，久而久之也成为世代相承的贵胄，他们的子弟都可以获得较高的品第和官位。在这样的情况下，士人品第自然唯依门第而逐渐远离"唯才是举"的标准。到了晋朝，经中正评定的九品人士中，"上品无寒门，下品无势族"③，九品中正制就完全转化为巩固门阀势力的工具了。南北朝时期著名的士族，从他们的家世源流看来，绝大多数都是在魏晋时期形成的。

司马昭得到世家大族的拥护，由晋公升为晋王，势力日益扩展。景元四年（263），魏灭蜀。两年以后，司马昭之子司马炎终于重演曹丕代汉的"禅让"故事，成为晋朝的开国皇帝。

---

① 《三国志》卷二八《魏书·毌丘俭传》注引毌丘俭、文钦上表。

② 《太平御览》卷二六五引傅畅《自叙》。按畅祖傅嘏仕魏，为司马氏死党，父傅祗仕晋，分见《三国志》及《晋书》本传。又，明帝时刘劭作都官考课法72条，司马光讥其"校其米盐之课，责其旦夕之效"（见《资治通鉴》卷七三景初元年），可见考课法体现了循名责实的精神，不利于大族把持政治。当时反对考课法最力者即泥阳大族傅嘏，考课法终不得行。

③ 《晋书》卷四五《刘毅传》。

三　蜀国的政治和经济

蜀国地主阶级各集团的矛盾和南中之战　中平五年（188），马相、赵祇在绵竹起兵，号黄巾，有众万余人。他们杀刺史，称天子，攻击巴、蜀、犍为三郡。巴郡的板楯蛮也起兵反抗东汉统治，响应绵竹黄巾。但坚持不久，即被官府与豪强武装联合镇压下去了。① 就在这一年，汉宗室刘焉出任益州牧，企图割据益州。刘焉利用在蜀郡的南阳、三辅流民数万家作为自己的基本力量，号东州士；命张鲁驻汉中，断绝通长安的斜谷阁道；又杀戮益州一些豪强，以立威名。自此以后，益州地区也和中原一样，地方社会各个集团之间的矛盾逐渐上升。

益州豪强的势力很大，犍为太守任岐和领有家兵的校尉贾龙，曾联兵反抗过刘焉；后来巴西人赵韪也联络大姓，发动叛乱，反对继刘焉为益州牧的焉子刘璋。许多郡县政权更是在豪强把持中，成都令董和执法较严，当地豪强竟至要求把他调走。

建安十六年（211），刘璋邀刘备入蜀，使击保据汉中的张鲁，实际上是想利用刘备以抗拒曹操的进攻。十九年，刘备灭刘璋，自领益州牧。刘备主要依靠随他入蜀的旧属和荆州士人进行统治，同时也尽力笼络刘璋旧部和益州地主，以图缓和紧张局势。由于刘备多方面的活动，巴蜀各地叛乱相继弭平，但是西南

---

①　《三国志》卷四〇《蜀书·李严传》载有建安二十三年郪县农民起义，卷四三《蜀书·张嶷传》也载南充、绵竹农民先后起义，但是都没有发生重大影响。

各民族地区的豪强,却又接二连三地起兵反蜀。

今川西和云、贵的许多少数民族,当时统称为"西南夷",他们主要以农耕为生,也兼营畜牧。西南夷很多部分与汉人杂居,同巴蜀地区经济关系非常密切;也有一些部分地境偏远,还处在非常闭塞的状态中,经济文化比较落后。刘备入蜀后,按照诸葛亮所定"西和诸戎,南抚夷越"①的策略,同西南夷和平相处,置庲降都督总摄南中,并用西南夷地区的许多夷汉豪强作本地的守令丞吏。虽然这样,还是有一些豪强不断进行反蜀活动。章武三年(223)刘备死,蜀国混乱,南中的反蜀活动更形扩大。益州郡(郡治今云南晋宁)豪强雍闿执太守张裔,通过保据岭南一带的士燮求附于吴。雍闿攻永昌(郡治今云南保山)不下,乃派郡人孟获到各地进行煽动。牂柯太守(一作郡丞)朱褒、越巂夷王高定元都起兵响应雍闿。诸葛亮经过一年准备后,于建兴三年出兵平定了越巂的叛乱,渡过泸水(金沙江),进攻永昌。与此同时,蜀将马忠、李恢分别平定了牂柯、益州等郡,李恢并同诸葛亮会师益州。诸葛亮把夷人渠帅徙置成都为官,把南中青羌编为军队,并允许大姓招引夷人作部曲。南中出产的金、银、漆、朱砂和牛马等,也源源运往蜀中,充实了蜀国的军备。建兴十一年(233)马忠为庲降都督,将治所由牂柯平夷(今贵州仁怀境)南移至建宁味县(今云南曲靖境),加强了对南中的统治。

南中之战是蜀国统治者与益州豪强斗争的继续,也带有民族

---

① 《三国志》卷三五《蜀书·诸葛亮传》诸葛亮《隆中对》。

征服性质。这次战争使西南各族人民受到损害,这是不言而喻的;但是另一方面也削弱了西南地区的豪强势力,进一步打破了这个地区的闭塞状态,这对于各族人民的交往和西南夷经济文化的发展,客观上又有积极意义。

蜀国的经济 诸葛亮(181—234),琅琊人,汉末随叔父诸葛玄流亡荆州,依托刘表。刘备在荆州,与亮相结,以为谋主。诸葛亮除了熟悉汉末各集团之间矛盾斗争的形势以外,还从流亡生活中理解安定民生的重要性。因此他在蜀国当政时循名责实,持法严谨;注意发展经济,力图造成稳定的统治秩序,缓和社会矛盾。他设司金中郎将典作农战之器,还经常用 1200 人维护都江堰的水利工程。[①] 左思《蜀都赋》说,成都"家有盐泉之井";又说"火井沉荧于幽泉,高焰飞煽于天垂",可见火井煮盐颇为发达。[②] 织锦在蜀国经济中占有重要地位,是蜀国的一项重要军资。[③]《蜀都赋》还说成都"伎巧之家,百室离房,机杼相和",织户之多,可以想见。蜀锦远销魏、吴,是当时丝织物中的上品。据考古发掘,孙吴境内的许多地点,如安徽马鞍山朱然墓和鄂州等地的孙吴墓葬,都有蜀国的铜钱和漆器铜器出土,说明蜀吴由于长期结盟,两国之间存在着频繁的交换关系。

---

① 《水经·江水注》。

② 《文选》卷四《蜀都赋》。又,《初学记》卷七地部引《异说》谓临邛火井,经"孔明一窥而更盛"(《博物志》卷七略同),事虽不经,也是煮盐发达的反映。

③ 《太平御览》卷八一五引《诸葛亮集》。

但是蜀国与魏、吴相比，在经济上和军事上都还是最弱的国家。蜀国主要的统治区域，实际上不过巴、蜀、汉中。刘备称帝时，蜀所统户20万，口90万；直到蜀国末年，也不过户28万，口94万，战士10.2万，吏4万。蜀国国力之弱，可以概见。

蜀魏战争和蜀的灭亡　建兴五年（227），诸葛亮在"益州疲弊"的情况下，率军进驻汉中，同魏国展开争夺关陇的激战。诸葛亮急于北进，一方面是由于蜀以刘汉正统自居，因而力图用北进来宣扬"兴复汉室，还于旧都"①，表示同魏国势不两立；另一方面由于蜀国是当时最弱的国家，只有以攻为守，才能图存。②

建兴六年春，蜀军北攻祁山（今甘肃西和境），前军马谡败于街亭，诸葛亮迁居民千余家归汉中。以后三年中他屡次出兵，都由于军粮困难，不支而退。建兴十二年，他率军进驻长安以西百余里的五丈原（今陕西眉县境），病死军中，蜀军撤回。

在蜀魏之战中，诸葛亮表现了卓越的军事才能。他的军队训练良好，纪律严明，作战讲究阵法，指挥若定，因而在一些战役中取得了胜利。不过在魏国看来，关陇战场由于地形险阻，易守难攻，所以在一般情况下只驻有少量军队，由大将镇守，企图以逸待劳，不战而胜。230年（蜀建兴八年，魏太和四年），曹真曾率军攻蜀，数道并发，但仍然不得不半途而返。234年诸葛亮

---

① 《三国志》卷三五《蜀书·诸葛亮传》载《出师表》。
② 《三国志》卷二八《魏书·邓艾传》注引《袁子》："诸葛亮，重人也，而骤用蜀兵，此知小国弱民，难以久存也。"又云："故小国之虑，在于时立功以自存。"

最后一次攻魏，进至五丈原时，魏明帝仍严令司马懿坚壁拒守，还派辛毗持节节制司马懿，不让他贪功擅进。在这种攻守异势的情形下，蜀军倾力以赴，后备不继，越来越疲弱，而魏国的力量却蒸蒸日上，超过蜀军。蜀军北进不能成功，正是由蜀魏的全部力量对比决定的，诸葛亮的个人才能和他的中道病死，在战争的进展和结局中只起了局部的作用。

诸葛亮死后，蒋琬、费祎、董允等执政，因循守成而已。景耀元年（258）以后，蜀国宦官秉权，政治腐败，力量更趋衰弱。大将军姜维连年北进，与魏军战于陇西，劳而无功。炎兴元年（263），魏军三路攻蜀。姜维由陇上退守剑阁，抗拒钟会大军。邓艾轻军出阴平（今甘肃文县境）险道，南下江油、绵竹，在这年冬天灭蜀。

四　吴国的政治和经济

孙吴的兴起及其与山越的斗争　东汉后期，农民暴动影响及于江东。黄巾大起义时，荆、扬各地农民更纷纷揭竿而起，围攻郡县，斗争十分激烈。① 富春人孙坚曾在本郡镇压农民起义，以

---

① 《续汉书·郡国志》扬州丹阳郡故鄣县条引《吴兴记》曰："……光和末张角乱，此乡守险助国，汉嘉之，故立县。"《元和郡县志》卷二五江南道湖州安吉县条："汉灵帝中平二年张角作乱，荆、扬尤甚，唯此郡（按即吴兴郡）守险阻固，汉朝嘉之，故分立为县。"《三国志》中也有关于南方农民起义的零星资料，但起义的具体过程却不清楚。

后随会稽朱儁到中原与黄巾作战；黄巾失败后，他又转战长沙、零陵、桂阳、豫章等郡。董卓之乱时，孙坚参加了讨伐董卓的联军，隶属于袁术。孙坚死（初平二年，191）后，其子孙策率孙坚旧部曲东渡，削平了江南刘繇、王朗的势力，又并吞了淮南刘勋所获袁术的百工、部曲三万余人，击破刘勋，控制了长江下游豫章以东地区。

建安五年，孙策死，策弟孙权统治江南。赤壁战后，孙权的势力逐步在荆州扩展。建安十五年（210）孙权派步骘进兵岭南，招附了保据岭南一带达二十余年的士燮兄弟，东南半壁大致都处于孙权的统治之下。建安十六年，孙权由京城（今镇江）徙治建业。① 建安二十四年，孙权破关羽，据有荆州全部。

孙权势力在江南的扩张，遇到了山越人顽强不屈的抵抗。山越人是秦汉时期南方越人的后裔，散布在长江以南今江苏、浙江、安徽、福建、江西等省境内。越人居平原地区和交通发达地区的，大致已经开始与汉人融合。住在山区的越人，称为山越，他们依阻山险，不纳租赋，"其幽邃民人，未尝入城邑，对长吏，皆仗兵野逸，白首于林莽"②。山越人种植谷物③，在出铜铁的地方，还能自铸甲兵④。不过《吴书》中"山越""山民""山贼"

---

① 黄初二年（221）徙都武昌，黄龙元年（229）孙权称帝，又迁都建业。
② 《三国志》卷六四《吴书·诸葛恪传》。
③ 《三国志》卷四六《吴书·孙策传》注引《江表传》、卷四九《吴书·太史慈传》。
④ 《三国志》卷六四《吴书·诸葛恪传》。

诸词往往混用。汉民山居阻险者与越人杂处，实际上已没有民族差别或差别无多。有些随同孙坚父子外出作战的江东人，以及一些割据险阻的甚至于参与过吴魏之间斗争①的山民如吴郡严白虎、丹阳祖郎、费栈等，其族属都难于确认。山越人或山民的渠帅，当以汉人大族为多。孙吴向南方内地发展势力，引起了山越人的疑惧，他们经常发动反抗斗争。山越的反抗不但是吴国统治者严重的后顾之忧，而且也使吴国兵员的补给遇到很大的困难。由于山越的牵制及蜀吴的不和，孙权不得不向曹操、曹丕卑词纳贡，迟迟不敢称帝。

嘉禾三年（234），吴将诸葛恪率军进攻丹阳山越，经过三年的部署和围困，山越十万人出山投降，其中丁壮四万被补为军队，其余的则成为郡县编户。吴国以山越为兵，见于记载的前后达十余万，为编户的数量更多。山越出山是在吴统治者的军事压迫下实现的，这对越人是一个痛苦的过程。但是山越出山加速了山越人经济文化的发展，加速了平原沃野的开发，使东南地区统一于孙吴政治领域之中，这在客观上又有积极意义。

三吴经济的发展 东汉后期以来，山越人大量出山和北方农民大量南移，为江南经济发展补充了劳动力，提供了技术条件。三国时期，长江沿岸出现了许多屯田区，洲渚的弃地，人烟也逐渐稠密起来。有些地方进行了开湖为田的尝试②。江南经济水平

---

① 《三国志》卷四六《吴书·孙策传》注引《江表传》，卷五八《吴书·陆逊传》，卷六〇《吴书·周鲂传》。

② 《三国志》卷四八《吴书·孙休传》，卷六四《吴书·濮阳兴传》。《晋书》卷二七《五行志》上谓开湖田未成功。

最高的地区,是太湖沿岸和钱塘江以东的所谓三吴。永兴(今浙江萧山境)精耕细作的稻田,一亩可产米三斛。① 三吴的丝织业很可观,民间普遍喜爱绫绮之服②,文人也好以蚕织为诗赋的题材③。三吴出产"八蚕之绵"④,诸暨、永安一带丝质很好,为御丝取给之处⑤。但是江南的纺织技术不高,织锦仍赖蜀国供给。永安六年(263),吴国还从外地调发"手工"千余人到建业服役,可见江南手工业者数量的不足。南方民间主要的副业生产是绩麻,麻布产量比丝织物大得多。铜铁采冶比以前发达,产铁之郡设有冶令或丞,管理采铸。⑥ 会稽郡发达的铜镜制造业,从东汉以来一直没有衰歇,而青瓷业又在这里从汉代釉陶的基础上走向成熟。由于三吴的富庶,联结三吴和建业的运河破冈渎也在这时修建起来。破冈渎从句容到云阳西城(今丹阳市境),于赤乌八年凿成,"以通吴会船舰",沿途"通会市,作邸阁"⑦,军事价值和经济价值都大。

---

① 《三国志》卷六〇《吴书·钟离牧传》。
② 《三国志》卷六五《吴书·华核传》。
③ 杨泉《蚕赋》《织机赋》,均见《艺文类聚》卷六五;闵鸿《亲蚕赋》,辑文见《全三国文》卷七四。
④ 《文选》卷五左思《吴都赋》。"八蚕之绵"出于何处,《文选》李善注说法不同。这里根据《太平御览》卷八二五引《永嘉郡记》永嘉有八辈蚕(同卷引张勃《吴录》南阳郡一岁蚕八绩)。
⑤ 《太平御览》卷八一四引《陆凯奏事》。
⑥ 《宋书》卷三九《百官志》上少府东冶令南冶令条。
⑦ 《建康实录》卷二,《三国志》卷四七《吴书·孙权传》。

为了适应水战和江海交通的需要，造船业有了重大的发展。建安郡的侯官（今福建闽侯）是造船中心，设有典船都尉，监督罪徒造船①。长江中的大船有的上下五层，有的可容3000人②，可见造船技术的进步。海船经常北航辽东，南通南海；黄龙二年（230），万人船队还曾到达夷洲（今台湾省），这是大陆与台湾交通的最早记载。由于海上交通的发达，吴国的使臣曾经多次泛海四出，朱应、康泰远至林邑（越南中部）、扶南（在柬埔寨境）诸国，大秦（罗马帝国）商人和林邑使臣也到达建业。这些活动，对于中外经济文化交流起着重大的作用。

1996年出土于长沙走马楼的近十万枚孙吴简牍，对于孙吴的地方政治和经济提供了大量第一手史料。根据其中的"吏民田家莂"及其他各类赋税缴纳档案，可以了解孙吴时期土地管理、农民负担的一般情况。另外还有大量户籍资料，反映当时的家庭规模一般都比较小。

江南大族的兴起　在江南经济发展的同时，江南的大族地主也在尽力扩充政治经济势力。吴国的勋臣，俸邑多至数县。他们的私兵由父子兄弟相传授，形成吴国大族的世袭领兵制度。一般武将立了战功，也可以得到增兵和赐屯田户的赏赐。孙权把吕蒙

---

① 《宋书》卷三六《州郡志》；《元和郡县志》卷二九。又《三国志》卷五三《吴书·张纮传》及卷四八《孙皓传》，张尚、郭诞有罪，"送建安作船"。

② 《太平御览》卷七七〇引《武昌记》"孙权尝装一舡，名大舡，容敌士三千人"。《水经·江水注》略同。又《晋书》卷四二《王濬传》晋灭吴时，王濬所造战舰亦"受二千余人"。

在皖城所获人马分给吕蒙，还赐给他寻阳屯田民 600 户，官属 30 人。吕蒙死后，孙权又赐守冢 300 家，并允许吕氏 50 顷土地不纳租税。官僚地主中这种人口分割的情况，使我们得以理解为什么吴国土地如此辽阔，而吴国版籍所载竟只有 52 万多户，230 万人。①

东汉后期，吴郡的顾、陆诸族，已是"世有高位"②。孙吴初年，孙氏子弟和吴郡朱、张、顾、陆四姓仕郡的非常多，是吴国政权的重要支柱③。在朝的官僚，陆氏一门前后就有"二相五侯，将军十余人"④。四姓长期操纵吴国政治，形成了每一姓的独特门风，在江南获得了所谓"张文朱武陆忠顾厚"⑤的称誉，这是江南大族统治趋于巩固的一种表现。

江南大族的政治特权，保障着他们掠夺土地，进一步扩充经济势力。顾、陆诸家多立屯邸，役使官兵，藏纳逋逃。⑥到了吴国末年，江南大族不但"僮仆成军，闭门为市，牛羊掩原隰，田池布千里"，而且还拥有"商贩千艘，腐谷万庾，园囿拟上林，

---

① 此为吴亡时之户口数，见《三国志》卷四八《吴书·孙皓传》注引《晋阳秋》。《续汉书·郡国志》注载魏"正始五年（244）扬威将军朱照日所上吴之所领兵户九十三万二千，推其民数不能多蜀矣"。93.2 万户，据《郡国志》上下文推敲，可能是当时魏吴总户数。

② 《文选》卷四四陈琳《檄吴将校部曲文》。

③ 《三国志》卷五六《吴书·朱治传》，卷六一《吴书·陆凯传》。

④ 《世说新语》中卷下《规箴篇》孙皓问丞相陆凯条。

⑤ 《世说新语》中卷下《赏誉篇》吴四姓条。

⑥ 《世说新语》上卷下《政事篇》贺太傅作吴郡条。

馆第僭太极"①。据左思《吴都赋》所载,建业"富中之甿,货殖之选,乘时射利,财丰巨万。竞其区宇,则并疆兼巷;矜其宴居,则珠服玉馔"。吴国左郎中曹翌墓中的铅地券,载明买田"方十里直钱百万以葬"②,也可以反映江南地主占有土地的一般状况。

与大族地主经济发达同时出现的,是百姓的穷困。江南农民除了"多征役,岁又水旱,年谷有损,而吏不良,侵夺民时,以致饥困"以外,还深受大族地主的剥削和压迫。步骘少年时在会稽种瓜为生,他为了避免豪强焦矫的侵夺,不得不修刺奉瓜以献矫,而且还得忍受焦矫的凌辱。至于真正的贫苦农民,受大族地主剥削压迫更为严重。在这种情况下,江南农民时常举行暴动。孙权不断用军队镇压各地农民暴动,还在赤乌三年(240)命令郡县普遍"治城郭,起谯楼,穿堑发渠"③,力加防制。

南北的军事形势和晋灭吴 赤壁之战以后,曹操曾先后数次向巢湖地区的孙权军队发动进攻。为了防止孙权的攻略,曹操还使江滨郡县民户内移,结果庐江、九江、蕲春、广陵民十余万户惊走,皆东渡入吴。文帝曹丕在位时,魏吴时和时战。诸葛亮死,蜀魏停战以后,魏国认为"三隅已定,事在淮南"④,因此对吴军的攻击更为频繁。吴国"以洲渚为营壁,江淮为城堑"⑤,用水

---

① 《抱朴子·外篇》卷三四《吴失篇》。
② 《考古学报》1957年第1期《南京近郊六朝墓的清理》。
③ 《三国志》卷四七《吴书·孙权传》。
④ 《三国志》卷二八《魏书·邓艾传》语,时在正始初年。
⑤ 《艺文类聚》卷五九曹植《与司马仲达书》。

师严密防守，并在沿江设督驻军，遍置烽燧①。但是吴军弱点在于缺乏骑兵远袭的力量，只能与魏军角逐于江淮之间，无法开拓疆土。江淮之间的魏军以骑步压迫吴军，屡操胜算，并且还几度临江窥伺建业。可是他们缺乏水师，无法横渡波涛汹涌的长江，徒然慨叹"武骑千群，无所用也"②。这种军事上的形势，是魏吴双方得以相持达数十年之久的一个重要原因。

司马氏灭蜀以后，南北军事形势起了重大的变化。晋在蜀地大造战舰，训练水师，积极准备从上游攻吴。③ 这时吴国经过宗室争位的长期斗争，力量大为削弱。吴帝孙皓还以为长江天险，足以屏蔽朝廷，所以只顾大修宫殿，沉湎淫乐，并用极残酷的刑罚镇压人民。甘露元年（265），孙皓在上游晋军的威胁下迁都武昌，企图加强守备。但是吴国的大官僚地主不愿远离根本，长住武昌；江南人民也疲于逆流供应，表示不满。民谣所谓"宁饮建业水，不食武昌鱼，宁还建业死，不止武昌居"④，就是吴国

---

① 《三国志》卷四七《吴书·孙权传》赤乌十三年注引庾阐《扬都赋》注：烽火缘江相望，"一夕可行万里，孙权时合暮举火于西陵，鼓三竟达吴郡南沙"。

② 《三国志》卷五五《吴书·徐盛传》注引《魏氏春秋》。又《孙权传》黄武四年注引《吴录》：魏文帝伐吴至广陵，"见波涛汹涌，叹曰：'嗟乎，固天所以隔南北也'"。

③ 司马昭先灭蜀后攻吴，是既定的计划。《晋书》卷二《文帝纪》："帝将伐蜀，乃谋众曰：'……略计取吴，作战船，通水道，当用千余万功，此十万人百数十日事也。又南土下湿，必生疾疫。今宜先取蜀，三年之后，因巴蜀顺流之势，水陆并进，此灭虞定虢吞韩并魏之势也'"。

④ 《三国志》卷六一《吴书·陆凯传》。

上下一致反对迁都的反映。正在这时，江南汉人和越人的起义，又严重威胁着空虚的建业城。因此孙皓不得不还都建业，上游的守备更松弛了。

天纪三年（279），晋军五路大举攻吴，蜀中水师由王濬率领，顺流而下，吴军望风而降。天纪四年三月，王濬的水师到达建业，接受了孙皓的降表。从汉献帝初平元年董卓之乱后出现的分裂割据局面，延续了90年之久，到此又归于统一。

五 从西晋统一到八王之乱

占田制 西晋统一以后，全国出现了一个短暂的和平安定局面。晋统治者为了用蜀、吴地区的人力充实北方，在平蜀之后招募蜀人北来，供给他们两年口粮，免除20年徭役；平吴之后，又规定吴国将吏北来可免徭役10年，百工和百姓20年。晋武帝（265—290年在位）屡次责令郡县官劝课农桑，并且严禁私募佃客。中山王司马睦募徙王国内八县"受逋逃私占及变易姓名、诈冒复除者七百余户"① 作自己的佃客，受到晋武帝的诘责，被贬为县侯。晋武帝的这些措施，客观上起了促进生产发展的作用。太康元年灭吴以后，西晋全国有户245.9万，人口1616万，比魏末三国总数增加了户近100万，人口增长一倍以上。这些数字虽然不很确切，但是户口大量增加却是很显然的，而这正是社会生产发展和国家力量增强的具体反映。

---

① 《晋书》卷三七《高阳王睦传》。

在魏初起过积极作用的屯田制，由于豪强大族的兼并，由于它本身的军事组织形式不能继续适应生产力发展的需要，逐渐趋于破坏。晋武帝即位前后，两次下令罢屯田官①，从此以后，独立于郡县以外而由农官专管的屯田区被取消了。屯田民一部分成为由郡县管理的国家佃客②，一部分成为私人佃客，还有一部分则成为自耕农民。至于军士屯田的制度，则始终没有废止。

太康元年（280），西晋颁行户调式。户调式包括占田制、户调制和品官占田荫客制三部分。占田制规定男子可以占田70亩，女子30亩；此外丁男课田50亩，丁女20亩，次丁男25亩。所谓占田，是指农民保有土地数量的一个假定的指标，所谓课田，则是指农民应负担田租的土地数量，这两者多少反映了当时农民占有土地的一般状况，但又同每户农民实际占有的土地数量无关。户调制规定，丁男之户，每年调绢三匹，绵三斤，丁女或次丁男为户者折半交纳。《晋故事》说："凡民丁课田，夫五十亩，收租四斛，绢三匹，绵三斤。"③ 据此看来，西晋田租和户调实际上大概都是一户以一丁计，按户征收的。征收租调时，官吏还预先把纳租调户按贫富分为九等，按等定数，而以《晋故

---

① 《三国志》卷四《魏书·陈留王奂传》：咸熙元年（264）"罢屯田官以均政役，诸典农（按即典农中郎将、典农校尉）皆为太守，都尉（按即屯田都尉）皆为令长"，这是第一次。《晋书》卷三《武帝纪》泰始元年（265）"罢农官为郡县"，这是第二次。

② 罢屯田官后国家佃客的情况，见《晋书》卷二六《食货志》杜预疏。

③ 《初学记》卷二七引。

事》所述定额为平均指标。这种征收租调的办法,叫做"九品混通",南北朝的统治者,大都沿用此法。

西晋颁行占田制和户调制,目的在于通过田租、户调的调整,尽可能加强对农民的控制,防止他们继续脱籍逃亡①,并使已脱籍的人归入户籍,以便国家进行剥削。太康三年,西晋户数上升到377万②,比两年前初行占田制时增加了130余万,可能就是推行此制的效果。但是西晋时期豪强势力强大,剥削严重,西晋政权既无力严格控制农民的户籍,也无法掌握确实的垦田亩数,因此占田制不可能长期实行,到晋惠帝时,就出现了"天下千城,人多游食,废业占空,无田课之实"③的严重情况。

西晋的品官占田荫客之制规定:官僚可以按官品高低占有土地从10顷到50顷;占有佃客1—15户④;占有衣食客1—3人。此外,他们还可以按官品高低庇荫亲属作自己的依附农民,"多者及九族,少者三世",没有数量限制。这些规定,目的在于保障官僚的特权(特别是以贫穷的族人为荫户的特权)而又限制他们过分强大,以巩固封建统治秩序。但是这种限制并无成效,因为大官僚早已是奴客众多,园田水碓遍及各地了。

---

① 《晋书》卷三〇《刑法志》引庚寅(泰始六年,270年)诏书:"举家逃亡,家长斩",可见当时农民逃亡是个严重的问题。

② 《三国志》卷二二《魏书·陈群传》注引《太康三年地记》。

③ 《晋书》卷五一《束皙传》。

④ 《晋书》卷二六《食货志》原作50户,为15户之讹。

统治集团的腐朽　以司马氏为首的西晋统治者,在西晋建立以前已有了十几年顺利发展的历史,形成了一个新的庞大的贵族集团。晋武帝依靠这个贵族集团取代了魏室,因此他也就尽可能满足这个集团对财富和权势的要求。国家统一后生产的发展,使这个集团的贪欲越来越大,挥霍也越来越厉害。所以西晋统治集团一开始就异常贪婪、奢侈、腐败、残暴,和汉初、魏初的统治集团有所不同。淮南相刘颂上书给晋武帝,说是"时遇叔世"①;司隶校尉刘毅甚至当面指斥晋武帝,说他还不如东汉桓、灵那样的亡国之君。

西晋大臣几乎都是魏世以来司马氏的元勋及其子弟,他们都是世代王侯,习于骄奢,不以国事为重。太傅何曾和司徒何劭父子,日食之需达一两万钱,石崇靠居官抢劫发财,这些都是骇人听闻的事,而在当时的统治者中却不以为非。官僚贵族还竞用极端奢侈的排场彼此炫耀,甚至不惜故意破坏财富,来显示自己的豪华。王恺与石崇斗富,"恺以饴澳釜,崇以蜡代薪;恺作紫丝布步障四十里,崇作锦步障五十里以敌之;崇涂屋以椒,恺用赤石脂"②。王恺以晋武帝所赐高三尺的珊瑚示崇,石崇顺手击碎,取出自己的珊瑚树,高三四尺者有六七株之多。

奢侈贪婪在当时的官僚名士中被认为理所当然,安之若素,只有少数人感到前途危险,表示忧惧不安。傅咸警告晋武帝说:

---

① 《晋书》卷四六《刘颂传》。
② 《晋书》卷三三《石崇传》。

"奢侈之费,甚于天灾。"又说"今者土广人稀而患不足,由于奢也"①。王沈作《释时论》②,指斥士大夫求官买职;成公绥、鲁褒先后作《钱神论》③,讽刺当政者嗜财如命,货赂公行。这些作品,是当时统治者中难得的一点清醒的声音。

官僚名士无例外地醉心于清谈,力图用玄学理论来辩护自己贪鄙的行为和欲望。还有一部分士大夫甚至堕落到终日醉酒、裸体狂欢的地步。

八王之乱 西晋统治集团的腐朽,引起了激烈的党争,朝廷长期处在争权夺利的倾轧中。晋武帝为了监督异姓功臣和吴蜀地主,曾大封宗室为王,并且允许王国置军,取消州郡武备。他还陆续用诸王统率中央兵马镇守要害,特别是荆、扬和关中,逐渐替换异姓方镇。继立的晋惠帝是个白痴,皇后贾氏为了让自己的家族垄断政权,于元康元年(291)杀当政的惠帝外祖杨骏,征汝南王亮与卫瓘共同辅政,旋命楚王玮杀亮、瓘,又以专杀之罪杀玮。她以张华、裴頠等居位,而让自己的亲党掌实权。从此以后,诸王为争夺统治权,展开了极其凶残的内战,史称"八王之乱"。元康六年,赵王伦被召入京,他掌握了禁军和朝政,于永宁元年(301)废惠帝自立。同年,齐王冏(镇许昌)、成都王颖(镇邺)、河间王颙(镇长安)等起兵声讨赵王伦。从此方镇

---

① 《晋书》卷四七《傅玄传》附《傅咸传》。
② 《晋书》卷九二《王沈传》。
③ 成公绥之论见《太平御览》卷八三六,鲁褒之论见《晋书》卷九四《鲁褒传》,二论文字多有雷同。又《初学记》卷二七有綦毋氏《钱神论》佚文。

军参加内战，战斗规模扩大，战场从洛阳、长安延展到黄河南北的广大地区。破坏性大为增加。赵王伦被杀后，惠帝复位。齐王冏、河间王颙、长沙王乂、成都王颖、东海王越等又反复冲突，幽州刺史王浚甚至引乌桓、鲜卑兵参战。乌桓、鲜卑兵先后进入邺和长安，暴掠妇女财货，屠杀人民。其他各军，也无不到处烧杀洗劫，使北方生产受到极大的摧残，人民受到极大的痛苦。在延续达16年之久的内战中，参战诸王多相继败亡，贾后被杀，惠帝被毒死，西晋统治集团的力量消耗殆尽。在这种情况下，隐伏着的阶级矛盾和民族矛盾便迅速爆发了。

六　西、北边疆各族的内迁

东汉以来，西、北边陲的许多民族，陆续向内地迁移，在辽西、幽并、关陇等地，同汉族人民犬牙交错地住在一起。这些民族的社会经济都在向上发展，在汉族的影响下，它们都在不同程度上向定居的农业生活或半农半牧生活过渡。汉魏统治者为了边防和经济的需要，也常常招引这些民族入塞。这样，北方的民族关系，就日益复杂起来。

匈奴　鄂尔多斯高原上的南匈奴，东汉末年向今山西北部、中部移动，在那里分成很多部分，与汉人杂居，并逐渐转向农耕生活。匈奴旧日的部落组织还约束着匈奴人，但是匈奴人同时又是汉朝的编户，受汉朝的剥削和压迫。中平五年（188），匈奴羌渠单于发左部兵帮助东汉攻击幽州鲜卑，匈奴人恐征发不已，右部起而攻杀羌渠单于。① 羌渠之子於扶罗虽被亲近推为单于，但不为南庭大众所接受，被迫率领一小股匈奴流亡到平阳及以南等地。於扶罗所部匈奴军，曾在中原参与各派纷争达数年之久。

在北方混战时期，并州匈奴豪右也拥众据土，"张雄跋扈"。避役的汉人，有许多向匈奴部落逃亡。曹操统一中原后，并州刺史梁习召匈奴豪右为官，然后征发匈奴人为义从、兵吏，使随大军出征，再把出征军吏的家属移送邺都，以为士家。对于不愿从命的匈奴人，梁习又兴兵镇压，逼令降服。从此以后，匈奴豪右被控制起来，"部曲服事供职，同于编户"②。

建安二十年（215），曹操罢省云中、定襄、五原、朔方四郡（在今河套区域东至晋西北一带），郡置一县以统旧民，合为新兴郡，设郡治于今山西忻州③。建安二十一年，匈奴呼厨泉单于留质邺都，曹操乃分匈奴三万余落为五部，置五部帅，派汉人为五部司马，加以监督。匈奴左部居并州兹氏（今汾阳境），右部居祁（今祁州境），南部居蒲子（今隰县境），北部居新兴（今忻州境），中部居太陵（今文水境）。左部帅刘豹（於扶罗之子）并五部为一，魏末晋初又析为数部。司马氏把匈奴部帅改为都尉，取消了他们的部落特权，加强了对匈奴的控制。除了旧有的

---

① 据《后汉书》卷一一九《南匈奴传》。《晋书》卷五六《江统传》"中平中以黄巾贼起，发调其兵"云云，则为发南匈奴兵镇压黄巾。

② 《三国志》卷一五《魏书·梁习传》。

③ 《太平御览》卷一六三引阚骃《十三州志》，《三国志》卷一《魏书·武帝纪》建安二十年条及卢弼《集解》。

几万落匈奴以外,西晋时期塞外匈奴、"杂胡"又源源入塞,前后共达二十余万人。

匈奴贵族汉化较深,他们之中最贵的一姓出于匈奴屠各(休屠各,休屠)种,自称为两汉皇室之后,世代作五部帅和五部都尉。左部都尉刘渊是於扶罗之孙、刘豹之子,他随汉族儒生习经史,西晋时曾作为匈奴侍子住在洛阳,同洛阳官僚有很多往来。惠帝永熙元年(290),晋以刘渊为建威将军、匈奴五部大都督。

羯 羯族在西晋时入塞,其主要部分在上党郡武乡县同汉人杂居。他们原来役属于匈奴,所以被称作"匈奴别部"。羯族高鼻深目多须,拜"胡天"①,有火葬的习俗。他们还保留着部落组织,不过部落比较松弛。上党羯人大部习于农耕,经济生活上同汉人的差别已经基本消失。

鲜卑慕容部 鲜卑慕容部原居鲜卑山,后迁居饶乐水(西拉木伦河)。三国时慕容酋长莫护跋曾随司马懿击公孙渊,受魏封号,并徙其部于辽西。晋太康十年(289),慕容廆率领部落迁居徒河(今辽宁义县),不久又迁到大棘城(今辽宁锦州),从事农桑和畜牧。永嘉以后,北方农民大批流入慕容部中,士大夫来避难的也不少。慕容廆重用士人以建立政治制度,传授经学和文学,同时还设郡以统流民。

---

① "胡天",火祆教之神。火祆教起于波斯,中国之有火祆教始此。魏、齐、周时,火祆教列于祀典。齐有京邑萨甫,诸州萨甫等官,以西域胡人为之,主祠祆神。

鲜卑拓跋部　鲜卑拓跋部先世居于大兴安岭北部东麓地区①，同包括99个氏族的36个游牧狩猎部落（后来演变为八个部落）结成部落联盟。酋长推寅的时候，拓跋部南迁于大泽（或即今呼伦湖）。推寅八传至诘汾，又向南移动，经历"山谷高深，九难八阻"②，始到达匈奴故地。魏黄初元年（220），诘汾子力微继位，他并吞没鹿回部，拥有战士二十多万，势力强大起来。力微三十九年（258），拓跋部移居盛乐（今内蒙古自治区托克托县）地区。由于曹魏从这里撤销了云中、定襄等郡，所以拓跋部得以顺利发展。力微的儿子沙漠汗曾两次到洛阳访问，在那里一共停留了八年。那时，拓跋部正处在向阶级社会转化的前夕，保守的部落大人怕沙漠汗回来后变革旧俗，所以在归途中把他杀死了。

以后，拓跋部同汉人的商业往来逐渐增多，许多汉族商人进入拓跋部，甚至洛阳大贾也出现在拓跋酋长周围。③拓跋部吸收

---

① 鲜卑拓跋部"祖宗世王幽都"，"凿石为祖宗之庙于乌洛侯国西北"。北魏太武帝太平真君四年（443）遣李敞诣乌洛侯国之石室告祭天地，李敞刻祝文于石室之壁而还。近年经考古调查，在大兴安岭北部东麓的内蒙古鄂伦春自治旗阿里河镇附近发现此拓跋部祖先旧墟的石室，室壁刻有李敞祝文，与《魏书·礼志》所载文字基本符合。因此，拓跋部发祥地的"幽都"地址，可以确定。参考《魏书》卷一《序纪》、卷一〇〇《乌洛侯传》、卷一〇八《礼志》，以及米文平《鲜卑石室的发现与初步研究》（《文物》1981年第2期）。

② 《魏书》卷一《序纪》。

③ 洛阳大贾，事见《水经·河水注》，其余商人活动，参看《魏书》卷二三《莫含传》。

了许多匈奴、乌桓、鲜卑慕容部和"杂胡"部落，并州汉人投附拓跋部的也不少。① 当北方各族起兵反晋时，拓跋猗卢统一了拓跋部，并先后出兵援助晋并州刺史司马腾以及被匈奴、铁弗和鲜卑白部（慕容部）攻击的继任刺史刘琨。因此西晋封猗卢以晋北五县地为代公，以后又改封代王。猗卢"明刑峻法"②，加强统治权力，使拓跋部向阶级社会前进了一大步。

氐 羌 氐族和羌族，除了大部分还住在今青海、甘肃以外，也有不少人移居关中和益州。有些羌人甚至还远离故土，散处中原。魏晋统治者为了充实关中，屏蔽中原，常常向关中强徙氐、羌及其他少数民族。曹操命张既徙武都氐出居扶风、天水界，一次即达五万余落。陇右、河西的割据者，也常常引氐、羌为援，使氐、羌人民远离故土。西晋时氐、羌及其他少数民族的人口，占关中人口的一半。仇池（今甘肃成县西）杨氏是氐人中强大的一支，晋元康六年（296），杨氏建立仇池国，至北魏正始三年（506）始灭。

巴 东汉时今鄂西、川东的廪君蛮与板楯蛮，到西晋时已逐渐融合③，称为巴人或賨人。汉末一部分巴人北上，归附汉中的张鲁；以后宕渠的巴人也北入汉中。曹操把巴人迁到略阳，与氐人杂处，所以他们又被称为巴氐。巴人与汉人关系很密切，两者

---

① 《魏书》卷二三《卫操传》。

② 《魏书》卷一《序纪》、卷一一一《刑罚志》。

③ 《晋书》卷一二〇《李特载记》关于賨人的历史部分，即《后汉书》卷一一六《南蛮传》中廪君蛮与板楯蛮（以廪君蛮为主）史文的综合。

在经济生活上的差异大致已消失了。

以上所述匈奴、羯、鲜卑、氐、羌，在当时称作"五胡"，加上賨人，则合称"六夷"。

各族逐渐封建化的趋势 魏晋以来北方各族的移动，加速了各族社会的变化。各族部落愈是远离自己原来的住地而进入汉人地区，它们的成员就愈是容易脱离部落羁绊，以至于成为耕种小块土地的农民。各族人民由游牧转向定居农耕，是民族进步的重要表现。但是这种转变是一个长期而复杂的历史过程，其中既充满了阶级压迫和民族压迫，也充满了反对阶级压迫和民族压迫的斗争。

内迁各民族人民不但深受本族贵族的压迫剥削，而且在他们新迁的地方，还要受魏晋统治者和汉族地主的奴役。并州匈奴人有许多成了汉族地主的奴婢、佃客①，羯人和鲜卑人沦为奴婢的也不少②。羯人石勒的遭遇更为悲惨。石勒父祖都是部落小帅，石勒自己作过行贩，还曾为人力耕，后来又被并州刺史司马腾捕缚，卖给茌平人师懽为耕奴。内迁各族还常常被迫服贱役，有时连贵族也不能免，羌人贵族姚馥就曾长期为晋武帝养马。③ 驱迫内徙各族人民当兵作战，更是常见的事，由匈奴、鲜卑、乌桓或

---

① 《晋书》卷九三《王恂传》有匈奴佃客，《初学记》卷一九引《三辅决录》注、王嘉《拾遗记》卷九均有胡婢。

② 《高僧传》卷一〇《佛图澄传》有鲜卑奴，《世说新语》下卷上《任诞篇》有鲜卑婢。《晋书》卷一〇〇《祖约传》有胡奴与石勒同种类，当是羯人。

③ 王嘉《拾遗记》卷九。

羌人组成的军队,经常出没在中原的战场上。

但是,内徙较久的一些部落,不论它们的成员所受尚存的部落束缚到什么程度,也不论它们的经历如何曲折复杂,西晋时它们都在走着农业化的道路,逐渐习于农耕。不但匈奴人、羯人、賨人、鲜卑慕容部人是这样,乌桓、氐、羌等族也是这样。① 有许多氐人还已成为国家的编户②或王侯封户③。随着晋末和十六国时期阶级斗争和民族斗争的激烈,部落被迫迁徙或自愿迁徙更加频繁,这种变化的规模也就更大。

在内徙各胡族逐步农业化的过程中,各胡族不但大量吸收了汉人的文化,而且也以自己的文化习俗影响汉人。西晋时洛阳贵族官僚"相尚用胡床貊槃,及为羌煮貊炙……又以毡为絈头及络带、裤口"④。北方汉人还吸收了胡人的习俗,以酪浆为饮料。靠近胡族地区的汉人,甚至在生产上也受到胡人的影响,从事畜牧或兼营畜牧。

---

① 《三国志》卷二六《魏书·牵招传》:魏文帝时牵招为雁门太守,"表复乌丸(乌桓)五百余家租调"。卷二八《毌丘俭传》注引《魏名臣奏》:武威郡杂胡诣毌丘兴,兴"使尽力田"。又卷二六《郭淮传》:太和五年淮于陇右"抚循羌胡家使出谷,平其输调"。据此知雁门乌桓、武威杂胡和陇右羌胡均已从事农耕,甚至已输租纳调。

② 《文选》卷二〇潘岳关中诗注引《上关中诗表》有"(氐帅)齐万年编户隶属"之语;同书卷五七潘岳《汧督诔序》,有"编户之氐"之语。

③ 《晋书》卷三八《扶风王骏传》:"以氐户在国界者增封。"

④ 《晋书》卷二七《五行志》上。按《齐民要术》记载的许多调造之法,有人认为即是所谓"羌煮貊炙"。

各族的内迁,引起了一些汉族统治者的忧虑。特别是某些民族的住地接近洛阳,它们的统治者和人民都对西晋统治不满,甚至"怨恨之气,毒于骨髓",因此有许多人主张把这些民族强迫迁走。魏嘉平年间,邓艾曾建议分割匈奴部落,渐徙与汉人杂处的氐、羌于汉人地区之外。西晋时期,郭钦主张向匈奴住地移徙汉人,加强军事控制,并把最接近洛阳的杂胡迁到匈奴之外,"峻四夷出入之防"①;江统更主张把内迁的匈奴、氐、羌一并遣回故土,以使"戎晋不杂"②。但是各族内迁和杂居是长期历史发展的结果,不可能强制改变,所以所谓"徙戎"的议论,是根本无法实现的。

七 汉族流民和内迁各族人民大起义

延续达十几年的八王之乱,极其严重地破坏了社会生产,大大加深了各族人民的痛苦。由于生产破坏和天灾而引起的饥荒,驱使数以百万计的农民漂流异乡,随处觅食。一些业已封建化了的少数民族,也参加在流民群中,还有一些民族则纷纷举行暴动,反对西晋统治。西晋州郡武备的取消和藩镇军队大多牵制在内战中,使西晋统治者无法制止各族人民的流亡,也难于压平暴动。这样,流民越来越多,波及的地区越来越广泛,他们"脱耒

---

① 《晋书》卷九七《匈奴传》载郭钦之议,文有脱漏,此处参用《群书治要》卷二九注引干宝《晋纪》。

② 《晋书》卷五六《江统传》。

为兵，裂裳为旗"①，与匈奴、氐、羌等族的反晋斗争呼应，形成了各族人民反对西晋统治的起义斗争。

元康四年（294），匈奴人郝散起兵上党。两年后，郝度元联合冯翊、北地等郡的马兰羌和卢水胡起兵，关中氐、羌全部响应。他们推氐帅齐万年为帝，众七万人，打败了晋将周处，到元康九年才被镇压下去。

元康年间，略阳、天水等六郡汉族和賨族（巴氐）流民几万家，经汉川入益州觅食。他们在益州为地主佣工，益州官吏逼迫他们立即出境。他们乞留不成，就拥戴賨豪李特为主，反对晋朝。李特与蜀人约法三章，振贷贫人，整肃法纪，得到益州人民的支持。李特之子李雄攻入成都，于永兴元年（304）立为成都王，后改称帝，国号成。②

太安二年（303），西晋征发荆州人民进攻益州李雄起义军，人民纷纷逃避。义阳蛮张昌在江夏招集避役的人以及到江夏来就食的流民，举行起义。张昌起义得到几十万农民的拥护，迅速发展到荆、江、扬、徐、豫五州之地。

永兴元年（304），并州匈奴首领刘渊在左国城（今山西离石）起兵，逐步控制了并州的大部分土地。羯人石勒在关东聚集兵众，后来归降于刘渊。活动于青、徐、兖、豫等州的由王弥率领的一支队伍，在洛阳附近被晋军打败，也降于刘渊。永嘉三年（309），颍川等郡的并州流民几万家，反抗地主豪霸的虐待，烧

---

① 《晋书》卷五《愍帝纪》史臣语。
② 338 年，李寿改国号为汉，347 年汉为东晋桓温所灭。

城杀官，响应王弥。南阳的雍州流民由王如率领起兵，也与石勒联系。

巴蜀流民在荆、湘二州受到地主的压迫，于永嘉四年（310）起而暴动，在晋军的镇压下大批地被杀死溺死。流民推举醴陵县令成都人杜弢为领袖，攻下湘南各郡，战斗到建兴三年（315），才被镇压下去。

参加西晋末年起义斗争的有汉、賨、蛮、氐、羌、匈奴、羯等许多民族的群众。在西晋统治下，各族人民都受到官府和地主的虐待，许多流民更面临被晋军逼遣还乡的威胁，他们的命运相近，斗争对象也是一致的。所以他们暂时突破了民族界线，共同进行斗争。但是有些不当权的地主豪强或失意官吏，也随着农民一起流亡，往往成为流民的领袖。例如李特是賨豪，张昌出身县吏，王弥父祖都是郡太守，王如是州武吏，杜弢是县令。

西晋末年各族人民起义虽然也包含了一些民族对抗的因素，但是总的说来，其主要性质仍然是阶级斗争而不是民族斗争。可是一些少数民族的首领如匈奴贵族刘渊，原来就抱有利用民族矛盾以树立势力的企图。当西晋王朝瓦解以后，他们更公开地把起义斗争引向民族仇杀。从此以后，北方人民的阶级斗争就以反对民族压迫斗争的形式出现了。

第二章 十六国北朝的民族斗争和民族融合

一 十六国时期各族贵族的封建割据

汉　前赵　后赵　匈奴贵族刘渊利用匈奴人民仇视西晋统治的情绪,于永兴元年(304)在离石起兵反晋。刘渊自称大单于,又称汉王,表示他既是北方各少数民族的首领,又是刘汉正统的继承者。他攻降了许多地方武装的壁垒,向南发展,屡次打败晋军。在东方各地起兵失败的王弥、石勒,都分别归降刘渊。永嘉二年(308),刘渊在平阳(今山西临汾)称帝,并派兵攻打洛阳。永嘉五年,匈奴军攻下洛阳,晋怀帝被掳,晋军在荆棘成林的长安拥立愍帝。建兴四年(316),匈奴刘曜又夺得长安,愍帝出降,西晋灭亡。

并州本来是民族关系复杂的地方,匈奴军把被征服的各胡族人民源源不断地迁入并州,这更增加了并州地区民族关系的复杂性。继刘渊为帝的刘聪采取"胡"、汉分治的办法,设左、右司隶统治40多万户汉民,设单于左、右辅统治25万落包括匈奴在内的胡人。他自己总统胡、汉,实际上是依靠匈奴贵族,控制和利用其他的胡人贵族,压迫汉人。匈奴贵族为了争夺财富和权利，互相倾轧，汉人和胡人大量逃亡，汉国统治很不稳定。318年，镇守关中的刘曜代汉，在长安建立前赵。

在刘渊、刘聪统治时期，并州地区还有西晋并州刺史刘琨的活动。刘渊起兵后，刘琨于永嘉元年历尽艰险，到达晋阳，剪除荆棘，招徕流亡，勉强维持统治。他引鲜卑拓跋部为援，力拒匈奴、铁弗和鲜卑慕容部。后来，他为羯人石勒所败，北奔蓟城依鲜卑段部。东晋元帝大兴元年（318），刘琨为段部首领段匹䃅所杀。

那时，凉州也存在着汉人建立的前凉政权。西晋灭亡后，原西晋凉州刺史张轨的儿子张寔，子孙世守凉州，保据一方。中原混乱时凉州比较安定，中原汉人来避难的络绎不绝。汉族士人在那里传授儒学，保存了中原失传的一些经籍和学说。前凉控制了西域，在今吐鲁番地设高昌郡，因而加强了西域同内地的联系，有利于中国与中亚的经济文化交流。

前赵对关陇和并州的氐、羌、巴、羯等族进行了长期的征服战争，把被征服的各部落移向长安。前赵仍然用胡汉分治的办法，不过刘曜自己称帝，表示他是北方正统的统治者，而让儿子刘胤做大单于以统治胡人，这比起汉国政权来，显示了较大的汉化倾向。刘曜还在长安设学校传授儒学，并且建立了租赋制度。

刘曜称帝后，羯人石勒在襄国（今河北邢台）称赵王，转战冀州、并州，攻降了许多壁垒，扩大了军力。他把一些坞主署为将军、都尉，但实际上却削弱他们的武装力量。他还把一些汉族士大夫编为"君子营"，让他们在军事监督下为他策划，其中的张宾竟成了他得力的谋主。石勒又把被征服的胡人和并州的羯人移往襄国附近，前者是为了就近控制，后者则是为了取得本族上层的支持。329年，石勒灭前赵，称皇帝，迁都邺城，史称后赵。

石勒为了巩固统治，竭力提高羯人的地位，称他们为"国人"，严禁称"胡"，甚至"诸胡物皆改名"①。他把羯人和其他胡人组成强大的禁卫军，由养子石虎以单于元辅的身份率领，作为自己的基本力量。同时，他也搜罗和利用汉族士人，恢复九品官人之法，设立学校，并且大力提倡佛教。在经济方面，他阅实户口，劝课农桑，制定每户绢二匹、谷二斛的租调制度。这些措施的推行，使后赵政权比汉和前赵显得稳定一些，民族压迫也略见和缓。

继石勒为帝的石虎，是一个穷奢极欲、暴虐荒淫的统治者。他在中原大规模圈地为猎场，摧残了农业生产；又在邺、洛阳、长安大修宫殿和苑囿，使千千万万的农民死于苦役。为了准备侵犯东晋，他调发成百万农民当兵，强迫他们自带粮食车牛，农民被逼死的到处皆是。这种空前的残暴统治，引起了汉族人民的义愤。受害最深的山东人民以道教为纽带，托言李弘出世，策划大规模的起义，不幸事发，连坐而死的达数千家。刘光则假借佛教，自称"佛太子"，聚众千人，于终南山建号反赵，不幸被杀。②

---

① 《太平御览》卷八六〇引《后赵录》：石勒"讳胡尤峻，诸胡物皆改名，〔改〕胡饼曰搏炉，石虎改曰麻饼"。

② 《太平御览》卷三七九引《后赵录》。

后赵的东宫卫士十多万人谪戍凉州，其中一万多人，行至关中时举行兵变，由梁犊率领东归，连下关中许多城戍。梁犊自称晋征东大将军，这显然符合当时汉人反对羯族统治者的要求，因而大大增长了起义的声势。这支军队缺乏武器，用大斧缚上长柄，"攻战若神"，占领长安、洛阳，转战荥阳、陈留。后赵军连战皆败，最后用氐、羌兵力才把他们镇压下去。

350年，后赵大将汉人冉闵乘石虎死后石氏子孙混战的机会，夺得政权，建国曰魏。冉闵利用汉人反对石虎残暴统治的正当要求，滥杀羯人，使胡汉彼此猜疑，因而他的统治根本无法巩固，不久就被从辽河流域南下的鲜卑慕容部消灭了。

前燕　前秦　337年，鲜卑慕容皝称燕王。342年，慕容部徙都龙城（今辽宁朝阳），逐步并吞了附近许多部落，收纳了大量的汉族流民，势力日益强盛。慕容皝引贫民耕种龙城苑囿土地，地租极高，用官牛的八成，不用官牛的七成，由于封裕的谏议，才减为四六分或对半分，同魏晋屯田民一样。

352年，慕容儁率部南下，消灭冉闵，在邺城建立前燕。前燕镇压了中原人民的反抗，削平了连跨并州数郡三百多壁垒、拥有胡汉十多万户的豪强张平的势力，统治逐渐巩固起来。史载慕容垂在邺有田园，慕容评障固山泉，卖樵鬻水。慕容部的王公贵戚普遍藏匿荫户，据说荫户总数比国家户口还多，官府一次检括，查出了二十多万户。从这些事实看来，慕容部贵族已迅速成为大地主了。

后赵时徙居中原的氐族，乘后赵崩溃之际，由苻健率领，西归关中，351年，在长安建立前秦。前秦统治者苻坚废除了一部分后赵的苛政,恢复魏晋以来的士族特权,重用汉人王猛治理国家,劝课农桑,提倡儒学。在苻坚统治时期,关中水利工程得到修复,农业有了发展,长安到各地的道路驿亭也得到修整。据说那时"四夷宾服,凑集关中,四方种人,皆奇貌异色"①,可知各族之间以及中国与西方之间的交往都比较发达。前秦在370年灭前燕,376年灭前凉和代,不久又夺得巴蜀,进入西域。这样,北方又出现了统一的局面。

383年(东晋太元八年),苻坚发兵90万,企图一举攻灭东晋。前秦军在淝水一战中被东晋军击溃,前秦政权也土崩瓦解。原来被前秦控制的一些胡族的首领,乘机逐鹿中原,整个北方陷于混乱。各族统治者挑起的战争,使北方本来已趋于缓和的民族矛盾又加剧了。

淝水战后北方的形势和北魏统一北方 淝水之战以后,北方出现了严重的分裂局面,持续至数十年之久。在这个时期中,关东、关中和西北三个地区,由于民族融合程度和社会经济状况的不同,混乱的情况也不完全一样。

在关东,鲜卑慕容部贵族先后建立过后燕、西燕、南燕。稍后,鲜卑化的高丽人高云在龙城继为后燕主,其政权旋入鲜卑化的汉人冯跋之手,是为北燕。关东是汉族人口密集、经济文化发达的地区,先后进入这一地区的乌桓人、匈奴人、羯人、鲜卑人、丁零人等,封建化较快,一般都过着和汉人一样的农业生活,所以这里的民族隔阂不算太深。南朝初年的周朗把这里的居

---

① 《太平御览》卷三六三引车频《秦书》。

民称作"山东杂汉"①,谢灵运更认为"河北悉是旧户,差无杂人"②。淝水战后在这里活动的主要是鲜卑慕容部,政治上的变化虽然不少,但是动乱还不太大。

在关中地区,羌人姚苌建立了后秦。姚苌死,姚兴继位,他提倡儒学和佛教,亲自讲经论道。他又抑制羌族各部豪酋和隐匿户口的武将,放免因荒乱自卖为奴婢的人,招引流民充实关中。但是由于"关西杂居,种类不一"③,氐、羌、铁弗又常有冲突,所以后秦政权难于巩固。417年,东晋刘裕率军灭后秦。两年以后,铁弗部赫连勃勃又赶走东晋军,占领关中,建立夏国,定都统万(今陕西横山境)。铁弗部本来游牧于今陕北地区,自称其族出于南匈奴,一说出于胡(匈奴)父鲜卑母。赫连勃勃的统治非常残暴,关中居民受害很深。

在西北地区的河西走廊一带,先后建立过五个短期的小王国:陇西鲜卑乞伏部乞伏国仁建立西秦,都苑川(今甘肃榆中);氐人吕光建立后凉,都姑臧(今甘肃武威);与拓跋部同源的河西鲜卑秃发部秃发乌孤建立南凉,都廉川堡(今青海乐都);杂有卢水胡的匈奴沮渠部沮渠蒙逊建立北凉,都张掖;汉人李暠建立西凉,都敦煌。这一地区经济水平较低,民族关系复杂,没有一个民族能够在这里起主导作用,没有一个国家能够把这一地区统一起来。这些小国彼此征战并吞,混乱持续很久,生产破坏很大。

---

① 《宋书》卷八二《周朗传》。
② 《宋书》卷六七《谢灵运传》。
③ 同上。

十六国简表

国名有竖线者在十六国数中,成、汉与汉、前赵均以一国计。
箭头表示灭于某国。国名下小字为族名及始建国者名。

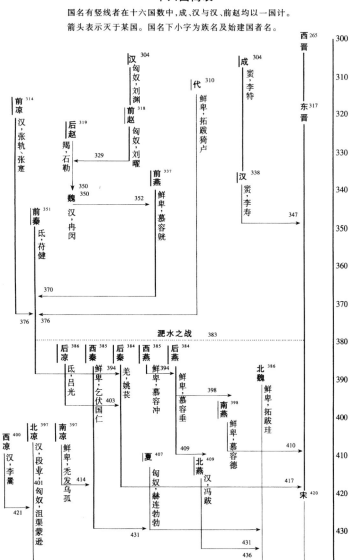

除了上述三个地区以外，在平城（今山西大同）一带，则有鲜卑拓跋部建立的代国。338年，什翼犍统治拓跋部。他设官分职，"制反逆杀人奸盗之法"①，进一步摧毁氏族制的残余，确立了国家。376年，代国被苻坚攻灭。淝水之战以后，拓跋珪在386年重建国家，改国号为魏。

拓跋珪（386—409年在位）是拓跋部的杰出人物，他在盛乐息众课农，又把农业生产推广到五原和榆阳塞外，并且征服了一些北方的游牧部落，俘获了大批人众和牲畜，使拓跋部迅速强大起来。395年，魏军大败后燕军于参合陂，歼灭后燕军四五万人。第二年魏军大举攻燕，夺得并州，又东出井陉，进入河北诸州郡，陆续占领了信都、中山、邺等重镇，基本上平定了关东地区。天兴元年（398），拓跋珪称帝（后谥道武帝），定都平城。泰常七年（422），明元帝取得淮河以北刘宋的青兖二州。以后，太武帝经过连年攻战，于神䴥四年（431）灭铁弗部的夏国，太延二年（436）灭北燕，太延五年灭北凉，完成了北方的统一。

二 北魏前期（386—451）各族人民的反压迫斗争

北魏前期的民族压迫和各族人民的反压迫斗争 十六国以来百余年的民族斗争与民族融合，为北魏的统一创造了前提。在统一战争过程中，道武帝为了加强统治，离散跟随他进入中原的从属诸部的部落组织，让部落成员分土定居，列为国家编户，不许

---

① 《资治通鉴》卷九六东晋咸康四年。

任意迁徙。但是有一些像高车那样的部落由于过于"粗犷",难于强制,仍得以保全部落组织。① 道武帝又把山东六州的汉族民吏和徒河（鲜卑慕容部）、高丽、"杂夷"36万口,强制迁到平城附近,配给耕牛,计口授田。此外,还强徙百工技巧十余万口。明元帝、太武帝时,也曾大规模徙民。这些措施,反映了北方许多民族的部落成员向小农变化的历史趋势,在客观上促进了民族杂居与民族融合,有利于统一的实现。

由于各民族的割据形势在前秦崩溃以后十分严重,所以北魏前期由道武帝、明元帝、太武帝相继进行的统一战争,同时又是残酷的民族征服战争。在民族征服战争过程中,拓跋统治者大规模地掠人为奴,大量抢劫财富,对各民族人民实行民族压迫,这又激起了各族人民的反压迫斗争。

慕容部的反抗是最先发生的。由于北魏曾经在参合陂坑杀后燕降卒,中原的慕容部人到处匿粮守城,节节阻挡魏军东进。被迁往平城的慕容部人"百余家谋外奔",企图摆脱北魏统治,因此被北魏诛杀的达数百人。② 由于慕容部人反抗的激烈,北魏在泰常三年（418）又一次把散居冀、定、幽三州的徒河徙于平城附近③,以便就近控制。

---

① 《魏书》卷一一三《官氏志》,《北史》卷八〇《贺讷传》、卷九八《高车传》。当时部落未被离散者实际上还有很多,北魏末年和北齐时屡见于史籍的"领民酋长""领民庶长",应即出于北魏初年未被离散的以及以后内附的部落。

② 《魏书》卷二《道武帝纪》。

③ 《魏书》卷三〇《娥清传》,卷三《明元帝纪》。

天兴元年（398），幽州乌桓①反对北魏的民族压迫，进行了顽强持久的斗争，直到泰常元年才被镇压。

并州境内的杂胡经常受到魏军攻击，也进行了持久的反抗。北魏逐部征服他们以后，除了恣意屠杀之外，还强制离散他们的部落，有些更被大批徙往平城。

沿边各民族的许多部落，处在北魏军镇的控制下，不但得不到正常的生存条件，而且还被驱使进行掠夺战争，所以也常起反抗。高车族的反魏斗争最多，规模最大；斗争失败后，高车人往往被强制编成营户，强徙于今河北、山东地区。

在北魏的北面，游牧的柔然人是北魏的劲敌。太武帝用主要的力量对付柔然，前后发动了许多次反击柔然的远征。北魏把被征服的柔然及其所属高车等部人众南徙于边塞地区，向他们责纳沉重的畜产贡献，并驱使他们进行战争。他们也常常出塞逃亡，反对北魏的统治。

汉族人民反对民族压迫的斗争，同其他各族一样激烈。史载"白涧、行唐（在今河北行唐一带）民数千家负险不供输税"②；"高平（郡治今山东金乡）民屯聚林薮，拒射官军，〔娥〕清等

---

① 《魏书》卷三《明元帝纪》作"徙河部落"，卷四《太武帝纪》作"渔阳群盗"，卷三〇《王建传》作"乌桓"。按渔阳为乌桓聚居区之一，起兵领袖均为库辱官氏。《北史》卷九八《徒何段就六眷传》云，其伯祖"因乱被卖为渔阳乌丸大人库辱官家奴"，可知库辱官为乌桓著姓，所以上述几说应以《王建传》为是。

② 《魏书》卷三〇《周几传》。

因诛数千家,虏获万余口"①。北魏在中原设有8个军府,每军5000人,用以镇压汉人的反抗。神瑞二年(415)北魏曾拟迁都邺城,崔浩极力反对,他说拓跋部人口太少,如果分家南徙,不能遍布诸州,居民知道虚实,更会起来反抗,边陲各族也会攻击平城。他认为只有把统治中心放在平城,一旦中原有事,可以随时轻骑南下,这才是"威制诸夏之长策"②。从崔浩的话里,可以看出北魏统治者对各族人民反抗的恐惧和防范的用心。

太平真君六年(445),发生了规模更大的反压迫斗争。这一年,盖吴领导杏城(今陕西黄陵)卢水胡起兵,"诸种胡争应之,有众十余万"③。一些汉人也结众起兵,与盖吴通谋。盖吴一方面与刘宋联系,一方面分兵几路进攻。别部帅白广平西入新平、安定,同氐、羌、匈奴的反魏力量结合。盖吴进军李闰堡(今陕西大荔境),扩充势力,转攻长安。河东的蜀人由薛永宗率领,也起兵呼应。直到太武帝亲领重兵镇压,起义军才归于失败。

北方的民族矛盾和各族人民的反压迫斗争,在当时的南北关系中有强烈的影响。太平真君十一年(450)宋军北进中原,河洛关陇人负粮操兵,群起响应,甚至"四山羌胡,咸皆请奋"④。这年冬天魏军进占瓜步时,淮南人民坚壁清野,纷纷逃散。坚守

---

① 《魏书》卷三〇《娥清传》。
② 《魏书》卷三五《崔浩传》。
③ 《资治通鉴》卷一二四宋元嘉二十二年。
④ 《宋书》卷七七《柳元景传》。

盱眙的宋太守沈璞说："贼（指魏军）之残害，古今之未有，屠剥之刑，众所共见，其中有福者，不过得驱还北国作奴婢尔。"①这种残暴的民族压迫行为，促使淮南守军在四面被围的情况下坚守不退，最后打败了北魏的围攻。

在魏军内部，民族矛盾也表现得十分严重。魏军作战时，鲜卑铁骑驱逼汉人徒步陷阵，往往不等到接战就被踩死。当魏军猛攻盱眙时，魏太武帝甚至致书宋将臧质说：围城的兵尽是氐、羌、匈奴和丁零，如果宋军杀死他们，正可以减少北方各地的反魏力量，对北魏没有什么不利。由于魏军内部民族压迫严重，所以魏军中的被统治各族士兵常起反抗，大量逃亡。

北魏统治者对汉族地主的笼络　北魏统治者在统一北方的过程中，一方面用强力镇压各族人民的反抗，另一方面又极力笼络各族上层分子，借他们之力来统治被征服各族的人民。

北魏诸帝效法汉高祖的和亲政策，把公主嫁于"宾附之国"②，用以维系各胡族的统治者。北魏还给各胡族统治者以封爵和官职，让他们带领本族军队，供北魏驱使，甚至还让他们替北魏来镇压本族人民的反压迫斗争。

北魏诸帝也使用各种手段，来笼络汉族上层。早在皇始元年（396）道武帝夺得并州时，就积极招引汉族士人，充实统治机构，并让崔宏主持立官制，制礼仪，定律令。神䴥四年（431），

---

① 《宋书》卷一〇〇《序传》。
② 《魏书》卷二四《崔玄伯传》。

太武帝诏征中原士族范阳卢玄、博陵崔绰、赵郡李灵、河间邢颖、渤海高允、广平游雅、太原张伟等，州郡所遣共达几百人，给以官爵。北魏灭夏，得赵逸、胡方回等儒生；灭北凉，又把河西儒生阚骃、索敞、阴仲达和先世由中原入凉的常爽、江式等人迁到平城，让他们教授生徒，整理经籍，考订律制，撰修国史，传播诗文，厘定文字。太武帝还命令鲜卑官员把子弟送到太学学习。某些鲜卑勋臣在政治上的作用开始有所缩小，其中有的以爵归第，职务由汉族士人代替。

北魏早期，对中原地区还只是军事占领，政治统治不得不假手于割据一方的汉人大族豪强，甚至军事镇压，有时也要借助于汉人士族或拥有武装的汉人地主。泰常八年（423）北魏叔孙建率军攻青州，青州人坚壁清野，顽强抗拒，明元帝派曾经聚兵于河济之间的刁雍到青州去，诱逼汉人供应租粮。① 盖吴起兵时，河东闻喜的大族裴骏率"乡豪"抗击义师②；河东汾阴的蜀人大族薛拔则受北魏之命"纠合宗乡"，拦河阻截③。汉族和其他各族人民的反压迫斗争，由于大族豪强的镇压而受到很大的挫折；而大族豪强则由于拥兵自重，得以保全甚至扩充自己的政治经济势力，并且在这个基础上逐步与拓跋贵族联合

---

① 《魏书》卷三八《刁雍传》。又《魏书》卷五六《郑羲传》：延兴初年阳武人田智度起兵反魏，魏以羲"河南民望，为州郡所信，遣羲乘传慰谕。羲到，宣示祸福，重加募赏，旬日之间，众皆归散"。事虽晚出，而利用汉人大族镇压人民，则更露骨。

② 《魏书》卷四五《裴骏传》。

③ 《魏书》卷四二《薛辩传》附《薛拔传》。

在一起。

拓跋贵族笼络汉族上层虽然很有成效，但是他们之间的矛盾并未完全消除，这种矛盾有时还发展到很尖锐的程度。道武帝强徙旧燕境内"守宰豪杰吏民"2000家于平城，就是为了加强对汉族地主的控制，消除他们反抗的意图。明元帝诏征各地豪强地主入京，州郡对被召的人加以逼遣，酿成了很大的骚动。直到太武帝时，还有一些关东地主不愿出仕，把到平城做官视为畏途。[①] 太武帝最亲信的汉人士族崔浩由于反对北魏与南朝为敌，又提倡族姓门第，不但自己终于遭到惨杀，而且还牵连到许许多多同宗和姻亲。

三 北方社会各阶级的状况

地主和荫户　宗主督护制　十六国、北魏时期，北方的大土地所有制继续在扩展着。一般地主都拥有庞大的田庄，役使农民种植谷物、桑麻、蔬果，豢养鸡豚，栽培竹木，自办樵苏脂烛，除了食盐以外，基本生活资料都可以自给自足。[②] 这样的田庄，适应十六国以来交换经济受到严重破坏的需要，是北方豪强割据的物质基础。

在十六国的混乱年代里，有些大族聚族而居，割据一方，筑

---

① 《魏书》卷九四《阉官仇洛齐传》。
② 《颜氏家训》卷一《治家》。按《颜氏家训》成书较晚，但是所述北方田庄自给自足的情况，在十六国、北魏时期应当是有过之而无不及的。

成坞壁，保障自己不受胡人的侵犯。① 坞壁里聚集的人，多则四五千家，少则千家、五百家②，这些人的绝大多数实际上都是佃客、部曲，在地主支配下，无事时进行生产，有事时执戈作战。十六国后期，大族仍然是"或百室合户，或千丁共籍"③，把农民作为"苞荫户"，牢牢地掌握在手里。关中大族的苞荫户也很多，称为"堡户"④。北方各少数民族贵族习于农业化生产、生活方式后，也强占土地，扩充荫户，同汉族地主差不多。

大族地主的土地所有权十分牢固，这种土地所有权同政治军事权力以及同族权紧紧结合，残酷地束缚住无地或少地的农民，强迫他们接受大族地主的剥削。北魏统治者为了勾结和利用汉族地主来镇压农民，也承认地主的这种权力的合法性，并且在一部分地区把地主的这种统治当作国家的地方政权，这样就形成了"宗主督护"的制度。

在坞壁统治和以后的宗主督护制下，农民由于占有土地状况、与地主的亲疏关系以及其他条件各有不同，因而与地主的依附关系在程度上可能有较大的差别。但是一般说来，地主可以任意驱使农民当兵、种地或服其他劳役，农民很难摆脱地主的控制。《魏书·食货志》说："魏初不立三长，故民多荫附。荫附

---

① 《郡斋读书志》卷一四有庾衮《保聚图》及《保聚垒议》二十篇。又，今嘉峪关出土魏晋墓室壁画中多有坞壁图像，见《文物》1972.12，1974.9，1982.8。

② 见《鸣沙石室佚书》所收敦煌写本《晋纪》，疑即邓粲所著《元明纪》。

③ 《晋书》卷一二七《慕容德载记》。

④ 《晋书》卷一一七《姚兴载记上》载姚兴诏："堡户给复二十年。"

者皆无官役,豪强征敛,倍于公赋。"这里以公赋(通常是指租调)的数量与豪强征敛对比,可见地主对依附农民的主要剥削形式,仍然是实物地租。① 当然,在依附关系紧密的条件下,地主对农民也会在一定程度上增加劳役剥削。

北方的大族地主中,有许多还世代相承地拥有特殊的社会、政治地位,称为士族、郡姓。北方士族,关东以崔、卢、李、郑、王诸姓为大,关中和并州地区以韦、裴、柳、薛、杨、杜诸姓为大。② 他们在地方上的势力更是盘根错节,对北方的政治起着重大的影响。

国家的各种依附户 拓跋部贵族建立的封建国家,把战俘和被征服各族的一部分人民(主要是汉人),作为依附户控制在自己的手里,让他们从事各种不同的劳役,受拓跋贵族剥削。隶户或杂户是最常见的一种,他们往往几十户、几百户地被赐给百官将士,供这些人驱使。许多人被发配军镇世代当兵服役,称为军户、营户、府户。平城和各地的手工业者则被编为伎作户,由职司工役的政府部门管理,为官府制造手工业品。此外还有太常寺的乐户、屠户,并州的盐户,汉中的金户等。北魏初年,还曾允许逃户自占为绫罗、细茧、罗縠等户,专门向国家交纳丝织品。

---

① 《通典》卷七《丁中》:"高颎睹流冗之病,建输籍之法。于是定其名,轻其数,使人知为浮客,被强家收大半之赋;为编氓,奉公上,蒙轻减之征。"杜佑自注:"浮客,谓避公税、依强豪作佃家也。"按:杜佑说这个现象自周齐至隋初都存在,可以推知北魏的荫户也是强豪的"佃家",受强豪"大半之赋"的实物地租的剥削。又,当时南方地主对佃客的剥削,也以实物地租为主。

② 《新唐书》卷一九九《柳冲传》。

州郡有屯田户，国家牧场上还有牧户。所有这些户口，都和杂户相近。罪犯和他们的家属，有时也配充杂户。

各种依附户服役种类不同，但是身份都差不多，大体上都低于自耕农而略高于奴隶。他们都是子孙相袭，不能迁徙、改业，而且一般都不能与庶民通婚，不得读书、做官。他们又都自立门户，有独立的但却是很薄弱的家庭经济，在轮值的时间以外，或上交定量的贡纳以后，他们可以经营家庭生计。

北魏国家控制的依附户特别多，这是由当时的一些社会历史条件决定的。北魏民户多处于宗主督护或残留的部落束缚之下，由国家直接掌握的为数有限。同时，拓跋部生产水平低下，而当时社会上的手工业和商业又很衰落。在这样的情况下，如果北魏统治者不把一部分劳动者作为国家依附户牢固地控制起来，就不能满足自己多方面的特别是对于手工业产品的需要。由于拓跋部奴隶制残余的影响和拓跋贵族的民族压迫政策，北魏国家依附户的人身束缚非常紧密，生活非常痛苦。直到 5 世纪下半叶孝文帝当政时，北方的农业、手工业生产有所提高，民族关系比较缓和，上述情况才有较大的改变。

此外，佛教寺院也合法地占有依附农民，叫作僧祇户或佛图户，让他们为寺院地主服役。

自耕农民 北魏初年，道武帝大量徙民代北，这种徙民，其土地、耕牛由国家分给，而所受剥削则同于一般编户，是一个比较特殊的自耕农民阶层。道武帝以代郡以西，善无以东，阴馆以北，参合以南①为畿内之田，设官吏劝课农桑，企图稳定这个阶层的经济地位，以利于北魏的统治。但是不久以后，畿内给田民户贫富分化严重，开始流动起来。太延五年（439）北魏令畿内民以人力牛力换工，有牛家用牛为无牛家耕田22亩，无牛家以耘锄功7亩相偿；至于老小贫家，则牛耕7亩，偿以锄功2亩。这种换工办法虽然带有互助性质，但实际上还是有牛户对无牛户的变相剥削，所以并不能帮助贫弱农民，一遇水旱，他们就相率四处逃亡。孝文帝延兴三年（473），曾严诏地主家有兼牛者通借贫下户，否则一门之内终身不仕。太和元年（477），孝文帝更企图重分畿内土地，一夫治田40亩，中男20亩，但是并无成效。

在中原地区，自耕农民更不稳定。国家对他们征收租调时采用"九品混通"的办法，这种办法把农民的一户同占有成百成千依附农民的地主的一户等量齐观，当作负担租调的单位，对农民是极端不利的。②租调的定额很高，达到帛2匹，絮2斤，丝1斤，粟20石，还有大量的调外之费。官吏征收租调时，往往

---

① 代郡在今蔚县，善无在今右玉县，阴馆在今代县，参合在今阳高县。
② 约在北魏成书的《张丘建算经》卷中，以算题方式提供了一个"九品混通"的实例：九等户每等各若干，调绢平均每户三匹（一匹合四丈），九品混通，每户等应相差二丈，问各等户每户出绢几何？经计算，上上户每户出五匹，等而下之，至下下户每户一匹。按当时实况，上上户与下下户的土地、人口相差何止数十百倍，但户调相差只有五倍，可见这种办法对贫苦农民是极不利的。又，同书同卷还有按户等"通融"出银的算题；《孝子算经》卷下有九家分九等输租的算题。

"纵富督贫,避强侵弱"①,户等划分根本无法公允,甚至大地主规避的租调也要转嫁给自耕农。官吏还使用长尺大斗重秤,上下其手,并且和商人狼狈为奸,高抬帛价,盘剥买帛纳调的农民。租调以外,官役尤其严酷。在沉重的剥削下丧失了土地的农民,有的为人客作(雇佣),他们终年所获约为粟150斛,仅能勉维全家食用和最低生活所需②,一遇到严急的征役和水旱灾害,就立刻断绝了生计。所以农民为了避役,宁愿投靠宗主做苞荫户,甚至不得不卖身为奴。

奴隶 北魏社会中奴隶数量相当多,奴隶劳动相当普遍。奴隶多数是从战俘转化而来,几乎每次大战之后,都有"赐生口""赐军实"的记载。由于犯罪而籍没为奴的人也不少。魏律虽然严禁卖子及卖亲属③,也严禁"掠人、掠卖人、和卖人为奴婢"④,但是实际上抑良为奴的事还是大量存在。奴婢生活特别悲惨,他们终年麻鞋敝衣,以桑枣果腹,而且还经常受到残杀。由于奴隶经常被使用于农业生产,所以以后孝文帝颁布的均田令中,规定奴婢受田同于良人。

---

① 《魏书》卷四上《世祖纪》上。

② 客作终年所获约为粟150斛,人日廪约需6升,均据《张丘建算经》卷下诸题。150斛恐怕是一个偏高的数字。

③ 《通典》卷一六七引崔鸿仪费羊皮一案云:"按律:卖子,一岁刑;五服内亲属在尊长者,死;卖周亲及妾与子妇者,流。"

④ 《魏书》卷一一一《刑罚志》:"掠人、掠卖人、和卖人为奴婢者死。"

四　北魏中期（452—499）的阶级斗争和孝文帝的改革

北魏中期阶级斗争的形势　经过长期的民族征服战争后，太武帝统一了北方。随后他大举进攻柔然，稳定了北方的边疆；又率师南征，遏止了刘宋的进攻，使南北力量趋于平衡。这一系列的战争固然巩固了北魏政权，同时也使北魏国力大为虚耗。所以当太武帝死后文成帝即位时，就出现了一个民怨沸腾，"朝野楚楚"[①]的局面。

文成帝以后，北方的民族矛盾已趋缓和，民族之间的战争出现较少，而阶级矛盾却逐步发展起来。那时候，由于过度的剥削，自耕农民的经济地位极不稳定，逃亡隐匿现象有加无已，因而出现了此起彼伏的农民暴动。兴安二年（453），文成帝杀戮河间鄚县（今河北任丘）起义农民，并以"男年十五以下为生口，班赐从臣各有差"[②]。从处理的情况看来，这次农民起义斗争相当激烈，规模也是相当大的。

孝文帝（471—499）即位后，农民暴动几乎年年发生，有时一年数起。延兴三年（473），北魏统治者颁令，规定县令能镇压一县"劫盗"者兼治二县，能镇压二县者兼治三县，三年升为郡太守；郡太守能镇压"劫盗"者，也同县令一样兼职升官。

[①]　《魏书》卷五《高宗纪》史臣语。

[②]　《魏书》卷五《高宗纪》。

残暴的镇压措施更加激怒了农民,所以颁令以后,暴动反而更多起来。平城的奴隶也参加了暴动,还有一部分因逃避赋役而托身寺院的僧侣,也卷进了斗争的行列。

阶级斗争的形势,使北魏统治者无法照旧统治下去,他们不得不改弦更张,另求维持统治的办法。由于北魏同南朝力量已趋均衡,漠北的柔然力量也很衰弱,北魏外部的威胁解除了,所以北魏统治者也获得了改革所必需的条件。冯太后和孝文帝所进行的各种改革[①],就是在这种情形下出现的。

吏治的改革 孝文帝首先从吏治着手,推行改革。北魏初年定制:地方守宰一律三人,其中一人是拓跋宗室,另二人是异姓鲜卑贵族和汉族地主。这些官僚贵族遍布全国,大权在握,毫无顾忌地宰割农民。各级官吏都没有固定的俸禄,由官吏自己尽量搜刮民膏民脂,充实私囊。地方守宰不论好坏,任期一律六年,期满代换。在他们任职期间,国家只问他们能否上缴一定数量的租调,不问如何搜刮和搜刮多少。在各地实行军事镇压的武将,也同样是敲骨吸髓,竭泽而渔。史载公孙轨镇压上党丁零时,"初来单马执鞭,返去从车百两"[②],丁零人都登山辱骂。北魏王朝偶尔也"征问民瘼","访求吏治",但是事实上只是"网漏吞

[①] 孝文帝即位时(471)年五岁,政事实际上由太上皇(即献文帝)掌握。承明元年(476),献文帝死,由太皇太后冯氏执政,至太和十四年(490)冯氏死为止。所以太和十四年以前的改革,都是由冯氏主持的。

[②] 《魏书》卷三三《公孙表传》附《公孙轨传》。

舟，时挂一目"① 而已，没有什么实际作用。北魏吏治败坏到这样的地步，一方面使统治集团由于分赃不均而发生无穷的纠纷，另一方面也使阶级矛盾迅速发展，直接激起各处的农民暴动。

孝文帝亲政前，冯太后开始采取了一些改革措施。她规定守宰任期按"治绩"好坏为定，不拘年限；并颁行俸禄之制，规定俸禄之外贪赃满一匹者处死。征收租调时，也禁止使用长尺大斗重秤。孝文帝亲政后，继续整饬纪纲，严明赏罚，使腐败的吏治有所澄清。吏治的澄清虽然很有限度，但是北魏统治者借此整肃了官僚机构，巩固了统治，因而也为其他方面的改革创设了条件。

三长制　均田制　延兴三年（473），北魏派出使者，分道检括被豪强地主隐匿的户口，被派到冀、定、相等州的韩均，搜括出隐户达十多万户。为了加强国家的统治，并同豪强地主争夺劳动人手，李冲在太和九年（485）提出推行三长制的主张。三长制就是重建乡官系统，五家立一邻长，五邻立一里长，五里立一党长，选择本乡"豪门多丁"②者为之，用以代替宗主督护的统治。

三长制的建议，引起了北魏统治者的激烈争论。一般说来，鲜卑贵族所役使的主要是奴隶和国家赏赐的隶户，建立三长制不会太多地损害他们的利益，所以他们赞成立三长以加强国家。汉族大地主主要靠大量的苞荫户提供剥削，立三长对他们很不利，

---

① 《魏书》卷八八《良吏传序》。
② 《魏书》卷八二《常景传》。

所以用各种理由加以反对。最后,冯太后还是采纳了李冲的建议,从太和十年开始,把三长制付诸实行。

太和九年,与立三长的建议约略同时,北魏颁布了均田令。① 均田令规定:

一、15岁以上的男子受露田(未种树的田)40亩,桑田20亩,妇人受露田20亩。露田加倍或加两倍授给(倍给的部分称为倍田),以备休耕,年满70岁还官。桑田作为世业,不须还官,但要种上一定数量的桑、榆、枣树。家内原有的种了桑树的私田不动,可是要用来抵消应受桑田及倍田的份额。土不宜桑的地方,男子给麻田10亩,妇女5亩,皆从还受之法。

二、露田不得买卖。原有桑田超过20亩的,其超过部分可以出卖②,不足20亩的可买至20亩为止。

三、地主可以按其拥有奴婢和耕牛的数量,另外获得土地。奴婢受田办法同普通农民一样,耕牛每头受田30亩。

四、土地不足之处,居民可以向空荒处迁移,随力所及借用国家土地,但不许从赋役重处迁往赋役轻处。由于犯罪流徙或户绝无人守业的,其土地归国家所有,作均田授受之用。

五、地方守宰按官职高低,授给公田,刺史15顷,下至县令、郡丞6顷。所授之田不许买卖。

---

① 均田令见《魏书》卷一一〇《食货志》,其中一些文字须据《通典》校正。又,均田令当与太和元年畿内一夫治田40亩之制有渊源关系。

② 由于均田令规定原有桑田还应当用来抵消应受的倍田,所以实际上要超过60亩(一易之田)或100亩(再易之田),才能出卖其超过部分。

北魏王朝还授受了李冲的另一项建议，制定了与均田制相适应的新的租调制。新的租调制规定一夫一妇出帛 1 匹，粟 2 石；15 岁以上的未婚男子 4 人、从事耕织的奴婢 8 人、耕牛 20 头，其租调都分别相当于一夫一妇的数量。由于均田制和新的租调制名义上是以一夫一妇的小家庭为受田纳租单位，不再有户等差别，所以废除了九品混通的征收租调办法。

均田制是我国历史上土地所有制的一种补充形式，它是在我国北方土地特别荒芜，自耕农民稀少的特定条件下出现的。从令文看来，均田制好像可以处理一切耕地，但是实际上只有荒地、无主地以及所有权不确定的土地，才能够作为均田授受之用。均田制下的农民基本上仍然是自耕农，北魏王朝把他们连同其原有的小块耕地一起，按均田令规定的土地项目载入户籍，并且限制桑田的买卖，不许他们无故迁移，以加强对他们的控制，保证国家的租调收入和徭役征发。均田农户土地不满均田令规定的部分是否可以多少得到国家的补充，将因时因地，特别是因本乡官府掌握的荒地的有无多寡而有不同。一般说来，国家按均田令完全补足农民的土地，显然是不可能的，现存的西魏大统年间敦煌残计账中，有许多"未受地"的记载，可以证明。但是在有荒地之处，国家还是尽可能把荒地分给农民耕种，以榨取赋税徭役。

至于地主，他们仍然可以用原有桑田的名义，用奴婢、耕牛分田的名义，基本上保有原来的私田，而奴婢、耕牛分田的租调又非常轻，所以均田令对他们的利益实际上触动很少。地主还可以用各种手段，控制住自己的大部分苞荫户。在实行均田制度的时候，地主土地所有制仍旧是土地所有制的支配形态。

虽然这样,三长制和均田制的推行,对于地主经济和农民经济,仍然发生了一些重大的影响。地主的一部分苞荫户,由于行三长制和均田制而成为均田农民。均田农民的增多,使农民的租调得以减少并固定起来。这些结果,或多或少地改善了农民的处境,削弱了大地主对农民的政治的、经济的、宗法的控制力量,因而对生产力的发展起了积极作用。

均田令强制授给露田,实际上就是强制垦荒,这对农民是一种剥削的手段,但是在客观上也有助于耕地的扩大和生产的发展。

残存的西魏大统年间的敦煌计账中,有一些匈奴、高车等族均田农户的名籍,从这些名籍看来,他们的家庭组成、土地状况以及对国家的负担,同当地汉人没有差别。这又说明均田制巩固了各族人民的定居农耕生活,促进了他们的农业化。

迁都洛阳和改革鲜卑旧俗 由于代北地区的农业生产不能满足国都平城的日益增长的需要,由于孝文帝力图摆脱代北鲜卑贵族保守思想的影响,以加速北魏政权的进一步封建化,更由于北魏加强统治中原人民的要求,孝文帝于太和十八年(494)把都城迁到洛阳。接着,他实行了一系列的改革鲜卑旧俗的措施:以汉服代替鲜卑旧服;朝廷上禁用鲜卑语;规定迁洛的鲜卑人以洛阳为籍贯,死后不得归葬平城;沟通鲜卑贵族和汉人士族的婚姻关系;改鲜卑旧姓为音近或义近的汉姓;规定鲜卑人和汉人贵族姓氏的等第并使鲜卑贵族门阀化,等等。在改变姓氏和规定门第方面,太和二十年改拓跋氏为元氏,门望最高;其余所改鲜卑著姓中,穆(丘穆陵氏改)、陆(步六孤氏改)、贺(贺赖氏改)、刘（独孤氏改）、楼（贺楼氏改）、于（勿忸于氏改）、嵇（纥奚氏改）、尉（尉迟氏改）等，合称八姓，其门第与北方汉人士族崔、卢、李、郑相当，不充猥官，只任清职。

孝文帝迁洛和改革，是北魏政治经济发展、鲜卑族进一步封建化的必然结果。从服装和语言的改革说来，鲜卑旧服不合于"华夏衣冠"传统，也不适宜于中原农业社会的生活；鲜卑语言不能反映迁洛后的经济生活和政治生活内容，不适宜于作全社会的交际工具，因而都需要改革。鲜卑贵族命官班爵以武功为准，与汉人士族制度不合，妨碍了鲜卑族和汉族统治者的进一步糅合，妨碍了北魏统治进一步加强，因而也需要改革。孝文帝的改革主要着眼于鲜卑贵族，着眼于巩固北魏政权，但是客观上却促进了拓跋部全族同汉族的融合。

经过改革以后，迁洛的鲜卑劳动者陆续成为中原的农民，他们筑起简陋的房舍，经营小块土地，"肆力伊、瀍，人急其务"[①]，最终脱离了游牧生活和部落联系，完成了封建化的过程。鲜卑贵族则抢占良田，成为中原的封建地主，有的还兼事工商聚敛。经济生活的变化使习俗的改变固定下来，虽然以后政治上还发生过一些风波，他们都没有再迁回代北旧土。

孝文帝的改革，说明征服了汉族和其他少数民族的鲜卑拓跋部，自己不得不被汉族较高的文化所"征服"。在这个"征服"过程中，鲜卑族文化的优秀部分被中原汉族文化所吸收，特别是鲜卑族畜牧生产的经验和技能，在北方汉人中获得传播，对北方

---

① 《魏书》卷六五《李平传》。

的经济生活起着一定的影响。孝文帝时的《李波小妹歌》描写李波小妹"褰裙逐马如卷蓬,左射右射必叠双"①,这无论从服饰上或从风尚上,都显示了汉人生活中所受鲜卑文化的影响。稍后,颜之推比较南北方音,认为"南染吴越,北杂夷虏"②,也说明北方汉语吸收了鲜卑语的若干成分。孝文帝迁都、改革以及以后六镇起义,在不同的意义上推动了拓跋部封建化的完成,推动了民族的融合,以至于出现了"自隋以后,名称扬于时者,代北之子孙十居六七"③的结果。至于鲜卑文化习俗遗留至隋唐者也所在多有。李白诗中"脱君帽,为君笑"句,就是鲜卑脱帽欢舞的礼俗。④唐时婚嫁之礼,喜立毡帐,盖源于北朝穹庐之制⑤。唐开元时,从驾宫人骑马者皆着胡帽⑥。

孝文帝的改革,受到一部分守旧的鲜卑贵族的激烈反对。这些人对于孝文帝提倡读书表示不满,他们疑忌丛生,唯恐孝文帝宠幸汉族士人而疏远"国戚"。他们不愿放弃代北的耕地和牧场,害怕迁都后自己的政治地位受到影响,因而极力反对迁都。

---

① 《魏书》卷五三《李安世传》。
② 《颜氏家训》卷七《音辞篇》。
③ 《资治通鉴》卷一〇八太元二十一年胡注。胡三省这段话隐含着对蒙古族统治汉族的感叹,所以带有夸张成分。
④ 《资治通鉴》卷一五四中大通二年载尔朱荣在洛,城阳王元徽以太子降生为辞驰骑相告,图赚荣入朝堂,并脱荣帽欢舞盘旋一事。胡注曰:"唐李太白诗云:'脱君帽,为君笑。'脱帽欢舞,盖夷礼也。"
⑤ 《封氏闻见记》卷五"花烛"条。
⑥ 《旧唐书》卷四五《舆服志》。

定都洛阳以后，他们不愿携带家财跋涉艰险的旅途，又害怕洛阳暑热，仍然拒不赴洛。孝文帝允许部分鲜卑贵族留家代北，冬来夏去，当时人把他们称作"雁臣"。但是，守旧贵族的反抗并没有因此停止。太子元恂打算轻骑逃回代北，被废为庶人，后来又因谋反被处死。穆泰、陆叡等人联络宗室王公，在平城发动叛乱，鲜卑贵族八姓除于氏以外都有人参与。孝文帝虽然感到南北纷扰，担心在洛阳立足不稳，但是仍然坚决把叛乱压平下去，巩固了迁都和改革的成果。

五 北魏后期（500—534）的社会经济

农业的恢复和发展 北魏中期以来，北方衰败的经济开始回升。以后经过孝文帝的改革，到 6 世纪初期，北方社会经济有了明显的发展。

北魏迁都以后，洛阳重新成为北方的政治经济中心，洛阳附近黄河中游的许多荒地，重新得到开垦，粮食产量比过去增多了。6 世纪初期，北魏全国人口比西晋太康年间南北合计还要多出一倍，这在一定程度上反映了三长制、均田制的成效和农业恢复发展的规模。劳动人民创造的农业生产工具特别是整地碎土工具，比过去复杂得多，这些工具都是精耕细作所需要的。西晋时各地的水碾、水碓、水碓，在十六国时期受到严重的破坏后几乎绝迹，到这时又先后在洛阳和其他地方恢复起来。洛阳城南居民用水力进行碾、磨、舂、簸；城西的千金堰，有水碾磨几十具，

"计其水利,日益千金"①。精耕细作的农业经验和农业技术也有了提高,农民特别注意耕作的功力,"宁可少好,不可多恶",所以有"顷不比亩善"②的谚语。气候条件的掌握,土壤的区分,防旱保墒经验的积累,也都有了新的成就。各种作物的栽培技术,积肥、施肥、选种、育种的细致方法,都受到农民的重视。

为了适应趋于繁荣的城市生活的需要,城郊蔬菜、果木以及其他经济作物的种植也发达起来。城郊农民所种瓜菜,种类繁多,有车牛的农户自运市场出卖,无车牛的转卖与人,收入比种植谷物要大得多。农民间实行一种带有互助性质的劳动分配办法,例如单夫只妻之家种植红花、兰花、栀子一顷,摘花时日需百人,"每旦当有小儿僮女十百余群自来分摘,正须平量中半分取"③。经济作物的种植,使自耕农民的经济比北魏前期、中期活跃得多。此外,牲畜的品种,牲畜饲养、繁殖数量和兽医的经验,都比过去丰富,这显然是吸取了鲜卑族畜牧经验和塞外畜群内移的结果。

手工业和商业的恢复和发展 自从孝文帝放松对伎作户的控制后,民间的手工业生产日益活跃起来。绢布的产量大为增加,绢价从北魏初年每匹千钱降落到二三百钱,府库绢帛之多,达到魏晋以来最高的水平。供城市消费的手工业的种类多起来了,手

---

① 《洛阳伽蓝记》卷四,《魏书》卷六六《崔亮传》。
② 《齐民要术》杂说,卷一及注。
③ 《齐民要术》卷五。

工业者数量激增。洛阳城郊内外聚居了许许多多的手工业户，按行业分居，例如退酤、治觞二里，就是酿酒业集中的地方。官府手工业也有所发展，管理官府手工业的机构太府，组织庞大，部门非常多。农村也出现了多种手工业，如压油、造纸等，都是就地取料，就地加工。

在今河北、河南等地的北魏后期墓葬中，有许多青瓷器出土，它们的器形和制胎上釉，都与南方青瓷有很大的区别，显然是北方新近发展出来的制瓷业的产品。北方青瓷虽然比南方粗糙，但是它对唐宋时期北方制瓷业的繁盛，具有直接影响。

东魏綦毋怀文集中了北方长期的冶炼经验，以灌钢炼宿铁刀，隋代襄国冶家铸器，还用其遗法。① 某些地方已经用煤炼铁②，这虽然仍和汉代一样只是个别地区的情况，但是煤的继续使用必将促进冶铸业的发展。

农业和手工业的发展，也使交换关系活跃起来。洛阳城内外出现了许多大市场。城南的"四夷馆"附近住有万多户外来人，销售外地运来的或外地人经营的各种商品。江南人在永桥市出售鱼鳖水产，当时有"洛鲤伊鲂，贵于牛羊"之语。本地的手工业产品，多在城西周回八里的市上出售。为了管理市场，设置了罢市鼓。长期以来的实物交易，正在逐渐为货币交易所代替。洛阳富商大贾很多，最著名的是刘宝，他在州郡都会立宅养马，以通行情，各地所卖盐粟货物，价格全都一样。官僚贵族普遍营

---

① 《北齐书》卷四九《綦毋怀文传》。

② 《水经·河水注》。

商,宗室诸王和邢峦、李崇等汉族官僚以及大宦官刘腾等都远近营运,贩肆聚敛。官吏易地调遣也成了营贩的好机会,郑云贿买到安州刺史的职位,立即向熟习安州情况的封回打听行情。①

洛阳是当时北方交换的中心,城内外共有二百多里(坊),居民达十万九千多户。此外,邺和长安也逐渐恢复为重要的商业城市。北方与南方的贸易增多了,"南货"成为北方畅销的商品。今青海、新疆以及蒙古的各族,也都带着牲畜毛皮以及其他商品来洛阳进行买卖。国外方面,朝鲜半岛、日本、中亚以及更远的许多国家,都同北魏有商业往来,外国人长住洛阳的也不少。《洛阳伽蓝记》说:自葱岭已西,至于大秦,"商胡贩客,日奔塞下"。这虽然有些过甚其词,但也可窥见对外贸易发达的一斑。今库车、吐鲁番、西宁、太原、陕县、定州等地,先后发现过北魏遗存的拜占庭金币和波斯银币,也证明北魏同西方存在着发达的贸易关系。

寺院经济② 北魏后期,佛教寺院遍布北方各地。迁洛后 20 余年中,北魏全国寺院增至 1.37 万余所,洛阳一地即达 500 所;北魏末年,全国更激增至 3 万余所,洛阳 1300 多所。私人建寺之风特别盛行,冯熙一人在各州镇建寺即达 72 所。齐、周寺院有增无减,北齐超过 4 万,北周"有盈万数"③。寺院产业很多,是北朝经济的一个重要组成部分。

---

① 《魏书》卷三二《封懿传》附《封回传》。
② 本段内容,通叙至北朝末年为止。
③ 《广弘明集》卷二四释昙积《谏周太祖沙汰僧表》。

寺院"侵夺细民,广占田宅"①,在北朝是很普遍的事。北魏初年,昙摩蜜多在敦煌立精舍,"植柰千株,开园百亩"②。北齐末年,寺产扩充特别严重,据说"凡厥良沃,悉为僧有,倾竭府藏,充佛福田"③。北周时长安中兴寺庄池内外有稻田百顷,还有"梨枣杂果,望若云合"④。北魏末年洛阳的大寺院多拥有富丽堂皇的神殿,曲折幽邃的山林园池,还有高达十余丈至数十丈的浮图(塔),高数十尺、重数万斤的铜佛。有些寺院甚至还拥有武装,用来保护自己的财产。

北朝僧尼最多的时候达到二三百万人。僧尼立为僧籍,由僧官管理,不列入国家户籍,完全脱离了国家的控制。一般说来,僧尼是宗教职业者,是一个寄生阶层,但是在当时的僧尼中间,却又存在剥削者和被剥削者的阶级差别。僧官和上层僧尼是寺院地主,他们凭借寺产,甚至还勾结官府,剥削僧俗群众;而一般僧侣则多从事耕作,被寺院地主"驱役田舍"⑤。他们大多数是"逃役之流,仆隶之类"⑥,是寺院中的被剥削者。释道安向周武帝说:沙门"或垦植田圃,与农夫等流,或估货求财,与商民争

---

① 《魏书》卷一一四《释老志》。
② 《高僧传》卷三《昙摩蜜多传》。
③ 《广弘明集》卷七齐章仇子佗疏语。
④ 《续高僧传》卷二三《释道臻传》。
⑤ 《高僧传》卷三《释法显传》:法显为沙弥时,"与同学(沙弥)数十人于田中刈稻";同书卷五《释道安传》道安出家后为其师"驱役田舍"。
⑥ 《广弘明集》卷六《叙列代王臣滞惑解》杨炫之条。

利"①，这表明寺院地主役使僧众营田经商，进行封建剥削，同世俗地主并无二致。

寺院地主还可以享有封户，也可以合法地占有依附农民。远在十六国末期，南燕主慕容德曾以泰山郡奉高、山茌二县作释僧朗的封地，使食租税，"领民户"②。北魏献文帝应沙门统（总管僧众之官）昙曜请求，允许僧曹占有僧祇户和佛图户。僧祇户以一部分"平齐户及诸民有能岁输谷六十斛入僧曹者"③为之，他们大致是向僧曹缴纳定额地租（称僧祇粟）的依附农民，这种地租同北魏屯田户向国家所纳者数量相等。僧祇户粟原来由僧曹统一管理，不允许直接属于寺院，但是实际上寺院都争占僧祇户。承明元年（476）寺院逼召凉州军户赵苟子等200家为僧祇户，酿成50多人被迫自杀的惨剧。佛图户以"民犯重罪及官奴"为之，"以供诸寺扫洒，岁兼营田输粟"④，他们同样是寺院依附者，只是经济地位比僧祇户还低。

寺院经济中，高利贷也是一个重要部分。僧曹或寺主以原充赈济僧俗饥民之用的僧祇粟或其他财物，作为寺院高利贷本钱，盘剥人民。寺院高利贷"或偿利过本，或翻改券契，侵蠹贫下，

---

① 《广弘明集》卷八释道安《二教论》其十二。

② 《广弘明集》卷二八上慕容德《与朗法师书》及释僧朗《答南燕主慕容德书》。《高僧传》卷五《竺僧朗传》。

③ 《魏书》卷一一四《释老志》。皇兴元年（467）北魏夺得宋青州地，把一部分青州人户迁到平城附近，称"平齐户"。

④ 《魏书》卷一一四《释老志》，《续高僧传》卷三〇《释慧胄传》。

莫知纪极"①。僧曹还倚官放贷,如东魏济州沙门统道研"资产巨富,在郡多有出息,常得郡县为征"②。

由于寺院耗财伤民,也由于寺院成为农民逋逃渊薮,所以北朝统治者的各种排佛议论和周武帝的毁佛,都具有经济上的目的。

六　六镇、关陇、河北等地各族人民大起义

北魏统治的腐败和阶级矛盾的尖锐化　孝文帝的改革,并没有也不可能使阶级关系获得多大的调整。孝文帝一面进行改革,一面还向臣下询问"止盗"的办法,可见农民暴动对北魏统治者仍旧是很大的威胁。孝文帝死后,继起的北魏统治者由于获得财富更为容易,贪欲也就越来越大,这种无止境的贪欲,直接破坏社会生产,使阶级矛盾更为激化。

北魏统治者在洛阳附近和其他地方霸占良田,垄断工商业,还对农民进行高利盘剥。咸阳王元禧有大规模的田产和牧场,并使用奴仆经营盐铁。高阳王元雍富兼山海,北海王元详也是远近营贩。被称为饿彪将军的元晖任吏部尚书,卖官鬻职都有定价,吏部被人称作"市曹"。河间王元琛同高阳王元雍斗富,奢侈豪华程度超过西晋的石崇、王恺。掌军的武将抄掠农民,还残酷地剥削兵士,兵士在苦役和饥寒疾病中大量地死于沟渎。

---

①　《魏书》卷一一四《释老志》,《续高僧传》卷三〇《释慧胄传》。
②　《北齐书》卷四六《苏琼传》。

无止境的兵役徭役，不断加重的租调，同水旱饥馑一起袭击农村，使均田秩序迅速破坏了。贫苦农民有的逃亡山泽，渔猎为生，有的投靠豪强，重作荫户。寺院大量地隐匿人口，绝户为沙门的到处皆是。掠卖良口为奴婢的事，不再受到法律的制止。无路可走的农民群起暴动，沙门连续起义，沿边氐、羌、蛮、僚等族也吹起了反魏的号角。起义形势激化了统治阶级的内部矛盾，黄河以南各地的汉族官吏纷纷投向南朝，鲜卑贵族之间也常发生内战，北魏统治者在政治上已经走到穷途末路了。

六镇、关陇、河北等地各族人民大起义　北方六镇地区的各族人民，首先树起了大规模反魏斗争的义旗。六镇是今河套西北到河北张北县一线的沃野、怀朔、武川、抚冥、柔玄、怀荒等六个军镇①，原来是北魏抵御柔然、屏蔽平城的军事要地。这一带不设州郡，由军镇直接统治，居民除了相当数量的汉族、鲜卑族府户以外，多是发配来的罪人和被强徙的其他各族人民。他们受民族的和阶级的双重压迫，逐步被鲜卑族强制同化。鲜卑镇将驱使各族兵民种田服役，还时常逼迫他们出塞掳掠。这里经济落后，加上连年旱灾，耕地减少，鲜卑镇将独占了仅有的一些沃土，兵民赖以为生的，只有少量的贫瘠荒田。所以当中原阶级矛盾正在激化之时，六镇兵民早已形成了剑拔弩张的形势。

六镇镇将多是鲜卑等族的贵族，一般官吏也多是鲜卑人或中原强宗子弟，他们戍边求勋，本来升迁很快。柔然衰弱和都城南迁后，他们不再受到重视，出路狭窄起来。他们把这种对自己不

---

① 六镇的范围和名称，异说甚多，此从沈垚说，见《落帆楼文稿》卷一。

利的情况，看作是迁都和改革旧俗的结果，因此有些人也对北魏统治者心怀不满。主要由鲜卑人和高车人组成的洛阳禁卫军羽林、虎贲，也曾在神龟二年（519）进行暴动，打死主张限制鲜卑武人特权的张彝父子，这更助长了六镇一般官吏反对北魏的声势。因此当六镇兵民酝酿起义的时候，六镇一般官吏也怀着自己的目的，掺杂其间。

正光四年（523），今张北县以北的怀荒镇民乘柔然入塞掳掠的机会，杀掉镇将于景，起兵反魏。接着，今五原西北的沃野镇民匈奴人破六韩拔陵杀镇将起义，附近各镇胡汉人民广泛响应。正光五年，高平镇（治今宁夏固原）兵民起义，推敕勒酋长胡琛为高平王。秦州（治今甘肃天水）城民起义，推羌人莫折大提为秦王。大提死，子莫折念生继统其众。这些起义军在关陇地区广泛展开活动，连败魏军。

孝昌元年（525），破六韩拔陵渡黄河向南进攻，有众二十多万。这支军队由于组织不善，在北魏分化之下丧失了战斗力。北魏害怕他们回镇后重整旗鼓，于是逼迫他们到冀、定、瀛三州（今河北中部）就食，他们就在这一带的人民中点燃了反魏的火炬。同年，流浪在上谷（今河北怀来）的柔玄镇兵杜洛周起义称王，把这一带的汉族和其他各族反魏武装集中起来，占领幽州。流浪在定州的五原降户敕勒人鲜于脩礼，也领着流民起义。不久以后，这支起义军被北魏分化，鲜于脩礼被叛将元洪业杀死。脩礼部将葛荣又杀元洪业，于孝昌二年（526）称天子，建国曰齐，并率领部众，继续战斗。

杜洛周的队伍向南发展，在武泰元年（528）被葛荣并吞。

葛荣拥有数十万众和河北数州之地，力量强大。他率军继续南进，前锋越过汲郡，指向洛阳。关陇起义军各部也已统一于鲜卑人万俟丑奴（万俟氏原来是役属于匈奴的牧民）之下，力量也很强大。魏军在夹击中望风披靡，节节败退。

这时，被起义军震撼的洛阳朝廷中，发生了胡太后与孝明帝争权的斗争，秀容（今山西忻州境）地方的契胡部落酋长尔朱荣，于528年挟持他所立的孝庄帝入京。契胡部是羯人的一个畜牧部落，这个部落镇压了一部分起义队伍，又陆续吞并了不少六镇流民，收容了一批从起义军分化出来的六镇官吏，力量很强大。尔朱荣在洛阳附近的河阴，溺死胡太后，围杀北魏的王公百官两千多人，史称"河阴之变"。接着，尔朱荣入洛，完全掌握了朝政。葛荣军围攻邺城，尔朱荣从晋阳出兵，攻击葛荣。

葛荣受到河北地主武装的阻截，进展缓慢；又面临新投入战斗的凶悍敌人尔朱荣，没有及时警惕和戒备，在军事上处于很不利的地位。邺城附近一战，尔朱荣击破了葛荣军，把葛荣军强制分迁各地，葛荣本人也被俘杀了。那时在青州的河北流民，已由邢杲领导，进行反魏斗争；葛荣余部韩楼、郝长也回到幽州，坚持战斗。但是不久以后，他们相继被尔朱荣击败了。关中的万俟丑奴，在尔朱荣所派尔朱天光、贺拔岳等人率军镇压下，力量也趋于瓦解。

腐朽的北魏政权经过各族起义的打击，陷于分崩离析状态，旋即分裂为东魏和西魏，中国北方又出现了东西对峙的局面。

六镇、关陇起义，主要是各族人民的反压迫斗争，河北起义则带有较多的农民起义性质。在六镇、关陇、河北的起义队伍中，有不少别有企图的边镇官吏和部落贵族，这些人一方面彼此之间常常发生冲突，另一方面又对汉人带着不正当的仇视，进行了一些烧杀活动，因而冲淡了起义的光芒。虽然这样，起义群众瓦解了北魏统治，冲击了士族豪强的势力，功绩仍然是辉煌的。这次起义使边境各族数十万人涌入内地，使一些部落酋长丧失了对本部落的控制权，因而在客观上还推动了十六国以来鲜卑人封建化和鲜卑人同汉人融合的最后一个浪潮，孕育了隋唐统一的新局面。

七　北齐、北周的短期对峙　隋统一南北

东魏　北齐　永安三年（530）尔朱荣死，其部将高欢率领六镇鲜卑，从并州来到关东地区。高欢自称出于渤海蓨县的大姓高氏，是鲜卑化的汉人。他的祖父因罪徙怀朔镇，他自己生长边地，曾为怀朔队主。六镇起义后，他先在杜洛周军中，后投尔朱荣。高欢东来不久，即转戈相向，陆续消灭了尔朱氏在关东各地的势力。普泰二年（532）高欢入洛，立孝武帝。永熙三年（534），孝武帝在高欢的逼迫下西奔长安，高欢乃另立孝静帝，自己掌握朝政并迁都于邺城，史称东魏。

那时候，关东的一些豪强大族各拥部曲，自立州郡，称霸一方。高欢表示尊重这些豪强大族的利益，不加触犯。高欢对于拥有宗族几千家的赵郡李元忠、部曲强大的渤海高乾兄弟等，更是尽量优容，同他们实行妥协。高欢还企图调和鲜卑人同汉人的矛

盾,下令军中"不得欺汉儿,不得犯军令"①。他对鲜卑人说:"汉民是汝奴,夫为汝耕,妇为汝织,输汝粟帛,令汝温饱,汝何为陵之?"他又对汉人说:"鲜卑是汝作客,得汝一斛粟、一匹绢,为汝击贼,令汝安宁,汝何为疾之?"②高欢用这种手段虽然打开了在关东活动的局面,消除了汉族豪强的武装反抗,但是并没有根本解决汉人士族豪强同鲜卑贵族之间的矛盾。

550年,高欢之子高洋废东魏,建立北齐。

代表六镇鲜卑贵族利益的北齐统治者,同关东汉人士族豪强进行了长期的争权夺利的斗争。本来,从北魏孝文帝以后,北方崔、卢、李、郑等士族的势力,就开始有下降的趋势。葛荣起义狠狠地打击了士族豪强,尔朱荣的"河阴之变"又杀掉不少汉人和汉化鲜卑官僚,包括皇族元氏的一部分,士族的势力就进一步衰落了。武定二年(544),东魏在河北各地检括无籍之户六十余万,其中应当有不少是士族豪强的苞荫户,士族在经济上也受到打击。士族的社会地位越来越下降,他们的子弟越来越不能凭借门第而得官,不得不从吏职中寻求升迁的途径;甚至还有入仕无门的人专门打家劫舍,完全同强盗一样。颜之推说:北齐士大夫"卖女纳财,买妇输绢,比量父祖,计校锱铢"③,这正是士族门第衰微的具体表现。由于这种种原因,东魏、北齐时期汉人士族在鲜卑勋贵的打击下,几乎完全无力回击。

---

① 《北齐书》卷一《神武纪》。
② 《资治通鉴》卷一五七大同二年。
③ 《颜氏家训》卷一《治家篇》。

北齐将相大臣中，十之七八为鲜卑贵族和鲜卑化的汉人[①]，汉人士族受到排挤。天保七年（556），北齐并省豪强大族自立的州郡，取消了3州、153郡、589县、3镇、26戍，大大削弱了部曲强大的封、高、羊、毕等家族在地方上的势力。为了更方便地统治汉族人民，北齐也曾几度起用汉人士族做宰相。这些被起用的士族利用暂时的权势提拔衣冠子弟，扶植自己的势力，结果往往受到疑忌而以自己被逐被杀告终。齐废帝时鲜卑勋贵杀士族杨愔，齐后主逐士族祖珽，都有一大批士族遭到杀戮。北齐末年佞幸卖官，州郡职司官位多被富商大贾买去，士族豪强几百年来垄断州郡掾属的特权，实际上又被剥夺。不过北方士族根深荫广，死而不僵，还能够凭借旧日的地位，在社会上发生一定的影响。

在经济上，鲜卑贵族以借田或国家赐田方式，强占肥美土地，发展自己的势力。为了增加租调收入和使鲜卑军人普遍获得土地，北齐于河清三年（564）重新颁行均田制[②]。均田制规定邺城30里内土地全部作为公田，按等差授给六镇来的鲜卑贵族、官僚和羽林、虎贲；30里以外，魏郡、广平、林虑等皇畿九郡以内的土地，按等差授给汉族官僚和兵士。京城百里以外，土地

---

① 参看万斯同《北齐将相大臣年表》，《二十五史补编》第四册。
② 《隋书》卷二四《食货志》说，北魏分裂时，作为京畿禁卫军的六坊鲜卑绝大部分到了邺城。他们不事生产，由东魏岁给常廪衣服。北齐初年简练六坊之众，取其强健者为"百保鲜卑"，其余被沙汰的鲜卑兵士，只有从事农耕。河清均田与此当有关系。

授受之法大致与北魏相同。所不同的有：露田一律按倍给数计，而无倍田之名；奴婢受田人数，按官品限制在60人至300人之间，限外不给田者不输租调；非桑之土按桑田法给麻田为永业，身终不还；均田农户除纳租调外，其丁男有正式服兵役的义务。① 河清均田，使鲜卑贵族同汉人官僚都成为中原的大地主，而使鲜卑兵士同汉族农民一样，成为封建国家的均田农民，这对于从六镇内徙的鲜卑人的彻底封建化，显然起了重要的作用。

由于鲜卑贵族的兼并和租调兵徭的沉重，北齐均田农民的土地非常不足，经济地位十分不稳定。他们不得不卖帖自己的土地，甚至出卖按制度不许买卖的露田，逃亡异乡，或者托身寺院，以躲避统治者所加的不堪忍受的压迫。从东魏初年直到北齐之末，关东农民暴动连绵不断，有的攻州拔郡，有的众至万人。地形深阻的豆子䴚（今山东惠民境），就是高齐以来起义农民聚集的中心之一。②

西魏　北周　530年，尔朱天光、贺拔岳等率军入关，镇压关陇起义。贺拔岳部将宇文泰最后掌握了这支入关的队伍，控制了关陇地区。宇文泰是源出南匈奴的所谓"鲜卑别部"的宇文部人，原居武川镇。六镇起义后，他先后在鲜于脩礼、葛荣军

---

① 《隋书》卷二四《食货志》说，北齐设立"百保鲜卑"的同时，又"简华人之勇力绝伦者谓之勇士，以备边要"。但这只是一个暂时的措施。河清均田令推行后，汉人始得正式服兵役。

② 《资治通鉴》卷一八一大业七年："平原东有豆子䴚，负海带河，地形深阻，自高齐以来，群盗多匿其中。"

中，葛荣失败，他降于尔朱荣。北魏孝武帝在高欢逼迫下西入长安后，宇文泰鸩杀孝武帝，于535年另立文帝，自己掌握政权，史称西魏。

宇文泰是汉化较深的鲜卑人，他不但善于采用各种手段来糅合鲜卑贵族和汉族地主，使他们在剥削关陇农民的基础上维持一致，而且还被迫吸取了六镇起义的教训，采取了一些积极措施来缓和阶级矛盾。这样，西魏就一天天强大起来，力量逐渐超过东魏。

宇文泰制定计账（租赋的预计数）和户籍制度，以安定统治秩序。他颁布"先修心、敦教化、尽地利、擢贤良、恤狱讼、均赋役"的六条诏书，要求州县守宰作为施政准则。他仿照周官制度，改革西魏的官制朝仪，用六官代替南北朝原有的中央政权组织。他又仿周官六军之制，把十二军鲜卑禁旅近五万人改为六军。六军分由六柱国率领，每军督两大将军，每大将军督两开府，共为24部，由宇文泰总领，形成府兵系统。宇文泰和无实权的西魏宗室元欣都是柱国，合六军的六柱国共为八柱国，这又符合早期鲜卑的八部大人的部落兵制。为了在形式上与八部大人制相似，府兵主将和兵士都改为鲜卑旧姓。府兵兵士由主将率领轮番宿卫，不当番时则练习武艺。他们不列于户籍，因而没有其他赋役。宇文泰接着又把关陇豪强的私家武装乡兵，陆续归并到府兵中，以汉族豪强为乡帅，这样，鲜卑贵族和汉族豪强就进一步结合起来了。宇文泰还颁行均田制，规定了较轻的赋役。

废帝二年（553），西魏取得蜀地；第二年又取得江陵，控制了萧詧的后梁，并驱掠江陵官民到关中做奴婢。557年，宇文泰之子宇文觉废魏自立，建立北周。建德六年（577），周武帝宇文邕灭北齐，统一了中国北部。

周武帝实行了多方面的改革。他释放一部分官奴婢和一部分私奴婢，并把另一部分私奴婢转为私家的部曲、客女，即封建依附农民。他宣布放免杂户，削除抑配杂户的办法，又禁断佛道二教，尊崇儒学。他严禁乡官隐匿户口土地，正长隐匿五户和十丁以上，隐地三顷以上，都处死刑。他大量招募普通汉人充当府兵，削弱府兵兵士对主将的身份上的从属关系，使府兵的部落形式大为冲淡，民族差异大为减少。

隋统一南北 宣政元年（578），北周军政大权逐步落到外戚杨坚手中。杨氏家族出自六镇之一的武川镇，深受鲜卑影响，杨坚之父杨忠曾为府兵的十二大将军之一，为北周立有战功。大象二年（580）杨坚自居大丞相总知中外兵马事，部署力量，作灭周的准备。尉迟迥、司马消难、王谦等人相继发动声势浩大的兵变，反对杨坚，但是很快都被杨坚镇压了。杨坚恢复了改从鲜卑姓氏的府兵的汉姓，改变了北周的官制。581年（隋开皇元年），杨坚强迫周静帝让位给他，建立隋朝。

接着，隋文帝杨坚铲除了朝廷中的异己势力，以二子杨广、杨秀分镇并、益二州，并命杨素在上游大造战舰，准备向江南进军。在经济上，他采取措施，以充实国家力量。在隋文帝的统治下，隋的国力蒸蒸日上，远远超过了江南的陈朝。经过长期的民族斗争和民族融合以后，北方的民族关系到这时已发生了根本的变化，因而南北对立所具有的民族矛盾的性质完全消失，隋对南方经常发动的战争，已经转化为争取统一的战争了。

在南北关系上，周、齐以来早已出现了明显的变化。南北使节往还日益频繁,充任使节的人往往是特别遴选出来的南北闻名的高门名士。随着南北经济的恢复和发展,打破关禁的要求日益迫切,淮、汉边境经常进行着民间交易,南北守将也违禁互市牟利。双方大官僚常常派人跟随使臣前往对方贸易,所以使臣的随从众多。北方人民过去由于民族压迫严重而大规模地单向南流的现象停止了,南北人民正常地相互往来的现象却增多起来。南北双方的官僚,常常由于政治上失势而投奔对方,依旧得到高官厚禄,不致受到民族歧视。这一切现象,说明南北统一的时机业已完全成熟。

开皇八年冬,晋王杨广统率50万隋军,分五路临江,向江南的陈朝发动总攻;新建立的上游水师,也在这时顺流而下,直趋建康。腐败的陈朝以为长江天险足资凭借,根本没有多少守备。开皇九年(589)隋军渡江,一举攻下建康,消灭了陈朝,接着又陆续摧毁了南方各地分散的反抗,平定了南方全部州县。这样,历时二百余年的南北分裂局面宣告结束,中国历史上的又一个新阶段就逐步展开了。

八 北朝的边境各族

柔然 柔然①是东胡的苗裔②,统治者姓郁久闾。西晋以来,

---

① 柔然,北魏太武帝改称蠕蠕,《宋书》《南齐书》称芮芮,《隋书》称茹茹,都是同名异译。

② 此据《北史》卷九八《蠕蠕传》,但该传后史臣语又云蠕蠕"匈奴之裔"。《梁书》卷五四《诸夷传》:"芮芮国,盖匈奴别种。"《南齐书》卷五九《芮芮虏传》:"芮芮虏,塞外杂胡也。"

柔然世居颎根河和弱洛水（均在今蒙古国境内，颎根河即鄂尔浑河，弱洛水即图拉河）一带，冬则南至阴山地区，与鲜卑拓跋部为邻，并以马畜貂豽皮同拓跋部进行交换。柔然人"无城郭，逐水草畜牧，以毡帐为居，随所迁徙"①；也"无文记，将帅以羊屎粗记兵数，后颇知刻木为记"②。西晋、十六国时期，柔然社会中还没有明显的阶级分化。

北魏道武帝时，拓跋部向南发展，柔然势力逐步扩张，"西则焉耆之地，东则朝鲜之地，北则渡沙漠，穷瀚海，南则临大碛。其常所会庭，则敦煌、张掖之北。小国皆苦其寇抄，羁縻附之"。这时，柔然人进入了阶级社会，在他们的第一个可汗社仑统治下，建立了奴隶主的国家。社仑"始立军法：千人为军，军置将一人；百人为幢，幢置帅一人"，因而军队的战斗力比过去提高了。

柔然同后秦、北燕保持和亲关系，但是他们"风驰鸟赴，倏来忽往"，时常侵犯北魏的阴山边塞地区。北魏太武帝为了使北魏摆脱柔然与刘宋的夹攻，解除腹背受敌的威胁，集中力量打击柔然。神䴥二年（429），他率大军分东西两道远袭，在栗水（今蒙古国克鲁伦河）大败柔然可汗大檀，大檀西走，柔然及其所属高车诸部降魏者三十余万落。从此以后，柔然力量大衰，双方战争，以北魏远袭居多，柔然犯塞较少。

5世纪下半叶，柔然同北魏常有和亲往来。佛教已传入柔然

---

① 《宋书》卷九五《索虏传》。

② 《北史》卷九八《蠕蠕传》。以下引文未注出处者均本此。

中，西域贾胡也时来贸易。柔然使者还常常经吐谷浑至益州，甚至远至江南，与南朝通好，并曾向南朝索求医、工。宋使者王洪轨，也曾远使柔然。

北魏正光元年（520），柔然内乱，从属诸部的反抗又很激烈，所以可汗阿那瓌率领一部分柔然人归魏，北魏把他们安置在怀朔镇（今内蒙古自治区固阳县西北）以北。六镇起义爆发后，阿那瓌曾助北魏进行镇压，杀死起义领袖破六韩拔陵。

北魏分裂后，阿那瓌先与西魏和亲通好，继又归东魏、北齐。这时，柔然屡为北方崛起的突厥所败，一些从属部落如高车等也屡起反抗。西魏恭帝二年（555），突厥灭柔然。

高车　《魏书·高车传》说："高车盖古赤狄之余种也，初号为狄历，北方以为敕勒，诸夏以为高车、丁零。"但是北朝史籍往往以这一族居大漠南北者为高车或敕勒，以居中原者为丁零。

中原地区最晚到后赵时已有丁零，他们多聚居在定州（治今河北定州）、相州（治今河南安阳），密云也有一部分，其著姓有翟氏、鲜于氏等。丁零翟斌被苻坚徙于新安（今河南新安境），淝水战后，翟斌率部反对苻坚，从此以后，翟氏所部丁零曾长期在中原与鲜卑人角逐。北魏统一北方后，丁零人常进行反抗活动，被北魏镇压下去，因此北魏军中有许多被征服的丁零人。①

---

① 《宋书》卷七四《臧质传》载太武帝南侵盱眙时曾致书宋将臧质，谓攻城兵中有丁零，并谓"设使丁零死者，正可减常山、赵郡贼"。按常山郡、赵郡当时都属定州。

大漠南北的高车人，诸部各有君长，语言与匈奴人大同小异。高车人衣皮食肉，随水草迁徙，勇猛善战，斗无行阵，阶级分化还不显著。高车与柔然驻地交错，常有战争；高车副伏罗部被柔然征服，长期役属于柔然，不断地进行逃亡和反抗斗争。北魏道武帝分散诸部部落时，"高车以类粗犷，不任使役"①，因而得以维持自己的部落组织。

神䴥二年（429）魏军大破柔然后，又破高车东部，高车人降者数十万落。北魏把他们安置在滦河上游至阴山地区放牧，岁收贡献，北魏"马及牛羊遂至于贱，毡皮委积"。还有许多高车人被徙置于沿边各军镇，其中有反抗者，更被逼配河北、山东各州为营户。六镇、关陇、河北起义时，高车人都是主力之一；东魏、北齐的统治者中，有很多是高车部人。

塞外高车副伏罗部，于太和十一年（487）举众十余万落西走，在高昌以西地区建立王国，同嚈哒和柔然进行过三十多年的斗争。

高句丽　鸭绿江以西的高句丽人，其政治中心于山上王十三年（建安十四年，209年），由国内城迁于丸都（均在今吉林集安）②。曹魏和前燕时，丸都先后受到毌丘俭（246）和慕容皝（342）的侵袭。北魏初年，当高句丽广开土王时期和长寿王的早期，高句丽势力开始强大，在辽东发展。长寿王十五年

---

① 《北史》卷九八《高车传》。
② 《三国志》卷八《魏书·公孙康传》、卷三〇《魏书·高句丽传》，朝鲜《三国史记》卷一六。

(427),高句丽政治中心移于平壤。留居辽东的高句丽人民,同鲜卑人民和汉族人民一起,共同创造着这一地区的经济和文化。407年,鲜卑化的高句丽人高云曾经一度继为后燕天王;436年北燕亡国,鲜卑化的汉人国王冯弘也出奔高句丽。高句丽还同东晋南朝交往密切。

高句丽人随山谷而居,主要从事农业生产,衣布帛及皮,俗喜歌舞。高句丽农民以布、谷交纳赋税;他们负债不偿,就得以子女为债主奴婢。高句丽社会中已出现了剥削关系,今存文献和高句丽好太王(即广开土王)碑、冉牟墓志中,都有奴客的称谓。

库莫奚　契丹　库莫奚,"其先东部胡宇文之别种"①,居濡水(滦河)上游,主要从事畜牧,随逐水草,迁徙无常。5世纪下半叶,库莫奚人常入塞以名马、文皮与北魏互市。

契丹是东胡的一支,居地在库莫奚以东,辽水以西。契丹人以畜牧射猎为事,5世纪中叶以来,他们在和龙、密云间以名马、文皮与北魏互市,有时还入塞市籴。

吐谷浑　吐谷浑②是鲜卑慕容部的一支,4世纪初经阴山,越陇西,至青海地区,与氐、羌杂居,其地界"东至叠川,西邻于阗,北接高昌,东北通秦岭,方千余里"③。吐谷浑人主要从

---

① 《北史》卷九四《奚传》。
② 据诸史所载,吐谷浑原为慕容廆之庶长兄,率部人西迁后始以自己的名字为族名。南朝诸史称吐谷浑为河南国。
③ 《南史》卷七九《河南王传》。

事畜牧,"逐水草,庐帐而居,以肉酪为粮"①;也经营农业,种植大麦、蔓菁、豆、粟等作物。吐谷浑社会贫富分化显著,婚姻厚纳聘礼,"贫不能备财者辄盗女去"。吐谷浑采用中原王朝的官号,置长史、司马、将军等,稍后,还有王公、仆射、尚书、郎中等官。吐谷浑刑罚规定:"杀人及盗马者罪至死,他犯则征物以赎。"吐谷浑还没有形成固定的赋税制度,"调用不给,辄敛富室商人,取足而止"。

阿豺统治吐谷浑时,兼并氐、羌,地方数千里,号为强国。自此以后,吐谷浑南通蜀地,北交凉州,屡与刘宋、北魏通好。5世纪中叶拾寅统治时,吐谷浑人开始"用书契,起城池,筑宫殿",并开始崇奉佛教。西域和益州商贾,常往来于吐谷浑中。

北朝末年,夸吕为吐谷浑可汗,定都于伏俟城(今青海湖西岸)。但是直到这时,吐谷浑人仍然"有城郭而不居,恒处穹庐,随水草畜牧"。吐谷浑频与齐、周通使,并同北周发生过许多次战争。

西域诸国 魏晋以来,西域天山以北的游牧地区,屡次被鲜卑、柔然、高车、嚈哒②、突厥等族所控制;天山以南地区的十余小国,也常常受到北方强族的侵犯。

---

① 《北史》卷九六《吐谷浑传》。以下引文未注出处者,或出此,或出《晋书》卷九七《吐谷浑传》。

② 嚈哒,"大月氏之种类也,亦曰高车之别种",游牧为生,居于阗之西,跨有今新疆内外之地。事见《北史》卷九七《西域嚈哒传》。嚈哒在南朝称为滑国,在东罗马和印度等外国史书中称为白匈奴。

天山以南各国，经济生活比汉代有了提高。高昌谷麦一岁再熟，宜蚕多漆，赋税计田输银钱，无者则输麻布。于阗宜五谷桑麻，焉耆、龟兹都出稻、菽、粟、麦，养蚕为绵纩。葡萄和畜产，各国都很丰富。龟兹人用煤冶铁，所出铁充西域诸国之用。① 今新疆拜城的魏晋石窟寺壁画中，有二牛引犁和农夫持宽头镂的耕作图，反映了西域农业和冶铸业的进步。西域和中亚的商人经常从天山以南地区进入内地，或进入北方其他民族地区贸易。

高昌有不少汉人，他们有些是汉代戍卒、屯田卒的后裔。高昌统治者立有学官，教授《毛诗》《论语》《孝经》。文字主要用汉文，也兼用"胡书"，语言则为"胡语"。"其刑法风俗昏姻丧葬，与华夏小异而大同。"② 西域各国佛教很盛，于阗、龟兹是西域佛教的中心。著名的龟兹乐，4世纪晚期传入后凉；北魏灭后凉，龟兹乐传入平城，并逐渐在北方各地广泛流行。

天山以南诸国，与内地经常有政治联系。约在326年至334年间，前凉张骏遣将杨宣出西域，降南道诸国，以今吐鲁番地区为高昌郡。前秦苻坚派吕光进军西域，淝水战后，吕光退回姑臧，建立后凉，继续控制西域。太延五年（439）北魏灭北凉后，北凉的沮渠无讳、沮渠安周兄弟一度占领过西域诸国。北魏还曾遣董琬等出使西域，重新沟通了中原与西域的交通。至于高昌一带，则从北魏中期一直到北朝之末，始终在汉人阚氏、张氏、马

---

① 《水经注》卷二引《释氏西域记》。
② 《北史》卷九七《西域高昌传》。

氏、麹氏相继控制之下。柔然强大时，北魏在西域地区同柔然进行过长期的战争。

突厥 突厥统治者姓阿史那，起初住在阿辅水、剑水（俄罗斯叶尼塞河上游两支流），过游牧狩猎生活，后来迁徙到高昌的北山（今博格达山），以锻铁著名。5世纪中叶，他们被柔然征服，成为柔然的锻奴，被迫迁居金山（阿尔泰山）南麓。

6世纪中叶，突厥人逐步摆脱了柔然的束缚，发展锻冶手工业，与西魏边地及西域各国互市，力量壮大起来。西魏废帝元年（552），土门建立突厥汗国，称伊利可汗。第二年，木杆可汗立，他占领柔然全部疆土，西破嚈哒，东败契丹，北并契骨（黠戛斯），领地"东自辽海以西至西海（里海）万里，南自沙漠以北至北海（贝加尔湖）五六千里"①。突厥汗庭在今鄂尔浑河上游的于都斤山。

突厥汗国是游牧民族建立的政权，可汗下面，有叶护、特勤等大小官28等。法律规定反叛、杀人者死，伤人者以女或马赔偿，偷盗者十倍偿还。被征服族人进行反抗或本族人犯法者，都得降为奴隶。为了统治辽阔的国土，突厥在各个地区分立许多可汗，因而突厥统治者内部经常发生争权夺利的冲突。

北齐、北周对峙时期，双方都力求取得突厥的助力，突厥则同时交通二国，乘机取利。北周保定三年（563），突厥与周联军攻齐失败，突厥引兵出塞，纵兵大掠，自晋阳以北七百多里，人畜无遗。从此以后，突厥对北方边境的骚扰，日益严重。

---

① 《北史》卷九九《突厥传》。

第三章　东晋南朝社会经济的发展

一　东晋的统治和南北战争

东晋的建立　西晋以来，江南是各种社会矛盾交织的地方。阶级矛盾，地主阶级内部的各种矛盾，南北的民族矛盾，在这里错综纷纭地结在一起，形成非常复杂的政治局面。

西晋灭吴以后，江南的豪族士大夫被西晋统治者看作"亡国之余"①，在朝廷中无所依托，得不到过去在江东拥有的政治特权。西晋大军在长江南北防守，又增加了他们的疑虑。所以他们曾屡次起兵反晋。西晋末年北方各族人民和汉族流民起义时，江南豪族徘徊观望，寻找自保的途径。

接着，斗争的浪潮席卷江南，义阳蛮张昌的别帅石冰，于太安二年（303）占领江、扬等州，威胁着江南豪族的切身利益。江南豪族各领私兵，推举吴郡顾秘为都督扬州九郡诸军事，围攻石冰的义师。广陵度支陈敏，也率领运兵参加镇压，首先攻入建

---

① 《世说新语》上卷上《言语篇》蔡洪赴洛条，《晋书》卷五二《华谭传》、卷五八《周处传》。

康，消灭了石冰的力量。

永兴二年（305），陈敏据历阳（今安徽和县）起兵反晋，占领扬、江等州。他礼召江南豪族名士，署为官属。但是江南豪族认为陈敏是江北人，又是小吏出身，不能代表他们的利益，因此他们在永嘉元年（307）并力把陈敏消灭了。

就在这一年，西晋琅邪王司马睿受命为安东将军都督扬州江南诸军事，偕同北方名士王导等人进驻建康。西晋官僚在此前后陆续南渡的，都与司马睿合流。北方人民也向南迁徙，规模很大。江南豪族受过流民起义的打击，又觉察到北方胡族活动对他们的威胁，于是对司马睿的态度从观望转向支持。王导在他们之间尽力周旋，授给他们各种官职，保障他们的利益，因此南北士族集团的合作就比较稳固起来了。永嘉六年（312），羯人石勒兵临淮颍，准备南犯，民族矛盾顿形尖锐。那时带兵击退石勒的，就是江南豪族纪瞻。

316年，晋愍帝出降刘曜，西晋灭亡。317年，司马睿在南北士族拥戴下自称晋王，第二年（大兴元年）称帝，这就是东晋元帝（317—322年在位）。

东晋初年，司马睿陆续控制或消灭了一些心怀不满的南方豪族武装，稳定了自己在江南的统治。北方各族统治者之间混战频仍，南侵的可能性也暂时减少了。在这个时候，南迁地主中又出现了新的矛盾，爆发了争夺东晋统治权力的斗争。永昌元年（322），掌握荆州重兵的王敦为了反对晋元帝对他的防制，在其从弟王导的纵容和南方大族沈充的援助下，一度攻入建康，逼死晋元帝。成帝咸和二年（327），历阳内史苏峻拒绝征调，联合豫州刺史祖约，举兵反叛。这些叛乱事件，由于失掉多数南迁士族的支持，先后归于失败，东晋政权才得以转危为安，勉强维持下去。

北方人民的南迁　西晋末年的腐败政治和内战，以及十六国时北方的混乱，引起了北方人民的外迁。他们或走辽西，或走陇右，但是最大量的还是渡江南徙。南渡的人通常是按籍贯聚集若干家，节节迁移，形成一个又一个的流民群。南渡官僚也往往随带宗族部曲，并且沿途收集流散，以扩大自己的部曲队伍。

南迁人民达到长江流域的，总数至少有70万人，还有约20万南迁人民没有到达长江，聚居在今山东和江苏北部地区。南迁人民中，也有一部分越过长江以后，继续南进，到达今浙江和皖南，甚至深入闽广；还有一些分散在长江中游州郡。据《晋书·地理志》《宋书·州郡志》等有关记载估计，刘宋时有户籍的南迁人口约占西晋北方人口的1/8，约占刘宋时南方人口的1/6。扬州所集南迁的人最多，占全部南迁人总数半数以上。

到达南方的北人被称为侨人，他们除了已经沦为奴客的一部分以外，剩下来的或者占荒耕种，或者逐食流移，当时都没有编入国家户籍，称为"浮浪人"。为了控制他们，东晋在侨人集中的地方，陆续建立许多与侨人旧土同名的侨州、侨郡、侨县，使侨人著籍。这些侨州、侨郡、侨县没有实土而又时合时分，情况复杂异常。侨立州郡内并不全是侨人，南徐州侨人比例最大，占州内侨、旧人口总数42万中的22万。旧有郡县内也有一部分侨人。被大地主招纳为奴为客的侨人，因为多未著籍，其数量难以估计。

著籍的侨人，起先可以获得优复，这对于招徕北方流民，稳定他们于农业生产，阻止他们无限度地流入私门，都起着一定的作用。

侨立郡县越来越多。由于侨人在南方历久年深，他们同南方土著农民在经济地位上的差别越来越小。国家为了榨取侨人的租赋力役，驱迫他们当兵，从成帝咸和年间（326—334）开始，一再用"土断"的办法来加强对侨人的控制。土断有的是把散居侨人断入所在籍贯；有的是并省没有实土的或民户太少的侨郡县；有的则是整顿版籍，把侨人立为白籍，以与旧人的黄籍相区别。兴宁二年（364）由桓温主持的庚戌土断，成效比较显著。桓温在执行土断时严格禁止豪强大族隐匿侨人，彭城王司马玄隐匿五户，发觉后被收付廷尉论罪。

祖逖和桓温的"北伐" 当江南的统治集团纠缠在各种矛盾中的时候，从洛阳南来寄居京口（今江苏镇江）的祖逖，慨然"以中原为己任"①，首先要求向北进军。祖逖在上司马睿书中，陈述了北方人民反对民族压迫的迫切愿望，也估计到北方汉族地主可以合作抗"胡"。建兴元年（313），祖逖率领百余家部曲，渡江北上。他在长江中流击楫发誓说："祖逖不能清中原而复济者，有如大江。"② 他的豪迈誓言，表现了反对民族压迫的壮志。

祖逖驻在淮阴，一面招集流散，扩充队伍，一面冶炼兵器，

---

① 《世说新语》中卷下《赏誉》注引《晋阳秋》。
② 《晋书》卷六二《祖逖传》。

屯田积谷。他自己勤劳节俭，不蓄私产，与将士共甘苦。他进军太丘、谯城、雍丘（今河南永城、夏邑、杞县）一带，控制了一些坞壁的地主武装，利用它们对付石勒。不到几年，祖逖军队收复了黄河以南大部土地，迫使石勒不敢过河。正在这时，晋元帝害怕祖逖功高难制，于己不利，派戴渊都督北方六州诸军事指挥逖军，并扼制逖军后路。同时东晋统治者内部明争暗斗非常激烈，王敦之乱已经在酝酿中。这些情形，使满腔热忱的祖逖忧愤成疾，大兴四年（321）病死军中。豫州人民感念祖逖"北伐"的功劳，到处为他立祠纪念。

祖逖死后，南北之间暂时保持着均衡的局面，东晋统治集团忙于内战，"北伐"的呼声沉寂了一个时期。成帝咸康五年（339），掌权的庾亮在荆州请求率师"北伐"，郗鉴、蔡谟力加阻止。郗鉴认为他所统军民以北人为主，渡江后就会脱离自己的控制；蔡谟更是夸大石虎的力量，故作危言，主张坐守江沔，等待敌人灭亡。这种消极的论调，居然获得朝议的赞同。康帝建元元年（343），庾翼请求"北伐"，抗命进驻襄阳，但仍以受阻而止。后来，荆州镇将桓温的势力逐渐强大，永和三年（347）桓温率军入蜀，灭賨人李氏的汉国（即原来的成国），声势更盛。他屡次要求"北伐"中原，当朝大臣无法直接阻止，乃于永和五年、永和六年相继派外戚褚裒和名士殷浩"北伐"，以图抑制桓温。褚裒进驻彭城，来奔的北人日以千计，鲁郡民五百多家起义附晋，河北民二十多万也渡河来归。在这种有利形势下，褚裒不但不努力向前，反而一触即退，使河北来归的人民在半道上陷入四面受敌的困境。殷浩北进，也以失败告终。

桓温利用褚裒、殷浩北进失败后朝廷暂时无力反对的时机，于永和十年（354）率军攻击前秦，进入关中，受到关中人民的牛酒欢迎。但是桓温不愿在北方战场上过多消耗实力，所以在灞水停军观望，丧失了取胜的时机。秦军芟苗清野，深沟自固，晋军粮食匮乏，全部退回。永和十二年，桓温第二次北进，收复洛阳，徙民而归。太和四年（369），桓温第三次北进，从扬州到达前燕邺都以南的枋头（今河南浚县境）。前燕在前秦援助下截断了晋军粮道，桓温弃甲烧船败回。

桓温以"北伐"为事，前后十多年。他受到朝臣的牵制，而他自己也把"北伐"作为个人集中权力的手段，所以"北伐"迄无成就。他在"北伐"途中见以前所种柳树大已十围，不禁感慨地说："木犹如此，人何以堪！"① 他不满朝臣"永结根于南垂，废神州于龙漠"的苟安态度，请求"一切北徙"，还都洛阳，上表至十余次，都没有得到允许。东晋朝臣反对桓温，除了权力之争的原因以外，更主要的是由于他们在南方产业已丰，无心北归。孙绰以"田宅不可复售，舟车无从而得"为理由，力排还都之议，认为还都洛阳是"舍安乐之国，适习乱之乡"②，这是当时士大夫中最露骨的自白。在这种情况下，虽然以后还有过"北伐"，每次"北伐"也都得到过北方人民的支援，但是南北统一的希望却始终无法实现。

淝水之战 宁康元年（373）桓温死后，军权由其弟桓冲掌

---

① 《晋书》卷九八《桓温传》。

② 《晋书》卷五六《孙楚传附孙绰传》。

握。那时前秦已经统一北方,占领益州,威胁东晋。东晋统治者内部的矛盾,由于大敌当前暂时缓和了。桓冲把扬州让给当政的谢安,自己专镇上游,作防秦准备。谢安侄谢玄在京口组成了一支称为北府兵的军队,是东晋唯一的劲旅。

前秦夺得东晋的彭城、襄阳两大重镇以后,在东晋太元八年(383)倾力南下,军队旗鼓相望,前后千里。十月,秦前锋苻融等军25万进至淮颍地区,陷寿阳,晋军谢石、谢玄等率北府兵8万人迎战,在洛涧(今安徽怀远境)与秦军相拒。苻坚派被俘的晋将朱序到晋营诱降,朱序把秦军情况密告谢石,并且说如果晋军能乘秦军还未完全集结时一鼓击破苻融,就可能操全局的胜算。谢石、谢玄获得这一重要消息后,立即部署晋军,从容应敌。

十一月,谢玄派北府将刘牢之以精兵5000人袭击洛涧,歼秦军万余人,掳获大批粮草器械,取得了首战的胜利。苻坚在寿阳城头望见晋军布阵严整,又以为城外八公山上草木都是晋兵,始有惧色。

谢玄乘胜,与逼淝水而阵的苻融相约到淝水西岸决战。苻坚麾军后退,企图乘晋军半渡淝水时加以邀击。但是秦军内部不稳,一退不可复止,顿时溃散奔逃,自相践踏;晋军乘势猛攻,获得了巨大胜利。秦军溃兵在路上听到风声鹤唳,都以为是东晋追兵。

前秦的南侵师出不义,前秦内部隐伏着的民族矛盾,由于师出不义而加深了。淝水之战以前,苻融和一些氐、汉官吏,看到北方人民思念东晋,也看到前秦的鲜卑人与羌人可能乘机起事,都一再反对过南侵。怂恿苻坚南侵最力的,是想借机促成苻坚失败的鲜卑贵族慕容垂、羌人贵族姚苌等人。淝水之战中,秦军是由临时征集来的各族人民组成的,他们离心离德,意气消沉,不愿积极作战;秦军中的汉人面对晋军,更是不愿自相残杀。与此相反,东晋在强敌进犯之前,"君臣和睦,上下同心"①,北府兵又多为流亡南来的北方人或其子孙,他们深受民族压迫之苦,更是英勇接战,奋不顾身。因此在淝水战场上苻融麾军稍退的时候,各族士兵临阵奔逃,而晋军则以一当十,奋勇追击。被俘在长安的晋将丁穆,也乘秦军南下的机会,与关中汉人倡议,响应晋军,加重了苻坚后方的混乱。这种内外交攻的形势,不但决定了秦军的失败,而且更导致了前秦统治的瓦解。

淝水之战是中国历史上的一次以少胜多的著名战役。淝水之战中东晋的胜利,使南方人民避免了氐族统治者的摧残,使南方经济文化免遭破坏,在中国历史上具有重大的意义。

二 孙恩、卢循领导的农民战争

豪强大族统治下南方农民生活的痛苦 在东晋政权的庇护下,大批从北方来的"亡官失守"之士,在南方抢夺土地,占夺流民为部曲、佃客和奴婢;许多南方地主,也继续扩充经济势力。晋初执政的王导力图弥合南北地主的矛盾,所以他为政务求清静,不干预地主的掠夺行为。南方地主顾和还不满足,要求王

---

① 《晋书》卷一一四《苻坚载记》下权翼语。

导"宁使网漏吞舟",而不要"采听风闻,以为察察之政"①。谢安效法王导,为政"去其烦细";他不许搜索被豪强舍藏的流民,竟认为"若不容置此辈,何以为京都!"② 在这些世家大族相继统治之下,达官豪强贪污秽浊,恣意害民。豪将盗石头仓米达 100 万斛,东晋王朝不敢追究,反而滥杀管仓小吏塞责。郗愔以"深抱冲退"著名,但是敛财却多达几千万。③ 地方官吏贪污比京官还厉害,京官不能满足贪欲时常常求为县令。在这样的统治之下,人民受害之深可以想见。

东晋的徭役十分繁重,连京畿境内,徭役名目也多得惊人,庾龢为丹阳尹时,请求废除众役达六十余项。范宁上疏说:"今之劳扰,殆无三日休停,至有残形剪发,要求复除,生儿不复举养,鳏寡不敢妻娶。"④ 赋税在东晋中期以后也大为增加。太元元年(376),东晋废除了度田收租之制,改为不论有无土地,也不论有多少土地,每口一律税米 3 斛;太元八年又激增至 5 斛。从度田收租改为按口税米,对于地主有利,而对于农民却非常不利。

不堪赋役压榨的农民,有些成批地向广州以及南方腹地逃亡,有些聚结在山湖深处,逃避官府搜索。统治者对待逃亡农民,更是极端残酷,史载海陵(今江苏姜堰东)逃亡民近万户

---

① 《世说新语》中卷下《规箴篇》王丞相为扬州条。
② 《世说新语》上卷下《政事篇》谢公时兵厮逋亡条及注引《续晋阳秋》。
③ 《世说新语》下卷下《俭啬篇》郗公大聚敛条。
④ 《晋书》卷七五《范汪传附子宁传》。剪发指出家为僧侣。

聚在青浦的湖泽菰封中,毛璩率军千人围捕无效,趁大旱时四面放火,烧尽菰封,迫使亡户出降,然后把他们编为军队。

南方农民在东晋政权和地主的压迫剥削下,常常发生暴动。由于南北民族矛盾起伏不定,分散的暴动在很长的时期内没有汇集成大规模的农民战争。

淝水之战以后,北方胡族的威胁暂时解除了,东晋地主阶级内部矛盾立即趋于炽烈。隆安二年(398)镇守京口的王恭和荆州的殷仲堪、桓玄等人,相继起兵反对当权的司马道子。经过复杂的斗争后,长江中游地区为桓玄割据,下游的京口和江北地区为北府将刘牢之控制,东晋朝廷的辖区,实际上只剩下江南一隅,赋税兵徭的沉重负担,就全部落到江南八郡农民身上。江南农民除了造反以外,再没有别的出路了。

孙恩、卢循领导的农民战争 王恭起兵后,新安太守、五斗米道教主孙泰借讨伐王恭的名义起兵,被司马道子诱杀了。孙泰侄孙恩逃到海岛上,继续以五斗米道招引流亡。隆安三年(399),代司马道子执政的司马元显,征调江南诸郡"免奴为客"者,即从奴隶身份解放出来的佃客,称之为"乐属",移置京师当兵。征发的时候,官吏还大量侵犯不是"乐属"的一般农民。① 无辜农民受到驱逐徙拨,辗转流移,有许多都死亡在道路中。在这种情形下,农民纷纷举行暴动,以反抗东晋政权加于他们的不堪忍受的摧残。那时候,孙恩从海岛带领部众登陆,

---

① 《魏书》卷九七《桓玄传》载桓玄讨司马元显檄文:"……加之以苦发乐属,枉滥者众,驱逐徙拨,死叛殆尽。"枉滥者应当主要是自耕农。

攻下会稽郡，同正在进行战斗的农民合流，形成有组织的起义斗争。江南八郡农民广泛响应孙恩，不到十天，起义队伍就扩充到几十万人。江南地主不愿东晋夺走佃客，也乘统治阶级内部矛盾和阶级矛盾交织的机会参加孙恩的反晋队伍，以图从中取利。

孙恩自号征东将军，转战于东南各郡，杀戮东晋的郡守县令，建立起义军的地方政权。会稽内史王凝之是有名的道教徒，他用道教仪式进行祷告，请求"鬼兵"帮他守城。起义群众并未因宗教相同的原因而饶恕他，仍然在攻下会稽时把他杀了。建康附近各县也常有小规模的农民暴动，与孙恩大军呼应。东晋派谢琰率北府将刘牢之等进攻孙恩，孙恩率众退入海岛。

隆安四、五年间，孙恩连续几度攻入会稽等郡，杀东晋官吏谢琰、袁山松等人。隆安五年，义军十余万，战船千余艘，浮海进至丹徒（今江苏镇江），建康震动。北府将刘裕反攻义军，义军又退回海岛。

元兴元年（402），割据江、荆的桓玄利用孙恩起义的机会，攻下建康，次年自立为帝，改国号为楚。那时孙恩再次登陆进攻临海，不幸战败，投海而死。继孙恩而起统率义军的卢循为刘裕所迫，浮海南走，于元兴三年占领广州。

刘裕乘义军远走的喘息时机，于元兴三年赶走桓玄，恢复晋安帝的皇位，把东晋实权掌握在自己手里。义熙五年（409），刘裕出兵攻灭南燕，夺得了淮北河南的大片土地，进一步提高了自己在东晋统治者中的声威。

义熙六年（410），卢循、徐道覆在始兴（今广东曲江）等地招集汉、溪等族居民为兵,两路北上,分别取得长沙、豫章等郡,顺流而下,直抵建康。刘裕灭南燕后迅速回军建康,抵拒农民军。卢循多疑少决,贻误戎机,使农民军不能取胜,只好退守寻阳。刘裕除了在长江中游节节进逼以外,还派军浮海占领广州,截堵农民军的归路。卢循兵败回师,围攻广州不下,转至交州。他在那里虽然得到俚、僚等族的支持,但终于战败身死。前后有成百万农民参加的转战东南半壁历时13年之久的农民战争,到此终于失败了。

孙恩、卢循起义,是东晋门阀士族也就是最高层的士族统治将近一个世纪以来阶级矛盾的总爆发。起义首先发生的会稽等郡,是南方土著门阀士族虞氏、孔氏、贺氏等家族集中之地,北方来的门阀士族王、谢等氏也都麇集在这个地方。他们竞相开辟田园,兼并农民,占夺佃客和奴隶。起义农民冲击了士族地主的田庄,杀戮了同他们对抗的许多士族人物,还迫使许多士族地主剥削无所得,在饥饿中"衣罗縠,佩金玉,相守闭门而死"①。门阀士族地主经过这次打击后,实际上丧失了政治上的统治地位,不得不把权力让给以刘裕为代表的门第较低的士族地主;而门第较低的士族地主在其统治的初期,不得不接受历史的教训,缓和一下对农民的压迫和剥削。因此,农民的生活得到了一些改善,社会生产出现了上升的景象,南朝早期的所谓"元嘉之治",就是这样出现的。

---

① 《魏书》卷九七《桓玄传》。

孙恩、卢循出身门户较低的士族阶层①，他们领导的农民战争，具有一些严重的弱点。孙恩"逼人士为官属"②，即把东南八郡许多聚众响应他的大地主，一概署为重要官吏，如吴郡陆瓌、吴兴丘尫、义兴许允之被分别署为吴郡、吴兴、义兴太守，家累千金的吴兴富豪沈穆夫，被署为余姚令。③ 这些人既不能坚决向东晋进攻，也不能为孙恩守土御敌。所以孙恩进则孤军无援，退则群起入海，终于导致了起义的失败。

三 南朝的政治

宋的政治和南北战争 刘裕败桓玄（404），灭南燕（410），镇压农民起义（411）以后，于义熙九年（413）攻灭割据成都的谯纵。然后他再次大举北进，于义熙十三年（417）灭掉建都长安的后秦。这些活动，使他成为炙手可热的人物。420年，刘裕废东晋，自立为帝（宋武帝，420—422年在位），建立宋朝。

---

① 孙恩是琅琊孙秀之后，为晚渡的士族。孙恩本人有文集传世，见《隋书》卷三五《经籍志》四。卢循是范阳卢谌之后，本来应属门阀士族。《高僧传》卷六《释慧远传》说，慧远少年时在北方，与卢循之父卢嘏同为书生，时间当在后赵末年。据此则卢嘏或卢循南渡甚晚。那时晚渡士族照例不为门阀士族所齿，所以孙恩、卢循在南方，社会地位比门阀士族低。卢循娶孙恩妹，可见孙、卢社会地位相同。

② 《魏书》卷九六《司马德宗传》。

③ 分见《资治通鉴》卷一一一隆安三年十二月，《晋书》卷一〇〇《孙恩传》、卷七九《谢安传附谢琰传》以及《宋书》卷一〇〇《序传》。

宋初夺得青、兖二州,西至关中,大致拥有黄河以南的土地,疆域在东晋南朝时期是最大的。

农民战争的风暴,东晋士族挟主专横的情形,对宋武帝来说,都是历历在目的教训。所以刘裕称帝前后,杀了奴客纵横的京口刁逵,把刁氏成万顷土地和大量家财分给贫民;以后,又杀了隐匿人口的余姚大族虞亮,以图限制兼并。他实行"土断"以清理侨人户籍,废除一部分屯田池塞以振百姓,禁止豪强封锢山泽。在宋武帝、宋文帝(424—453 年在位)父子相继统治时期,史载"兵车勿用,民不外劳,役宽务简,氓庶繁息,至余粮栖亩,户不夜扃"①。这些话虽然带有夸张成分,但是宋初政治比起"纪纲不立"的东晋来,确实要好。

宋文帝元嘉年间,社会生产有所发展,国势比较强盛。元嘉七年(430)刘宋派到彦之率军北进,被北魏打败,一度使"府藏武库为之空虚"。元嘉二十七年(450),宋军分两路北进。东路王玄谟军兵精器利,是北进的主力。王玄谟进围滑台后,"河洛之民竞出租谷,操兵来赴者日以千数"②。他对于这些反魏力量不予妥善处理,反而任意割配给自己的亲信部属,引起他们的不满。王玄谟刚愎好杀,不以守备为务;又侵夺百姓财物,因而大失人心,终于被北魏援军打败。西路庞法起、柳元景军进入潼关,释放被北魏驱迫作战的汉人军俘,支援了北方人民的反压迫斗争,深得各族人民拥戴。但是东路军既已溃败,西路军孤立无

---

① 《宋书》卷五四史臣语。
② 《资治通鉴》卷一二五元嘉二十七年。

援,也只得退归襄阳。

同年冬,魏太武帝率大军越过彭城、盱眙,到达瓜步(今江苏六合),扬言要渡江夺取建康。在这个危急局面下,建康附近丁壮全部参加战斗,沿江六七百里严加戒备。北魏后方不稳固,抄掠又无所得,人马饥乏,所以不战自退,转攻盱眙。盱眙守将沈璞、臧质率领军民,坚决抵抗。魏军用钩车、冲车攻城无效,只好驱掠人民北归。江淮间经魏军一进一出,赤地千里,南来春燕甚至无处筑巢,都在林中栖息。江南地区经过大规模的备战,邑里萧条,版籍大坏,所谓"元嘉之治"也就从此结束了。

瓜步之役以后,南北力量对比出现了有利于北魏的变化,北魏对刘宋处于攻势地位,刘宋在江淮地区的防守力量大大削弱,不断丧地折师。泰始三年(467)刘宋边将背叛,淮北四州以及淮西之地尽失于魏。南北之间的战争虽然还是很多,不过随着北方各民族的逐步融合,民族斗争的意义已开始淡薄了。

宋文帝以后,宗室诸王和将帅发动了连年不断的内战。孝武帝为了制止内战,缩削扬、荆、江三州之地,以分镇将权势,并把亲信的寒人派作监督镇将的"典签"。但是这些措施都无济于事。

严重的剥削压迫和争权夺利的内战破坏了生产,使人民流离失所,备受苦难。早在元嘉九年(432),赵广在益州发动起义,众至十余万,整个西南地区为之震动。泰始五年(469),临海人田流发动起义,称东海王,杀鄞县令,震动东方诸郡。其余小规模的暴动,次数还很多。宋明帝曾重申旧制,"盗劫"者处黥刑,去脚筋远徙,拒战逻司者等一律处斩。但是严刑峻法的镇压,并没能消灭农民的斗争,也没使宋代的统治延续多久。

齐的统治和寿阳、南阳入魏 宋末内战中掌握了禁卫军的萧道成,在479年自立为帝(齐高帝,479—482年在位),改国号为齐。

齐高帝按虞玩之的建议,设立校籍官,以宋元嘉二十七年版籍为准,进行校籍,企图恢复瓜步之役以前的户籍状况。但是版籍的破坏是政治经济条件改变的结果,单靠校籍是无法整顿的。而齐初的校籍又是弊端百出,贫苦人民常常被诬为户籍诈伪,受到"却籍"的讹诈,罚充远戍或筑城。与此相反,富有者(主要是寒族地主)用各种手段涂改户籍,却又逍遥法外。校籍的纷扰,加剧了阶级矛盾。永明三年(485),富阳民唐寓之反对校籍起兵,在钱塘称帝,江南"却籍"户前来投奔的达三万人。他们攻夺郡县,逐杀守令,声势浩大。齐武帝发禁兵镇压,他们才归于失败。

在农民起义的打击和宗室内战的破坏下,萧齐政权非常衰颓,无力维持统治,汉水以北的南阳和淮河以南的寿阳地区被魏军夺去。中兴元年(501),雍州刺史萧衍带兵攻入建康,第二年灭齐,自立为帝(梁武帝),建立梁朝。

梁武帝的统治和侯景之乱 梁武帝(502—549年在位)目睹宋、齐两朝宗室重臣内乱造成的危害,力图协调统治者内部的利益,避免内战。他改定北来士族的百家谱,以保障他们的社会、政治地位。东南士族不在百家之内,另为一部。他下诏于州、郡、县置州望、郡宗、乡豪各一人,专掌搜荐人物,实际上是为士族地主和寒族地主开辟做官的道路。他还大量增设州、郡、县，增加文武官位，以安插求官的地主。朝士有犯法的，他都暗示群下"屈法申之"。贪污聚敛的人只要不是存心造反，他都可以尽量优容。他提倡儒学，制礼作乐，恢复太学，建立州郡学，以图粉饰太平。他又大力提倡佛教，广建佛寺，用以笼络僧侣地主，麻醉人民。他自己还再三舍身同泰寺，让臣下用成亿的钱到寺院赎取。他采取这些办法使地主阶级的不同阶层和不同集团都能获得利益，因而缓和了他们之间的矛盾，减少了内战。但是在另一方面，梁武帝对待百姓却非常暴虐，百姓受不了剥削压迫，大量逃亡，他又制定法律："一人亡逃，则举家质作。"① 在他的统治下，百姓处境更为恶化，暴动没有间断。何之元说：梁武帝时"民尽流离，邑皆荒毁，由是劫抄蜂起，盗窃群行……抵文者比室，陷辟者接门。眚灾亟降，囹圄随满"②。这就是何之元目睹的梁代民间生活的实际情形。

天监四年（505），梁军攻魏，由于梁军主帅萧宏弃军逃归，魏军在天监五年、六年乘势围攻钟离，守将昌义之、韦叡力战，才转败为胜。北魏六镇起义发生后，魏扬州刺史李宪于普通七年（526）降梁，梁军收复寿阳等城。中大通元年（529），梁派陈庆之护送降梁的魏北海王元颢入洛争帝，但陈庆之军不久就败退回来了。

太清元年（547），东魏大将侯景愿以所据河南之地降梁，不久即进据梁的寿阳。第二年，侯景勾结戍守长江的萧正德，渡

---

① 《隋书》卷二五《刑法志》。
② 《文苑英华》卷七五四何之元《梁典·总论》。

江进攻建康。梁援军各路主帅多是梁武帝的子孙，他们觊觎皇位，互相猜疑牵制，无心接战。太清三年三月侯景攻破台城，繁华的建康被焚掠一空，梁武帝被困饿死。接着，侯景领军横行三吴，北折广陵，沿长江西进江陵，在那里被萧绎击败，退返建康，自立为帝。侯景所至之处屠城洗劫，残虐无比，他的野蛮行径，引起南方人民咬牙痛恨，到处起兵反抗。大宝二年（551）萧绎派王僧辩和陈霸先率军东下。侯景战败后由海道北逃，被部属杀死。不久以后，萧绎就在江陵自立为帝，史称梁元帝。

西魏和北齐趁侯景之乱，分别向南略地，西魏取得益州，北齐取得淮南。梁雍州刺史萧詧投靠西魏，承圣三年（554），西魏乘机派于谨、杨忠等率军攻下江陵，杀死梁元帝，立萧詧为傀儡皇帝，史称后梁。西魏军长驻江陵，监视萧詧，还把江陵财物抢夺一空，把江陵官吏和百姓几万人掠归为奴隶。

陈代南方内地豪强的割据和隋灭陈 557年，陈霸先杀王僧辩，废梁自立为帝（陈武帝，557—559年在位），建立陈朝。

陈霸先称帝后，得不到各地武将的拥护；南方内地许多寒族豪强，也多乘侯景之乱，自署为州郡牧守，不奉陈朝法度。所以陈的政治局势很不稳定，既无力制止内战，又无力抵抗北朝的进攻。陈朝一度收复过江北之地，但是不久以后又放弃了。陈的经济也是凋敝不堪。陈宣帝屡下诏安置淮南流民，鼓励隐户归籍，但是均无实效。他命令罢任武将率所部到姑孰种田，"有无交货，不责市估，莱荒垦辟，亦停租税"；以后又令所有占田垦辟的人，所占公私荒田"广袤勿得度量，征租悉皆停免"①。这些办法促进了寒人地主经济的发展，而江南农业生产始终还是没有恢复到侯景之乱以前的水平。

隋代北周，于开皇九年（589）进攻建康，俘陈后主，陈亡，南北统一。

士族与寒人势力的消长　在南北民族矛盾尖锐的东晋时期，门阀士族中曾出现过王导与谢安、祖逖与桓温这样一些人物，他们的某些活动体现了汉族人民的民族利益，得到人民不同程度的支持。但是民族矛盾一旦缓和，苟安局面一经稳定，士族奋励的意气也就消失殆尽。他们习于逸乐，沉湎酒色，"居官无官官之事，处事无事事之心"②，连实现统治的能力也丧失了。以善玄言著名的司马昱（即后来的简文帝），连稻也不认识，问别人"是何草"③。蓬头散带的士族子弟王徽之做桓冲的骑兵参军，"冲问：卿署何曹？对曰：似是马曹。又问：管几马？曰：不知马，何由知数？又问：马比死多少？曰：未知生，焉知死?"④士族名士精神腐朽，躯体脆弱，由他们组成的统治集团，经过农民起义的沉重打击后，被迫把统治权力拱手让给了以刘裕为代表的较低层次的士族地主。

南朝时期，实际上丧失了统治权的门阀士族，还力图凭借父

---

① 《陈书》卷五《宣帝纪》。
② 《晋书》卷七五《刘惔传》载孙绰诔刘惔语。
③ 《世说新语》下卷下《尤悔篇》。
④ 《晋书》卷八〇《王羲之传附徽之传》。

祖余荫，巩固自己的社会地位，尽可能把士族原有的政治经济势力保存下来。他们除了仍旧尊官厚禄，威福自行以外，还通过婚姻和仕宦两途，把自己同其他的人严格区别开来，宣扬"士庶之际，实自天隔"[①]。他们越是感到没落和危殆，越要用自矜婚宦来挽救自己。南朝门阀士族以门第凌辱他人的事例特别多，实际上是门阀士族地位脆弱的表现。

门阀士族把婚姻关系严格限制在门阀士族的范围以内，并且极力排除非士族混入士流的可能性。门阀士族如果不严守这种限制，便被士族社会目为婚姻失类，受到排抑和诋斥。齐代王源嫁女给富阳满璋之之子，御史中丞沈约上章弹劾说："璋之姓族，士庶莫辨"，"王满连姻，实骇物听"[②]，因此请求对王源免官禁锢。除了士庶之隔以外，门阀士族之间也还有门第高下的差别。王、谢、袁、萧是最高的士族，王、谢更是士族的冠冕。门阀士族一族之内的不同支脉，由于历史的或其他的原因，有时还有高下之别。江南士族以朱、张、顾、陆为高，但一般说来，他们的社会地位又低于北来士族，所以当侯景请求与王、谢为婚时，梁武帝答称："王、谢门高非偶，可于朱、张以下访之。"[③]

门阀士族虽然力求在婚姻上表现自己特殊的社会地位，但是他们的婚姻关系实际上已很紊乱。沈约在弹劾王源之时，就说到

---

① 《宋书》卷四二《王弘传》江奥语。
② 《文选》卷四〇沈约《奏弹王源》。
③ 《南史》卷八〇《侯景传》。

宋代以来"衣冠之族,日失其序,姻娅沦杂,罔计厮庶"①。门阀士族向大权在握的较低层次的士族攀缘姻娅,同样是他们保全自己的一种重要手段。

门阀士族以官位自固的办法,是独占清流美职,把清浊两途严格区分开来。清流美职,主要是那些职闲禀重,可以无所用心的职位。宰辅中的文职,品秩既高,又可以不勤庶务,自然是他们首先独占的对象。其余官职清浊虽然大致有定,但是也可依居其位者的身份高下而发生变化。南朝官吏从浊职转为清职,胜过品秩的升迁,反之则甚于降黜。为了适应门阀士族出仕的需要,秘书郎、著作佐郎等职,虽然品秩俱低,但是却被门阀士族严格独占,作为入仕阶梯,入署不到百日便得升迁。

但是南朝门阀士族不能胜任武职,因此他们的地位就得不到如同东晋门阀士族那种武力保护,事实上不得不听命于掌权的较低层次的士族。

齐梁以来,门阀士族仍致力于士族谱的撰叙编次,企图用家世源流和婚宦记录作为自己应享特权的凭证。伪造谱牒,篡改户籍,冒充士族的事,常有出现。门阀士族为了极力装饰所谓"礼法门风",还把礼学发展到极其烦琐的地步。但是这也不能挽救他们衰颓的命运。齐明帝说:"学士(按指沈约、王融等士族名士)不堪治国,唯大读书耳。"② 实际上门阀士族子弟终日"熏

---

① 《文选》卷四〇沈约《奏弹王源》。
② 《南齐书》卷五六《幸臣刘系宗传》。

衣剃面，傅粉施朱"①，连有志读书的人也很稀少。侯景之乱时，他们"肤脆骨柔，不堪行步，体羸气弱，不耐寒暑，坐死仓猝者往往而然"②。从此以后，作为南方一种社会政治势力的门阀士族，就更为衰落了。

宋、齐、梁朝政治，是以皇族为代表的、社会层次本来较低的士族掌握统治权力，日益衰落的门阀士族居高位而无所作为。在士族的这两个层次以外，从刘宋后期开始，不预于士族的寒人，其权势越来越大，成为皇权的得力工具。南朝所谓士庶之庶，就是这种寒人。他们之中有的致位将帅，任专方面；有的作为皇帝的爪牙，出任宗室诸王镇将的典签，实际上掌握州郡和军府的权柄。在中央政权中，寒人充当中书省的通事舍人，参预机密，出纳王命，权势更为显赫。例如宋代的戴法兴当权，民间戏称他为"真天子"；齐代的刘系宗势倾天下，齐武帝说经国有刘系宗足矣；梁代的朱异居权要三十余年，举凡"方镇改换，朝仪国典，诏诰敕书，并兼掌之"③，权势最盛。值得注意的是，他们绝大多数都是江南人。

在士族势力更为衰落的梁陈之际，一些"郡邑岩穴之长，村屯坞壁之豪"④，纷纷割据州郡，这表明南方内地寒人地主的势

---

① 《颜氏家训》卷三《勉学篇》。
② 《颜氏家训》卷四《涉务篇》。
③ 分见《宋书》卷九四《恩幸戴法兴传》、《南史》卷七七《恩幸刘系宗传》、《梁书》卷三八《朱异传》。
④ 《陈书》卷三五后论。

力更进一步发展起来了。史载熊昙朗据豫章，周迪据临川，留异据东阳，陈宝应据晋安，其余寒人地主立寨自保的，遍及今闽、赣、粤、湘、川等省境。陈时南方州郡刺守多为本地地主，他们不但不受陈朝的制约，而且还力图扩大各自的统治范围，经常进行火并。

寒人地主的统治，不论在中央或州郡，仍旧是贪诈勒索，与士族并无二致，因而南朝遍及内地的农民暴动，主要也就是打击他们。但是他们的兴起，说明南方封建经济的发展已不限于三吴一隅而是遍及南方各地，这在南方开发的历史上，又是不容忽视的。

四　南方的社会经济和阶级状况

农业的发展和农民的困苦　东晋南朝时期，南方的农业生产有了很大的提高。北方农民不断渡江南来，补充了南方不足的劳动力，也带来了比较进步的生产工具和生产技术。西晋末年南来的郭文，隐居吴兴大涤山中，区种菽麦为生。这样的区种法，就是南传的一种农业技术。南北农民的结合，北方的生产工具和技术同南方水田种植经验的结合，是南方农业发展的重要原因。

南方河渠交错，水利灌溉自来比较方便。东晋南朝时期水利事业又有发展。寿春的芍陂，会稽的镜湖，都曾修复使用。曲阿、乌程、句章、乐安以及其他地区，也都修建了一些陂堰，便利了农田灌溉。浙江海塘的修筑，保护了沿海地区农业生产免受海潮的破坏，作用也很显著。南方湖泊很多，决湖泄水，就可以开辟良田。

三吴是南方粮食的主要产区,史载南方"一岁或稔,则数郡忘饥"①,主要就是指三吴地区而言。隋灭南朝以后,把纵贯南北延伸到余杭的大运河连接起来,目的之一就是为了搜刮江南的粮食和其他财富。在三吴以外的扬州各地,在荆州和益州,土地垦辟也有显著的增加,农桑事业大有发展。

南朝时期,南方各地经济的发展还是很不平衡,许多地区还停留在火耕水耨的阶段。梁元帝在《玄览赋》中说到"家给火耕之田"②,陈霸先被斥为"火耕水耨之夫"③,欧阳颁在湘、广地区"务是民天,敦其分地,火耕水耨,弥亘原野"④。这些资料,分别反映出荆州、扬州、广州境内的某些地方农业生产仍然是粗放的。南方水稻耕作的特点,南方人口和铁制农具的不足,都是促使火耕水耨的粗放耕作方法保存较久的重要原因。

在孙恩起义以后的一个时期,随着南方农业的发展,南方农民的处境多少改善了一些。但是过了不久,地主和国家对他们的压迫剥削,又不断加重起来。宋代以来,农民"丁男调布绢各二丈,丝三两,绵八两,禄绢八尺,禄绵三两二分,租米五石,禄米二石;丁女并半之"⑤。宋孝武帝时,又把调布增为4匹,即

---

① 《宋书》卷五四《孔季恭等传》史臣语。
② 《艺文类聚》卷二六。
③ 《文苑英华》卷六四五,阙名《为行军元帅韦孝宽檄陈文》。
④ 《艺文类聚》卷五二,徐陵《广州刺史欧阳颁德政碑》。
⑤ 《隋书》卷二四《食货志》。

16丈。除了租调以外，还有更为繁苛的各种杂税。南朝允许以杂物折租，这可能是任土作赋的便民办法。但是实际行用时，官吏在钱币、布帛、粮米以及其他实物之间任意折换，造成了农民更大的痛苦。征调之时计资分等，又是官吏勒索的机会，桑长一尺，田进一亩，都计在资产之内，甚至连屋上加瓦也要计税。在这种情形下，农民不敢种树垦荒，不敢泥补房舍，发展生产的兴趣自然更谈不到了。至于官吏上下其手，把富者税额转嫁贫者，使农民不得不弃业流亡，更是常有的事。

南朝役名非常多，兵役征发完全视统治者需要而定，没有固定的制度。在军情紧急时，统治者强迫人民率户从军，兵士逃亡，全家连坐。有些官吏把战死的兵士列为逃亡，借此"录质家丁；合家又叛，则取同籍；同籍又叛，则取比伍；比伍又叛，则望村而取"①。至于长充兵役的营户、军户，更是父兄死、子弟代，没有脱身之日。宋时豫州的军户，甚至"年几八十而犹伏隶，或年始七岁而已从役"②。

苛刻的租调兵徭，迫使农民无法生产，他们纷纷逃入私门为奴、客，或者托身寺院作白徒、养女，供僧俗地主奴役。还有一些人则浮海远走闽广，或者深入少数民族地区，企图找到安身之所。这些出路对于农民都是十分悲惨的，但是总还可以使他们暂时获得一线生机。由于这个缘故，南朝频繁的农民暴动没有汇合成大规模的农民战争。

---

① 《南史》卷七〇《郭祖深传》。
② 《宋书》卷一〇〇《序传》。

大地主的田庄和奴客 东晋时期，地主占夺土地，数量越来越大。王导所得赐田就有八十多顷；侨居京口的大地主刁氏，百年来占夺的土地竟达万顷之多。史载东晋"权门并兼，强弱相凌，百姓流离，不得保其产业"①。到了南朝，这种情形更是有加无已。南朝官僚地主用国家的吏（一种国家依附户）耕种自己的私田，这在宋孝武帝时是由诏令予以承认了的②；甚至吏种的公田，其地租也归官僚所有。梁代豪家富室多占取公田，"贵价僦税"，盘剥贫苦农民；梁武帝还正式允许豪家富室利用所占公田，"给贫民种粮共营作"③，以攫取地租。

大地主侵占土地，起先主要集中在建康附近和太湖以北地区，后来逐步向南发展。会稽郡的山水和沃壤，吸引了很多南北大地主，他们纷纷在那里"封锢山泽"，建立别墅、屯封。邻近诸郡，也多有这些大地主的产业。大地主不但占有被封锢区域内的土地和河湖，也占有其中的农户。他们还用重税来剥削进入封锢区域打柴捕鱼的人，这又剥夺了附近农民的生计，逼使他们逐步沦落为大地主的奴客。早在咸康二年（336）东晋就颁布过"占山护泽，强盗律论，赃一丈以上皆弃市"的禁令，但是禁者自禁，占者自占，并没有什么效果。刘宋大明年间（457—464），孝武帝企图改禁为限，规定：地主原占山泽经过火耕、种树、设置渔场的，一律归地主所有；此后占山护泽以官品为准，数量由

---

① 《宋书》卷二《武帝纪》中。
② 《宋书》卷六《孝武帝纪》。
③ 《梁书》卷三《武帝纪》下。

一顷至三顷，原占已足此额的不得再占；在这些规定以外擅占水土者，按强盗律治罪。从此以后，占山护泽取得了合法的根据，而数量的限制仍然无法实行。在这种情形下，官府私家，竞相占夺，立屯设邸，遍及江南。齐竟陵王萧子良"于宣城、临成、定陵三县界立屯，封山泽数百里，禁民樵采"①，可见封锢山泽的规模发展到多么大了。

大地主的山泽田庄，规模都很庞大。山阴大族孔灵符除拥有本乡的田庄以外，还在永兴（今浙江萧山）立墅，周围33里，其中有水陆地265顷，山两座，果园9处。谢玄在始宁（今浙江上虞）建立的一处田庄，传到其孙谢灵运时，已是"田连冈而盈畴，岭枕水而通阡"。谢灵运在他的《山居赋》中夸耀他的田庄的富足说："春秋有待，朝夕须资，既耕以饭，亦桑贸衣，艺菜当肴，采药救颓。"② 这表明山居生活所需都可以自给自足，而无须仰赖市场。大地主的屯邸往往从事采伐竹木，制造器物，或者设立冶所，采炼铜铁，甚至还放高利贷，盘剥农民。宋代会稽一带"王公妃主邸舍相望，挠乱在所，大为民患，子息滋长，督责无穷"③。

大地主在农业生产中役使的主要对象，是佃客和部曲。关于佃客，东晋在大兴四年（321）就颁布过占客令，规定一、二品官可占佃客40户，每低一品减少5户。佃客按一定比例向主人

---

① 《梁书》卷五二《顾宪之传》。
② 《宋书》卷六七《谢灵运传》。
③ 《宋书》卷五七《蔡廓传附蔡兴宗传》。

交纳实物地租，而不负担国家课役。佃客不自立户籍，他们的名数按规定要注入主人的户籍中。以后北方流民继续南来，南方农民也被迫流亡，这项法令实际上起了保障地主吞并流民为佃客的作用。

部曲是大地主的私家武装。部曲战时为主人打仗，平时为主人种田，与佃客并无严格界限，而且越到后来，部曲用于耕种的越是普遍。梁代退职官僚张孝秀驱使部曲几百人，为他耕种土地几十顷，就是一例。封建国家对地主拥有部曲的数量从无限制，所以扩充部曲就成为大地主增加劳动人手的最方便的途径。

除了佃客、部曲以外，被地主当作依附农民来役使的人还有很多种，如典计、衣食客等。寺院和上层僧尼也占有大量的僧俗农民，为他们种植田园，担负劳役，同地主剥削佃客一样。

南方地主在农业生产中也使用了相当数量的奴隶。东晋南朝时期，奴隶在地主家财中常常是一个和土地并列的重要项目。战俘、南北流民以及南方内地少数民族人民是奴隶的主要来源。法律保障地主对奴隶的所有权，晋令甚至还有奴婢逃亡，"黥两眼，后再亡，黥两颊上，三亡，横点目下"[①] 的残酷条文。东晋南朝曾征发奴隶和免奴为客者为兵，但是这都是极特殊的事，所以刘裕即位时，还要特地把过去征发的奴隶归还本主，有些被征奴隶已死或因军功获免，也要给主人以报偿。官僚地主有时为了表示"遗落世务"而"罢遣部曲"[②]，同时增加奴隶，用来经营田园。

---

① 《太平御览》卷六四八引《晋令》。
② 《资治通鉴》卷一三三宋元徽二年。

齐代萧景先死前教诫儿子分散部曲,"启官乞足三处田,勤作自足供衣食,力少更随宜买粗猥奴婢充使,不需余营生"①。从这里看来,大概官僚地主从政治上隐退后自营的田庄,较多地使用奴隶耕种。

东晋南朝南方奴隶和奴隶生产增多,是长期战乱带来的结果,也是封建经济在南方落后的社会条件下发展的结果。这是一种不正常的社会现象。由于奴隶的劳动兴趣远远低于依附农民,所以一般说来,地主在农业中役使的人主要是部曲、佃客而不是奴隶。

寺院经济　东晋南朝以来,江南佛教大为发展,王公贵族竞造寺院浮屠,建康一地,佛寺即达五百余所。僧尼数量与日俱增,东晋末年寺僧"一县数千,猥成屯落"②。梁武帝时建康僧尼达十余万人,郡县更不可胜言,"天下户口,几亡其半"③。寺院拥有大量资产和众多的劳动人手,构成南方封建经济的一个重要部分。

据东晋释道恒说:僧尼"或垦殖田圃,与农夫齐流,或商旅博易,与众人竞利……或聚蓄委积,颐养有余,或指掌空谈,坐食百姓"④。这里指明僧尼中有剥削者,也有被剥削者。寺院剥

---

① 《南齐书》卷三八《萧景先传》。
② 《弘明集》卷一二桓玄《与僚属沙汰僧众教》。
③ 《南史》卷七〇《郭祖深传》。
④ 《弘明集》卷六释道恒《释驳论》。

削者是"资产丰沃"① 的僧官和寺院地主,被剥削者是寺院一般僧尼和实际上是寺院奴婢的"白徒""养女"。一般僧尼和白徒、养女,多数来自避役逃亡或觅食糊口的贫苦农民,他们"不书名籍"②,脱离了国家的控制,但却又牢牢地束缚于寺院中,"常居邸肆,恒处田园"③,终年为寺院地主耕田、经商或服役。寺院地主还直接"侵渔百姓,取财为惠"④。

东晋南朝的许多寺院都是金碧辉煌,华丽无比,这些耗费,都是直接、间接取之于民。宋明帝起湘宫寺,费极奢侈,虞愿说是百姓卖儿贴妇钱所为。⑤ 有名的寺院大多是"僧业富沃",江陵长沙寺僧以黄金数千两铸为金龙,埋于土中,历相传付。⑥ 寺院甚至经营高利贷,设库放债,受纳质物,盘剥人民。举凡黄金、皮褥、服饰以至于一头黄牛、一束苎麻,都可以作质物。官僚士大夫有时也向寺院举贷,如齐士人甄彬以束苎就江陵长沙寺质钱,齐司徒褚渊以齐高帝所赐白貂坐褥等物就建康招提寺质钱⑦等是。寺院放债受质,是后代典当业的雏形。

---

① 《南史》卷七〇《郭祖深传》。

② 《广弘明集》卷二四,释真观《与徐仆射领军述役僧事》。又《南史》卷七〇《郭祖深传》,白徒、养女"皆不贯人(民)籍"。

③ 同上释真观文。

④ 《晋书》卷六四《简文三子传》许营疏语。

⑤ 《南史》卷七〇《虞愿传》。

⑥ 《南齐书》卷三八《萧颖胄传》。

⑦ 《南史》卷七〇《甄法崇传附甄彬传》,《南齐书》卷二三《褚渊传附褚澄传》。

有些寺院地主凭借政治势力，享受特殊的薪给，甚至还能衣食租税。东晋名僧释道安的薪给，和王公相等。① 齐初益州刺史傅琰尊崇释玄畅，奉"敕蠲百户以充俸给"②；陈宣帝尊崇释智顗，敕"割始丰县调以充众费，蠲两户民用供薪水"③。至于凭借政治势力占有土地，在那时更为普遍。梁武帝造大爱敬寺，一次施舍给寺院的土地即达八十余顷。④ 东晋支遁买剡（今浙江嵊州）峁山侧沃洲小岭卜居⑤，昙济道人据有始宁（今浙江上虞）山水极佳的五奥之一⑥，都与士族地主占山护泽无异。梁大同七年（541）禁公私人等越界封锢山泽的诏令，把僧尼包括在内，正说明僧尼也是一种大规模兼并土地的社会势力。

手工业的发展 东晋南朝时期，丝织业在南方已较普遍。宜蚕之处养蚕技术很可观，如永嘉郡有八辈蚕，每年三月至十月出丝。⑦ 丝织物和麻布，同是赋税征收的重要实物。晋宋时绢价甚高，匹值二三千钱，贫苦农民为了买绢输税，甚至不得不卖妻鬻子。齐以后绢价大减，永明六年（488）令沿江各州出库钱收购绢布粮米诸物，这虽然和钱贱有关，但也反映丝麻产量的增长。

---

① 《高僧传》卷五《释道安传》。
② 《高僧传》卷九《释玄畅传》。
③ 《续高僧传》卷一七《释智顗传》。
④ 《梁书》卷七《王皇后传》。
⑤ 《高僧传》卷四《竺道潜传》。按此地原属道潜所有。
⑥ 《宋书》卷六七《谢灵运传》载《山居赋》注，昙济道人与蔡氏、郗氏、陈氏、谢氏各占一奥。
⑦ 《太平御览》卷八二五引《永嘉郡记》。

刘裕灭后秦时，曾南迁长安百工，于建康立锦署，从此南方织锦就不限于成都一地了。刘宋时期，江南织工、缝工随日本使者东渡，对日本的丝织技术和缝纫技术的提高，起了促进作用。

南方产铁地方，设有冶令管理采冶，规模一般不大。有些镇将自行设冶铸器，这种铁冶往往是随置随废，或者时断时续。水排冶铁已在南方得到应用。[1] 著名工匠能造出百炼的"横法钢"，钢朴工谢平，凿镂工黄文庆都是"中国绝手"[2]。梁代陶弘景发明"灌钢"，即在炉中杂置生熟铁，生铁熔后注入熟铁之中，再加锻炼，成为质地优良的钢，可以用作刀镰和武器。[3] 不过南方的采冶和锻铸都远远不能满足农业生产的需要，火耕水耨的普遍保存，与此当有密切关系。广州的银矿，开采较盛。

造船业在吴国原有的基础上，有了较大的发展。造船地点有南康（今江西赣州）、建安（今福建建瓯）、晋安（今福建闽侯）等多处。[4] 东海、南海和内地河道，船只往来非常频繁，大船载重达二万斛[5]。

三吴的青瓷业继续发展，出土的越窑青瓷用具，不论在质量上或数量上都超过孙吴时的水平。

由于文化发展的需要，南方出现了发达的造纸业。造纸原料

---

[1] 《太平御览》卷八三三引《武昌记》。

[2] 《太平御览》卷六六五引陶弘景言。

[3] 《重修政和类证本草》卷四铁精条引陶弘景言。

[4] 《隋书》卷二六《百官志》载梁代南康、建安、晋安有伐船谒者。

[5] 《颜氏家训》卷五《归心》。

多用三吴盛产的藤，剡溪和由拳的藤纸，是纸的上品。纸的质量比过去提高，因而政府的简牍文书也就最终地被纸书所代替了。①

南方重要的手工业，多为官府经营，为官府服务。官手工业工匠被编为官户，受着极残酷的剥削压迫，死亡率非常高。东晋统治者为此把五岁刑以下的刑徒编入官户，发配百官府寺服役。宋代以罪人补冶士的法令很多，可见罪徒也是官府作坊的重要劳动力。南朝后期出现了一些雇佣工匠，表明了民间手工业逐渐发达的趋势。

商业的发展　在长江沿岸以及三吴地区，商业非常活跃。大大小小的河道不仅把大城市同重要的农业区连在一起，而且也把各个大城市连在一起。建康是南方最大的商业城市，秦淮河两岸市集非常多。江陵北抵襄阳，南通湘广，是中南商品运转的一个枢纽，也是长江的管籥。成都不但是与西南各民族交换的重要市场，而且还吸引了不少资货数百万的远方商贾，西域商人也经由凉州前来贸易，当时称之为贾胡。

南朝后期，沔水（汉水）和淮水沿岸，南北贸易也日益增多。军吏和商人以襄阳和寿春为中心，交换各自需要的货物。

番禺是南海的区域市场和海外贸易中心，梁代外国海舶一年数至，运来奢侈物品，带走丝绵等物。据说广州刺史经城门一过便得3000万钱②，这虽是夸张之词，但是也可见商税之多和官吏

---

① 《太平御览》卷六〇五引《桓玄伪事》。
② 《南齐书》卷三二《王琨传》。

勒索的严重。

南朝市集商品，以粮食以及纸、席、绵、绢、漆、蜜、纻、蜡等居多。货物买卖，由政府征税。买卖奴婢、马牛、田宅有文券者叫作输估，其余无文券者叫作散估，都是值百抽四。此外还有市税和各种"道中杂税"。关市之税是国家重要收入之一。国家有时把商税交给官吏承包，承包人额外添增，无端勒索，是商业发展的一个重要障碍。

作为交换媒介的货币始终在流通着，但是流通地域不大，流通量也很少。东晋南朝以来古钱、新钱并用，还有盗铸的钱充斥市场。宋代前废帝时币质更劣，鹅眼钱一千长不及三寸，綖环钱入水不沉。梁武帝一度改用铁钱，物价猛升，交易者以车载钱，无法计数。至于南方内地除杂用金银以外，始终是物物交易。

大宗商业被官僚贵族操纵，他们遍设邸店，囤积居奇。官僚罢官时，更以"还资"为名搜括货物，易地出卖。官僚地主和寺院都用高利贷盘剥人民，宋皇室刘休佑在荆州贷人不足陌的短钱100，秋后索还白米1斛，值钱1000。

五　南方各民族

蛮　除汉族外，南方最大的民族是蛮族。蛮族人民以种植谷物为主要生业。① 东晋十六国以来，蛮人从长江中、上游地区向

---

① 《宋书》卷七七《沈庆之传》有"蛮田大稔，积谷重岩"及宋军"因粮蛮谷"等语，《南齐书》卷五八《蛮传》则谓蛮中"田甚肥腴"。

东向北发展，到了南北朝时期，它们活动的范围，已经到达今湘、鄂、豫、皖、赣、川等省。蛮族各部按所居地域区分，有豫州蛮、荆雍州蛮等。各部蛮人分别由蛮王统率，多者万户、几千户，少者几百户，在地域上不相连接，语言也不一致。蛮人的大姓有冉氏、向氏、田氏等。

南朝时期，重要交通线附近的蛮人大致已封建化了。南朝为了强迫蛮人纳租服役，先后在蛮人地区设立了四十多郡，一百多县。宋代还规定"蛮民顺附者一户输谷数斛，其余无杂调"①，这比汉族农民负担要轻得多，所以汉族农民有许多逃入附近蛮人地区。汉族商贾有时也入蛮人地区贸易。

蛮人与汉人除了正常的交往以外，也发生过不少战争。一些较强大的蛮族部落，有时由蛮王指挥，进攻汉人地区的城邑；有的蛮王则依违于南朝、北朝之间，或者时南时北，以图获得高官厚禄。南朝军队也常进攻蛮人地区，"搜山荡谷……系颈囚俘"②。蛮、汉统治者间的仇杀造成了两族人民的损失，但是阻止不了蛮族社会沿着封建制前进和蛮汉人民融合的趋势。

僚 成汉时期，约当东晋咸康、永和之际，大量僚人自牂柯郡境蜂拥北上，逐渐散布于巴、蜀、汉中诸郡县山谷中，总数至十余万户，数十万人。永嘉以来巴蜀汉人大量外逃，为僚人北上留下了足够的生存空间。僚人社会处于奴隶制早期阶段，各部酋豪不相统摄，没有形成统一的政权组织。奴隶买卖很盛行，甚至

---

① 《宋书》卷九七《荆雍州蛮传》。
② 《宋书》卷九七《夷蛮传》史臣语。

昆季妻孥、亲戚比邻，也互相掠卖。僚人生计以农耕为主，兼有渔猎。与汉人杂居的僚人，赋役同于编户。他们织僚布为服，铸铜为器，俗椎髻、凿齿、鼻饮、竖棺而葬。东晋南北朝时，南北政权常常发动掠夺僚人生口的战争，引起僚人强烈反抗。南北朝后期，巴蜀人口繁息，郡县设置转多，僚人社会也有较显著的进步，有些地区僚汉居民的民族差异减少。《隋书》卷二九《地理志》记载，梁州"傍南山杂有僚户，富室者颇参夏人（汉人）为婚，衣服、居处、言语，殆与华不别"。但是在更多地区，僚人与汉人的融合过程，要缓慢长久得多。

俚 越 爨 在今湘、广等处山地，散布着许多俚族村落。一部分俚人与汉人杂居，同于编户。避役的汉人，常常逃入俚人村落中。中宿县（今广东清远）俚民课银，"一子丁输南称半两"①，俚民不懂买卖，为了购银输课，受商贾盘剥非常沉重。南朝以来湘、广等地的农民暴动，常常有俚民参加。

南方的山越人，在孙吴统治时期活动很多，以后就逐步与汉人融合，所以在东晋南朝的文献上，只有《陈书·世祖纪》提到过会稽山越的事。

分布在今云南境内的各民族，从两晋以来，大多处在爨氏的统治下，被笼统地称为爨人。爨人地区"土多骏马犀象明珠"②，爨人除了从事农业经济以外，还有畜牧业经济以及狩猎、采集经济。东晋南朝政权遥授爨人首领以州郡或将军名号，但是实际上

---

① 《宋书》卷九二《徐豁传》。

② 《新唐书》卷二二二下《两爨蛮传》。

并没有把爨人如同其他州郡民一样控制起来,甚至皇帝年号改易也无法传达到爨人区域。爨人同益州地区汉人关系比较密切,宋元嘉九年(432)益州赵广起义,宁州(治今云南曲靖境)人民响应,晋宁太守爨龙颜率众激战,才镇压了宁州人民的起义斗争。①

南方各民族的融合　蛮、僚、俚、越、爨等族都是我国南方历史悠久的民族。这些民族所在的地区,在秦汉三国时期陆续设立了郡县,但是除越族以外,这些民族同外界接触仍然较少,多少还处于孤立发展状态。所以当司马睿统治南方时,对于这些民族还只是"羁縻而已,未能制服其民"②。

东晋时期,据《隋书·食货志》说:"诸蛮陬俚洞霑沐王化者,各随轻重收其賧物,以裨国用。又岭外酋帅因生口翡翠明珠犀象之饶雄于乡曲者,朝廷多因而署之,以收其利。"③ 从这个时期以后,南方各民族的社会发生了不同程度的变化:各族人民从山岭川洞中陆续出居平地,扩大了同相邻民族(包括汉族)的联系,提高了农业生产水平,加速了本民族的阶级分化,也出现了比较显著的封建化和与汉族融合的倾向。

梁朝末年,南方内地许多割据州郡的人,被称为"洞主"

---

① 《八琼室金石补正》卷九《爨宝子碑》、卷一〇《爨龙颜碑》及诸家跋语。
② 《魏书》卷九六《司马睿传》。
③ 《隋书》卷二四《食货志》。《食货志》下文云:"历宋、齐、梁、陈,皆因而不改",指任土作赋而无恒法而言,不是说这些民族的社会政治情况在东晋南朝没有变化。

"酋豪",他们有些当是某些少数民族的首领。陈武帝陈霸先在梁末历任西江督护高要太守等职,久在岭南,与当地少数民族首领有很多联系。他做相时,曾致书"岭南酋豪",邀请他们和他们的子弟赴建康"游宦"①;他称帝以后,所委署的南方内地州镇大吏也多是这些人物,其中有的还把亲属送建康为质②。高凉(治今广东恩平)冼氏"世为南越首领,跨据山洞,部落十余万家"③,更是陈朝在岭南的重要支柱。

南方各民族的这些情况,说明随着各民族社会的发展,随着各民族经济在南方经济中所占地位的提高,它们的统治者在南方政治中的作用也相应增大,同时这些民族的某些部分,同汉人融合的倾向也更为显著。到了隋朝,蛮、僚、俚、越等族"皆列为郡县,同之齐人"④,它们的许多部分更进一步纳入了王朝统治的轨道中,更进一步同汉人融合了。

---

① 《文苑英华》卷六八二,徐陵《武皇帝作相时与岭南酋豪书》。
② 《隋书》卷八〇《钟士雄母传》。
③ 《隋书》卷八〇《谯国夫人传》。
④ 《隋书》卷八二《南蛮传序》。

第四章 三国两晋南北朝的文化

一 玄学和宗教

魏晋玄学 东汉后期以来,豪强兼并势力发展,割据倾向加强,东汉王朝对于全国的控制力量日益削弱。同时,由于外戚宦官相继专政,党争激烈,选举制度日趋腐败,加以农民暴动纷起,统治集团面临严重危机。在意识形态上居于支配地位的儒家今文经学和谶纬,内容空虚荒诞,只能用神学说教为东汉统治作无力的粉饰,而丝毫无助于解决这些实际的社会政治问题。在这样情势下,一部分士大夫杂采儒、名、道、法思想,撰论著书,主张重法治,核名实,举贤才,饬吏治,企图消除危机,重新稳定东汉统治。他们的思想,部分地突破了儒家的限制,对于魏晋哲学思想的发展,客观上起着影响。

黄巾起义以后,东汉王朝瓦解,儒家思想因之受到打击,这对于名家、法家、道家思想的传播更为有利。曹操在这样的历史条件下重建统治秩序,他"术兼名法"[①],并且提出"唯才是举"

[①] 《文心雕龙·论说》。又《三国志》卷一《魏志·武帝纪》:曹操"揽申商之法术";《晋书》卷四七《傅玄传》:"魏武好法术而天下贵刑名。"

的选士标准,起了否定儒家名教的绝对地位的作用。魏文帝时刘劭著《人物志》,以名家、法家立言而杂糅道家思想,并把品鉴人物的一般原则,提升到哲学高度进行探讨,对于魏晋玄学思潮的出现,具有直接影响。建安时仲长统治《述志诗》,有"叛散五经,灭弃风雅,百家杂碎,请用纵火"①之句。魏初荀粲好道家言,他根据子贡所说"夫子之言性与天道不可得闻"的话,认为传世的六经不过是"圣人之糠秕"②。这些思想,更为魏晋玄学的先奏。

儒家经学中今古文的斗争,到汉末暂告停息,经学内容也有所刷新。但是表现儒家根本哲学的《易》学,拘执于象数卜筮,支离破碎,义理隐晦,仍然有待变革。因此出现了《易》学的新探讨,也是玄学形成的一个因素。

曹魏正始年间(240—249),何晏、王弼等人研究《老》《庄》学说,用道家思想解释《周易》③,这是魏晋玄学思潮的开端。王弼、何晏等人抛弃了两汉正统思想家的神学外衣,在唯心主义的范围内重新解释天道自然之说,构成了自己的所谓"贵无"的思想体系。他们认为"天地万物皆以无为本"④,认为"道者无之称也,无不通也,无不由也,况之曰道,寂然无体,不可

---

① 《后汉书》卷七九《仲长统传》。
② 《三国志》卷一〇《魏书·荀彧传》注引何劭《荀粲传》。
③ 《老》《庄》《周易》,当时被称为"三玄",是魏晋玄学家最喜谈论的著作。
④ 《晋书》卷四三《王戎传附王衍传》。

为象"①。这就是说万物的本体是"无","无"是神秘的和不具有物质属性的；圣人体法自然，所以应当以"无"为本，应当无为。王弼还从哲学上探讨了自然和名教的关系，宣称名教出于自然，尊卑名分是自然的必然结果，应当反映自然。王弼、何晏宣扬所谓"无"或"无为"，并不是主张归真返璞，摈弃名教，背离儒家，而是企图探得儒、道思想适当调和的途径。

王弼用《老》《庄》解《易》，强调会通其义，抒发己见，要言不烦，比汉儒以象数解《易》前进了一大步。② 王弼、何晏和其他的玄学家承袭东汉清议的风气，就一些哲学问题问难析理，反复辩论，称为"清谈"，这是玄学发展的一种独特方式。玄学家的著作，也多采用问答辩论的文体。

王弼、何晏是魏晋玄学第一阶段的代表人物，他们出自儒家，身居显位，而又寄托心神于老庄，企图显示超脱世俗的姿态。这样的玄学家既能辩护士族官僚统治和他们荒淫生活的"合理性"，又能博得"高逸"的赞誉，对于统治者非常有利，所以玄学在短时期内就蔚然成风。

正始以后，在司马氏与曹氏的政治斗争中，何晏等正始名士多被杀戮，王弼也以疠疾夭亡。司马氏以传统儒家的卫护者自

---

① 王弼《论语释疑》，辑本见《玉函山房辑佚书》。
② 《四库全书总目提要》卷一评王弼《周易注》："阐明义理，使《易》不杂于术数者，弼……深为有功；祖尚虚无，使《易》竟入于老庄者，弼……亦不能过。"这所谓功、过，是以儒家经学正统的观点作出的评价，但亦有参考价值。

居，继续排斥异己。在司马氏的政治压力下，出现了以阮籍、嵇康为代表的反名教的玄学家，形成玄学发展的第二阶段。

阮籍"本有济世志"①，嵇康本来也是推崇名教的人。但是司马氏以名教相标榜而大杀异己，蓄意取代曹魏政权，这又激起了他们的疑惧和反感。因此他们相率以庄、老为师，使酒任性，玩世不恭，"当其得意，忽忘形骸"②，走上了独尚自然，反对名教的道路。嵇康主张"崇简易之教，御无为之治，君静于上，臣顺于下"③，甚至"非汤武而薄周孔"④，指斥"六经未必为太阳"⑤；阮籍则主张"无君而庶物定，无臣而万事理"，讽刺礼法之士为裤中之虱⑥。他们的思想具有颓废的倾向，但是却进一步冲击了儒家僵死的教条，揭露了司马氏的虚伪性，具有一定的积极作用。阮、嵇对于现实政治都表现很谨慎。阮籍"言及玄远，而未曾评论时事，臧否人物"⑦，得以幸免于屠戮；嵇康平时无"喜愠之色"⑧，并提倡"清虚静泰，少私寡欲"⑨，但是仍然以非毁名教和欲助毌丘俭军事反叛的罪名死于司马氏之手。

---

① 《晋书》卷四九《阮籍传》。
② 《晋书》卷四九《阮籍传》。
③ 《嵇中散集》卷五《声无哀乐论》。
④ 《嵇中散集》卷二《与山巨源绝交书》。
⑤ 《嵇中散集》卷七《难张辽叔自然好学论》。
⑥ 《阮嗣宗集·大人先生传》。
⑦ 《三国志》卷一八《魏书·李通传》注引王隐《晋书》载司马昭语。
⑧ 《晋书》卷四九《嵇康传》。
⑨ 《文选》卷五三嵇康《养生论》。

西晋时期，统治集团倾轧激烈，社会矛盾尖锐，八王之乱和各族人民起义接踵而起，以后又出现了长期的民族斗争。在这些复杂的社会矛盾中，名士阮瞻、王澄、谢鲲等人继承阮、嵇思想中颓废的一面，步阮、嵇放诞不羁的后尘①，长醉不醒，裸体为乐。他们的言行，表现了士族名士的空虚绝望的心情，代表了士族名士最腐朽的思想倾向。

　　西晋时期，玄学的主要代表是向秀、郭象。向秀作《庄子注》，"发明奇趣，振起玄风"；郭象又"述而广之，儒墨之迹见鄙，道家之言遂盛"②。这是玄学发展的第三阶段。

　　向秀、郭象注《庄子》，用"要其会归而遗其所寄"③的方法，发展了王弼、何晏"贵无"的哲学观点。他们认为"生物者无物而物自生"④。认为物之生"外不资于道，内不由于己，掘然自得而独化"⑤。这些仍然是王、何的"有出于无"的观点，不过特别着重在否定客观规律、否定万物变化中物质条件的作用。他们还主张名教即自然，力图使"儒道为一"⑥，互不相违。他们说老子的"绝圣弃智"，从根本旨意来说并不是非毁名教，而庄子的"内圣外王"之道，更是自然名教两兼。名士阮瞻认

---

① 阮瞻、王澄、谢鲲等人"祖述于（阮）籍，谓得大道之本"，见《世说新语》上卷上《德行》注引王隐《晋书》。他们的行为，备见《晋书》本传。
② 《晋书》卷四九《向秀传》。
③ 《庄子·逍遥游》注。
④ 《庄子·在宥》注。
⑤ 《庄子·大宗师》注。
⑥ 《广弘明集》卷一八谢灵运《与诸道人辨宗论》。

为老、庄与周、孔"将无同"①,也是出于名教即自然这种思想。

向、郭把名教即自然的观点运用于政治上,认为一切现存事物都是合理的,"天地万物,凡所有者不可一日而相无"②。他们还认为圣人"至至不亏","虽在庙堂之上,然其心无异于山林之中"③;"虽终日挥形而神气无变,俯仰万机而淡然自若"④。在他们看来,这样的圣人就是皇帝和勋贵权臣,也就是蝇营狗苟而又口唱玄言的玄学家自己。

魏晋玄学是儒家唯心主义哲学在新的历史条件下的变种,因此在玄学中,老庄哲学一般是与儒家哲学相表里而不是相排斥。玄学给僵化了的儒家哲学带来了新解,刺激了哲学思想的发展,这是有一定的积极意义的。但是玄学作为士族地主的意识形态,反映了士族的腐朽性。玄学创始人何晏,还在士族名士中倡导一种极为腐朽的生活方式。⑤ 玄学流行时期,"学者以庄老为宗而黜六经,谈者以虚薄为辩而贱名检,行身者以放浊为通而狭节信,进仕者以苟得为贵而鄙居正,当官者以望空为高而笑勤恪"⑥,这就是玄学家立身处世的写照。

---

① 《晋书》卷四九《阮瞻传》。按《世说新语》上卷下《文学》以此事属阮修。

② 《庄子·大宗师》注。

③ 《庄子·逍遥游》注。

④ 《庄子·大宗师》注。

⑤ 何晏好声色,喜傅粉,行步顾影,服五石散(即寒食散,是一种配制而成的供服用的毒品),见《世说新语》之《言语》《容止》等篇及注。

⑥ 《文选》卷四九干宝《晋纪·总论》。干宝所说有的是以儒家成见看待玄学,所以不全是可取的。

在魏晋玄学流行时期，也有一些思想家反对玄学唯心论。吴人杨泉认为"玄学虚无之谈，尚其华藻，此无异于春蛙秋蝉，聒耳而已"①。他著有《物理论》，阐述了元气构成宇宙的观点。西晋名士裴頠作《崇有论》，认为万物本体是"有"，"无"也是"有"的一种表现。②两晋之际，鲍敬言承袭阮、嵇无君无臣的思想，倡"无君论"。他认为古时无君无臣，没有聚敛，也没有严刑；后来出现了君臣制度，才随之出现了剥削压迫，出现了人民的反抗斗争。鲍敬言认为在君臣制度下，"人主忧栗于庙堂之上，百姓煎扰乎困苦之中，闲之以礼度，整之以刑罚，是犹辟滔天之源，激不测之流，塞之以撮壤，障之以指掌"③。鲍敬言正确地理解了农民反对封建统治斗争的根源，这与为封建统治者强为辩护的玄学家大为不同；但是鲍敬言只是寄幻想于"曩古之世"，这却无助于正在进行阶级斗争的广大农民群众。

晋室南迁后，建康成为玄学的中心。东晋玄学在很大程度上渗入了佛教教义，特别是佛教的般若学说，因而逐步改变了自己的面貌。原来，在西晋时期，某些名士曾与僧侣往还，互相影响，出现了一些具有清谈风趣的僧侣。永嘉以来，北方僧人络绎南渡，其中有些继续与名士交游，他们既谈般若，又谈庄老，用道家的无为释佛家的涅槃，与玄学相唱和。东晋孙绰作《道贤

---

① 《太平御览》卷九四九引杨泉《物理论》。
② 裴頠《崇有论》，见《晋书》卷三五《裴秀传附頠传》。
③ 《抱朴子外篇》卷四八《诘鲍》。

论》①，以两晋七僧与竹林七贤相比拟，正是玄佛结合的证明。僧人竺道潜出身士族，在剡县岬山讲学，兼释佛理和庄老。支遁（道林）善清谈，被玄学家比为王弼、向秀。他在会稽，与王羲之、谢安、孙绰、许询等士族交游，并宣讲佛教的"色空"说，同向、郭的"有无"说一脉相通。他注《庄子·逍遥游》，著《逍遥论》，据说"卓然标新理"于向、郭二家之表。② 东晋的玄学家也善谈佛理，殷浩、许询、孙绰、郗超等人都很有名。南朝以后，玄学和佛教，士族的这两种思想武器，结合得更为紧密了。

佛教的发展 东汉末年农民战争的失败，以及随之而来的长期的割据战争和稍后的民族征服战争，给佛教的传播提供了社会条件；玄学与佛理的彼此渗透，也便于佛教的宣扬。因此，在汉代只不过是道术附庸的佛教，到三国两晋南北朝时期就大为发展起来。

三国时期，西域僧侣继续东来，在洛阳传法译经；颍川人朱士行也远赴于阗，求取般若经典。优婆塞支谦、沙门康僧会等，则在江南进行译经活动。

西晋时期，佛教学说中与玄学相通的般若学说，发展得比较迅速。一些僧侣博览六经及百家之言，钻研庄老，参与玄谈，与名士亦步亦趋。一些僧侣为了迎合士大夫的好尚，竞创新义，例

---

① 《道贤论》散见于《高僧传》各卷中，《全晋文》卷六二《道贤论》辑文不全。

② 《世说新语》上卷下《文学》。

如支愍度在南渡时以为"用旧义往江东,恐不办得食",乃立"心无义",在江东讲学。① 有些僧徒创立"格义",即"以经中事数拟配外书(玄、儒典籍),为生解之例"②,为沟通玄佛义理开辟了新途径。

十六国时期,胡族统治者提倡佛教,企图用佛这种"戎神"③,作为统治汉人的一种精神工具,也企图在兴败不常的民族战争中用佛教寄托自己的幻想。由于胡族统治者的提倡,各地大造寺院,汉、胡各族人出家的数目日增,他们被灌输了佛教因果报应的教义,希望在渺茫的来生消除死亡流徙的痛苦。

在北方和南方佛教发展的过程中,出现过许多所谓"高僧"。佛图澄,西域人,善神咒方伎,曾用报应之说劝石勒、石虎省刑杀,帮助后赵统治者巩固政权。佛图澄的弟子释道安通内(佛)外(儒玄)之学,集佛学中般若、禅法二系的大成。道安先在北方,东晋兴宁三年(365)南奔襄阳,与徒众数百整理经典,编成《众经目录》,并制定寺院戒规,为各处寺院所取法。他曾派竺法汰至建康,释慧远至庐山,释法和入蜀,在长江上下各地布教。宁康三年(375),道安北上长安,在苻坚的支持下展开大规模的译经工作。

---

① 《世说新语》下卷下《假谲》。
② 《高僧传》卷四《竺法雅传》。
③ 《高僧传》卷一〇《佛图澄传》:后赵著作郎王度奏称佛是"外国之神","非天子诸华所应祀奉",石虎下书曰,"朕生自边壤……应兼从本俗,佛是戎神,正所应奉"。按羯人本有火祆教的信仰,但是没有在被统治各族中提倡。

道安的弟子释慧远，少年时"博综六经，尤善庄老"，出家后仍然"不废俗书"①。他在庐山宣讲《丧服经》，名士雷次宗、宗炳等人都执卷承旨。慧远佛学，大乘、小乘两兼，既善般若，又精禅法，同道安一样，影响很大。晋末宋初，竺道生在江南宣讲涅槃佛性，提倡"顿悟"；他所倡"一阐提人（按即所谓断绝一切善根之人）皆得成佛"②之说，为一切人开放进入所谓"天国"之门。

后秦时期，龟兹僧鸠摩罗什来长安讲学译经，远近聆听者五千余人，影响所至，州郡"事佛者十室而九"③。罗什译经主张意译，他自己"手执胡经，口译秦语（汉语），曲从方言，而趣不乖本"④，在翻译事业上有贡献。

南北佛教的发展，引起了僧侣西行求法的要求。沙门法显等五人矢志寻求天竺戒律，于后秦弘始元年（399）自长安西行，涉流沙，逾葱岭，备经艰险，终于达到北天竺、中天竺等地。法显在中天竺得《摩诃僧祇律》《方等涅槃经》及其他经典，并学会了梵书梵语。他又至师子国（今斯里兰卡）搜求典籍，然后从海道归国。东晋义熙八年（412），法显返抵青州，第二年到达建康。法显译出所获经典共百余万言，还把亲身所历三十余国的见闻写成《佛国记》（又称《法显传》）一书。《佛国记》是

---

① 《高僧传》卷六《释慧远传》。
② 《高僧传》卷七《竺道生传》。
③ 《晋书》卷一一七《姚兴载记》。
④ 释慧观《法华宗要序》，见僧祐《出三藏记集》卷八。

一部研究古代中外交通的重要著作，也是研究法显所历今阿富汗、巴基斯坦、印度、尼泊尔、斯里兰卡等国历史的重要文献。法显以后，南北僧侣络绎西行，共有数十人，其中有不少到达天竺，取得经典。

东晋以来，南方许多帝王名士，也持孔、老、释殊途同归之说，提倡佛教。宋文帝立儒玄史文四学，其中主儒学的雷次宗、主玄学的何尚之都是佛教信徒。南朝士族中笃信佛教的很多，士族谢灵运毕生谈佛，与僧侣唱和。齐竟陵王萧子良招致文人学士，于西邸讲论玄、佛和经术、文章。梁武帝萧衍弃道归佛，以护法人主自居，还亲自登坛讲演佛理和《老》《庄》《周易》。在他的倡导下，贵族朝臣转相附和，南方佛教之盛达于顶点。梁沙门释僧祐汇集佛教文献，释慧皎整理僧侣事迹。分别编撰成《弘明集》和《高僧传》二书，它们与唐朝释道宣所编的《广弘明集》和《续高僧传》，同是研究这个时期佛教史和其他历史问题的重要资料。

北魏前期，僧侣四散，佛教除在凉州、辽西稍盛以外，普遍呈衰颓状态。太武帝奉道教，太平真君七年（446），他抱着继统中华，"复羲农之治"[①]的目的，在长安下令屠杀沙门，焚经毁像，造成中国历史上第一次大规模毁佛事件。文成帝时，禁令始解。

孝文帝迁洛以后，北方佛教发展进入新阶段，译经讲论很盛，有些儒生也研习佛理，帝后王公和臣僚勋贵更竞相立寺造

---

① 《魏书》卷一一四《释老志》。

像，以求福佑。寺院在统治者的支持下，利用杂伎、女乐，利用神怪诡异的迷信传闻和盛大的佛会，尽量扩大宗教影响。洛阳弥漫着浓厚的宗教气氛。寺院内部生活越来越污秽，由于僧尼除杀人罪以外一概由僧官依"内律"管理，所以封建法纪也无法约束他们。齐、周以来，佛教继续兴盛。

北周天和二年（567），还俗僧人卫元嵩请求省寺减僧，"以城隍为寺塔，即周主是如来"①。周武帝屡召百僚、僧道辩论儒、释、道先后；他为了尊崇儒家，提高皇权，剥夺寺产，于建德三年（574）下令禁断佛道二教，毁灭经像，勒令沙门道士还俗，以"三宝福财散给臣下，寺观塔庙赐给王公"②。建德六年周灭齐后，又把这一禁令扩及关东。不久以后周武帝死，佛教又趋于复兴。

三国两晋南北朝的统治者一般都保护佛教，这是因为佛教具有麻醉人民的作用，是支持统治的一种重要力量。何尚之答宋文帝问，认为人民奉行佛教，持戒行善，就可以化民成俗，使风教淳谨。他说："夫能行一善则去一恶，一恶既去，则息一刑，一刑息于家，则万刑息于国……即陛下所谓坐致太平者也。"③ 北魏文成帝复佛诏也说：释迦如来"助王政之禁律，益仁智之善

---

① 《广弘明集》卷七《叙列代王臣滞惑解》卫元嵩条。
② 《广弘明集》卷八《叙周武帝集道俗议佛法事》。
③ 《弘明集》卷一一何尚之《答宋文帝赞扬佛教事》。宋文帝语何尚之，曾说到"若使率土之滨皆敦此化，则朕坐致太平，夫复何事"。见《高僧传》卷七《释慧严传》。

性,排斥群邪,开演正觉,故前代已来莫不崇尚,亦我国家常所尊事也"①。但是专制皇权和儒家的人伦纲常,又同佛教有着某种矛盾,两者之间发生过一些斗争。东晋庾冰、桓玄都主张沙门应依中华礼教,礼敬王者,宋孝武帝时曾一度实行此制。桓玄还曾下沙汰沙门诏书,宋丹阳尹萧摹之曾沙汰沙门数百人。还有许多人利用所谓夷夏之别进行反佛,如西晋王浮摭拾旧闻,作《老子化胡经》以损佛教;东晋蔡谟倡言"佛者夷狄之俗,非经典之制"②;宋末顾欢著《夷夏论》,认为佛、老虽与孔子同为圣人,但"佛是破恶之方",适于夷俗,"道是兴善之术",适于华夏,华夷性殊,所以应当崇老黜佛,不应当舍华效夷。③梁代郭祖深、荀济等人则抨击佛教伤治害政,请加限制。在北朝,也有不少排佛议论,甚至出现了两次大规模的灭佛事件。

专制皇权和儒家礼教的传统力量同佛教之间的矛盾斗争,虽然没有阻挡住佛教的发展,但是终于使佛教没有取得国教的地位,这在中国历史上是具有深远意义的。

三国两晋南北朝佛教的发展,带来了今印度、尼泊尔、巴基斯坦以及中亚等地的绘画、雕塑、音乐艺术和关于医学、音韵学、逻辑学的知识,还留下了大量的哲学著作、翻译经典等思想资料和大量的艺术遗产,因而丰富了中国的精神文化。但是这些文化、艺术遗产和思想资料,有的充斥着宗教神学的内容,有的

---

① 《魏书》卷一一四《释老志》。
② 《晋书》卷七七《蔡谟传》。
③ 《南齐书》卷五四《顾欢传》。

直接宣扬迷信,因而都需要批判地对待。

范缜及其光辉的哲学著作《神灭论》　　在玄学、佛学合流的南朝,思想界进行了长期的形神因果之争。一些先进人物继承了中国历代思想家反对鬼神迷信的传统,打击了有神论,维护了无神论思想。宋代范晔认为死者神灭,曾拟著《无鬼论》而未成。何承天的《达性论》及其他著作,攻击了佛教的理论基石神不灭论和因果报应之说。杰出的思想家范缜更以比较系统的唯物主义哲学思想,同佛教唯心主义思想针锋相对地进行斗争,取得了辉煌的成果。

范缜,齐、梁时人,齐竟陵王萧子良的西邸文士之一。他目睹"浮屠害政,桑门蠹俗"[①],立志破除时弊。他不信因果报应之说,萧子良曾问他:"君不信因果,何得富贵贫贱?"他回答说:"人生如树花同发,随风而堕,自有拂帘幌坠于茵席之上,自有关篱墙落于粪溷之中。坠茵席者殿下是也,落粪溷者下官是也。贵贱虽复殊途,因果竟在何处?"萧子良集僧难之,文士也著论反对,都不能使他屈服。王琰讥刺范缜道:"呜呼!范子曾不知其先祖神灵所在。"范缜回答道:"呜呼!王子知其先祖神灵所在,而不能杀身以从之。"萧子良还使王融用周孔名教来胁迫他,并用中书郎的美职进行诱惑。范缜答称:"使范缜卖论取官,已至令仆矣,何但中书郎耶?"

梁天监六年(507),范缜发表了轰动一时的杰出著作《神

---

① 《梁书》卷四八《范缜传》。下引文不注出处者均见此或《南史》卷五七《范云传附缜传》。

灭论》。《神灭论》认为："神即形也，形即神也，是以形存则神存，形谢则神灭也。"它又认为："形者神之质，神者形之用……神之于质，犹利之于刃；形之于用，犹刃之于利……舍利无刃，舍刃无利。未闻刃没而利存，岂容形亡而神在?"[1] 范缜唯物地论证了形和神的统一，判明了神是形的产物，神的存亡系于形的存亡，没有形的实体，就不会有神的作用。这种犀利而又严密的论证，不但给佛教的神不灭思想以沉重的打击，而且还在论证方法上克服了汉代先进思想家桓谭、王充以薪、火比喻形、神的某些缺陷，使中国的唯物主义哲学前进了一大步。

在《神灭论》的攻击下，梁武帝属意臣僚六十余人著论反扑，但是范缜"辩摧众口，日服千人"[2]，始终没有在理论上退却。

范缜继承了无鬼论的思想遗产，拨开了弥漫一时的宗教迷信，为玄学、佛学中长期论争的形神因果问题作出了比较正确的答案，丰富了唯物主义哲学。但是由于当时自然科学水平的低下，范缜只能用偶然论来反对因果论，把器官的差异当作凡圣之分的根源，这在理论上显然是错误的。范缜没有力量触动儒家名教的根本，并且还承袭儒道两家的社会政治观点，主张"小人甘其垄亩，君子保其恬素……下有余以奉其上，上无为以待其下"。这些是他的阶级限制和时代限制的表现，是他的光辉思想中的严重缺陷。

---

[1] 刃，《梁书·本传》作刀，《弘明集》卷九萧琛《难〈神灭论〉》所引作刃。
[2] 《弘明集》卷九萧琛《难〈神灭论〉》。

道教的发展 黄巾起义失败后,道教仍在南北各地流传。道士于吉据说曾往来江东,为孙策"助军作福,医护将士"①,得到吴人的尊奉。道士李宽由蜀入吴,以符水治病,"避役之吏民依宽为弟子者恒近千人";李宽"弟子转相教授,布满江表,动有千许"②。道教的符咒,在北方民间的影响仍然很大,建安二十二年(217)北方大疫,"愚民悬符厌之"③。曹操曾招致方术之士甘始、左慈、郤俭等集中于魏国,据曹植说,这是为了防止他们"接奸宄以欺众,行妖慝以惑民"④。

道教在统治阶级中发展,形成了一些与民间道教有所不同的内容。两晋之际,葛洪宣扬道教和儒学,著有《抱朴子》一书,内篇言道,外篇属儒,认为"道者儒之本也,儒者道之末也"⑤。他在道教方面主张养心颐神,采炼丹药,认为这样可以禳祸得福,益寿延年。他反对牺牲祭祀和符水治病之法,主张以药石治病,这从医学上说是有进步意义的。但是葛洪却借此对东汉以来用符水治病的民间道教领袖进行政治攻击,他说:"曩者有张角、柳根、王歆、李申之徒,或称千岁,假托小术……诳眩黎庶,纠合群愚,进不以延年益寿为务,退不以消灾治病为业,遂以招集

---

① 《三国志》卷四六《吴书·孙策传》。于吉在江东事,疑点甚多,但道教流布江东,则属可信。

② 《抱朴子·内篇》卷九《道意》。

③ 《太平御览》卷七四二引曹植《说疫气》。

④ 《三国志》卷二九《魏书·华佗传》注引曹植《辩道论》。

⑤ 《抱朴子·内篇》卷一〇《明本》。

奸党，称合逆乱。"① 对于这些人，他主张"王者更峻其法制，犯无轻重，致之大辟"②。葛洪的目的，在于使道教完全依附于帝王的礼法权威，消除道教中可以被农民利用来组织起义的教义和仪式，使之成为统治者的长生之术和奴役人民的更可靠的工具。

东晋南朝时期，道教在南方广泛传播，三吴及滨海地区特别盛行。东晋南朝的士族大姓，世奉道教的人很多。道士许迈与王羲之"共修服食，采药石不远千里"③。孙泰师事出于道教世家的吴郡钱塘杜子恭，百姓对孙泰"敬之如神，皆竭财产，进子女，以祈福庆"④。东晋南朝的道教有丹鼎、符箓两派，前者以葛洪、陶弘景为代表，后者以杨羲、许谧为代表。

宋齐之间，道教经典大出，顾欢加以搜求，编为《真迹》；陶弘景又重新编次增饰，甚或抄袭佛教的《四十二章经》，成为现存的《真诰》20卷。陶弘景通阴阳五行，风角、星算、地理、医术、本草，隐居句容茅山，采药炼丹，并屡次进丹给梁武帝。陶弘景的《真灵位业图》把王朝的官僚等级制度引入神仙世界，反映了道教与地主阶级统治的进一步契合。

十六国时期，北方汉人常托言老君当治，李弘出世，聚众起兵，反对胡族的统治。北魏道武帝笃信道教，置仙人博士，立仙

---

① 《抱朴子·内篇》卷九《道意》。
② 同上。
③ 《晋书》卷八〇《王羲之传》。
④ 《晋书》卷一〇〇《孙恩传》。

坊煮炼百药。太武帝时，道士寇谦之自言受太上老君《云中音诵新科之诫》，辅佐太平真君"清整道教，除去三张伪法，租米钱税"，"专以礼度为首而加之以服食闭练"[1]。太武帝和司徒崔浩都敬信寇谦之，崔浩还著论陈述"古治乱之迹"[2] 以帮助他。寇谦之在道教中增加了礼法的内容，摈弃了可以被农民利用来进行斗争的教义，达到了葛洪早先提出的改革道教的目的。寇谦之还劝说太武帝登坛受箓，此后北魏诸帝虽多奉佛，但是躬受符箓却成为北魏传统。

北齐时期，道教继续发展，寺观遍于各地，"黄服之徒，数过于正户"[3]，縻财病民与佛教相等。天保六年（555），齐文宣帝下令灭道教，令道士剃发为沙门。北周武帝建德三年（574）禁断佛道，道士也同沙门一起强令还俗。大象元年（579），北周复立佛像和天尊像，恢复佛道二教。

道教产生于中国社会，它的某些教义与儒家思想契合，所以具有较佛教更易传播的特点。它一方面吸取了佛教的一些教理和戒规，模仿佛寺组织建立了道观；另一方面又用儒家的一些思想武器，对佛教进行攻击，以图树立宗教上的正统地位。不过道教教理杂乱，哲学思想较为贫乏，在麻醉人民的作用上不如佛教，所以势力也不如佛教那样巨大。

---

[1] 《魏书》卷一一四《释老志》。

[2] 《魏书》卷三五《崔浩传》。

[3] 《广弘明集》卷二四齐文宣帝《问沙汰释李诏》。

二 史学、文学和艺术

史学 地理学 三国两晋南北朝时期,史学比较发达,私家修史之风很盛。所修史书按时代分,主要有后汉史、三国史、晋史、十六国史、南北朝史等五类,每一类都有若干种。

现存《后汉书》是宋范晔所著。范晔以前,已有纪传体后汉史九家,编年体二家,其中除《东观汉记》成于东汉外,其余都是三国两晋的著作;在这些著作中,司马彪《续汉书》、华峤《汉后书》和袁宏《后汉纪》较为有名。范书出后,诸家之书除《后汉纪》、《续汉书》的八志以及《东观汉记》的一部分以外,都陆续散失了。

现存的《三国志》,是西晋陈寿所著,在陈寿前后,魏史、蜀史、吴史的著述都很多,以后也陆续亡佚了。

两晋南北朝时期,撰述晋史的共有 20 余家,其中臧荣绪《晋书》较为翔实,唐初重修《晋书》,即以臧书为蓝本。诸家晋史到唐初只剩 18 家,以后更全部散失。

关于十六国的史书也接踵而出,不下 20 余种。北魏崔鸿汇集诸书,除烦补阙,成《十六国春秋》。唐修《晋书》多采《十六国春秋》以为《载记》,各家十六国史和《十六国春秋》都散失了。

关于南朝和北朝的史书,隋以前近 20 种,其中沈约《宋书》、萧子显《南齐书》和魏收《魏书》尚存。

三国两晋南北朝时期成书的史学著作,思想性都不足取。史料价值较高的是范晔《后汉书》、陈寿《三国志》和沈约《宋书》。范晔《后汉书》删削各家后汉史的繁复，吸取其中的精华，是我国的一部史学名著。范晔自谓其书"体大而思精"[1]，刘知幾则说它"简而且周，疏而不漏"[2]。《后汉书》辞采可观，议论放纵，在文学上也有一定的价值。《后汉书》志未完成，梁代刘昭取司马彪《续汉书》的八志补入，并为作注，才使《后汉书》成为一部完整的史学著作。

陈寿《三国志》也是我国史学名著之一，与《史记》《汉书》《后汉书》合称"四史"。《三国志》以列传为主，无表志，叙事简要，文字质直。宋文帝时裴松之本着补阙、备异、惩妄、论辩的宗旨，兼采众书 150 种，为《三国志》作注。裴松之《注》为《三国志》补充了大量史料，保存了诸家三国著作的许多部分，贡献不下于《三国志》。

沈约《宋书》详赡有法，其中八志概括地叙述了汉代以来某些典章制度的变化，补充了《三国志》无志的一些史实缺陷。

魏晋以来，由于封建割据倾向的加剧和依地域区划而设的九品中正制的推行，出现了许多刘知幾称之为"郡书"的一方人物的传记集，如《汝南先贤传》《襄阳耆旧记》等；也出现了许多有关一方风物、史地的书籍，如《洛阳记》《吴郡记》《汉水记》《庐山记》以及今天还存在的《华阳国志》《洛阳伽蓝记》等。常璩《华阳国志》记载了汉晋时期巴、蜀、汉中、南中的

---

[1] 《宋书》卷六九《范晔传》。
[2] 《史通》卷五《补注篇》。

历史、风土和人物，杨衒之《洛阳伽蓝记》记载了北魏末年洛阳的佛寺和其他史实，都有一定的史料价值。

郦道元《水经注》是这个时期的又一名著，它以汉代著作《水经》为底本，详记全国以及邻国水道，著录河流千余条，引用史书、地记以及其他著作四百余种。《水经注》于水道所经之处，历叙山陵、城市、遗迹和地理变迁，旁及风俗、物产、人物等史实，有较高的史学和地理学价值。

与地记、方志的发达相应，还出现了许多地图。西晋地理学家裴秀绘制《禹贡地域图》18篇，即《地形方丈图》；宋代谢庄"制木方丈，图天下山川土地，各有分理，离之则州郡殊，合之则宇内为一"①。裴秀论制图之体有六，即分率、准望、道里、高下、方邪、迂直；其中分率以定比例，准望以正方位，道里以定交通距离，高下、方邪、迂直以正地势。裴秀的制图六体为地图绘制学提供了当时条件下所能提供的科学基础，在世界地图学史和地理学史上有一定的地位。

文学 三国两晋南北朝是中国文学史上的一个承先启后的重要时期，在这个时期中，诗、文、小说和文学批评都有重大发展。

以曹操、曹丕、曹植为代表的建安诗人，直接继承了汉代乐府民歌的现实主义精神，生动地描写了动乱时期的社会面貌，在文学史上开创了后人称之为"建安风骨"的传统。曹操的乐府诗风格悲凉慷慨，语言古朴自然，其中《蒿里行》《薤露》等篇

---

① 张彦远《历代名画记》卷六。

描述汉末社会的残破景象,暴露了人民的疾苦。曹操的"老骥伏枥,志在千里,烈士暮年,壮心不已"的名句,表现了他自己的抱负。

曹丕和曹植都是出色的诗人,曹丕的七言乐府独创新体,曹植则集五言诗的大成。黄初以后,曹植受到曹丕的疑忌和压抑,所以他的诗篇情思悲愤,深刻地暴露了统治集团内部的矛盾。

在曹操父子周围,聚集了一批才华洋溢的诗人,其中较著名的是所谓"建安七子",即孔融、王粲、刘桢、陈琳、阮瑀、徐幹、应玚。王粲的《七哀诗》和陈琳的《饮马长城窟行》描述了人民的苦难,是建安七子的代表作品。女诗人蔡琰(文姬)也是建安时期的重要诗人。蔡琰曾为匈奴所掳,后被曹操赎回。她在《悲愤诗》中控诉割据者的凶残,叙述流离的惨痛,是传诵至今的名作。

魏晋之际,以阮籍、嵇康为代表,又出现了一个诗文创作高潮。阮、嵇都是反对司马氏的玄学家,所以他们的诗文都带有一定的庄老思想色彩和浓厚的愤世嫉俗的感情。

西晋时期,文学作品内容贫乏,并且出现了片面追求辞藻和对仗的不良倾向,走上了形式主义的道路。太康年间的著名作家,有三张(张载、张协、张亢)、二陆(陆机、陆云)、两潘(潘岳、潘尼)、一左(左思)。陆机是这一代文风的代表,但是较有成就的文学家则是左思。左思出身寒微,政治上受门阀大族的压抑,所以他在《咏史诗》中借古人抒发自己的情怀,对现实极表不满。

西晋末年以至东晋时期,玄学思想侵入文学领域,出现了盛行一时的"理过其辞,淡乎寡味"[①] 的"玄言诗"。晋末宋初,陶渊明在诗坛上异军突起,才给诗坛带来了清新的空气。

陶渊明,寻阳柴桑(今江西九江境)人,曾任州郡僚属和彭泽令,中年时(义熙元年,405年)归隐田园,盘桓陇亩,至死不仕。陶渊明在诗赋和其他作品中,表现了自己不齿流俗的情怀。他用主要的创作精力写田园诗,在诗中描写如画的农村风光,赞美田园生活。他参加了一些生产劳动,这使他的田园诗比较真实动人。他的名作《桃花源诗》和诗序《桃花源记》,虚构了一个人人怡然自乐、不纳王税的理想境界,作为自己精神寄托之所,以与现实世界的剥削压迫制度对立。

陶诗是中国文学史上的瑰宝,它的思想内容和艺术风格,对于后世诗歌的发展具有一定的作用。但是陶诗中乐天知命的思想和自我陶醉的人生态度,也对后人传播了消极影响。

在陶渊明之后,较有成就的诗人是宋代的鲍照。鲍照的乐府诗辞藻华丽,骨力强劲,题材广泛。鲍照采用不为人所重视的七言体作诗,是七言诗发展的一个重要阶段。

宋齐以来,出现了以描写景物风光为主的山水诗,这种诗在内容上部分地摈弃了玄言,形式上也比较新颖。山水诗以谢灵运为祖,但成熟则在谢朓的时候。

齐永明年间,谢朓、沈约等人在诗歌注重对偶雕琢的风尚中,归纳了诗歌声律方面的特点,把平、上、去、入四声运用于诗歌中,并提出诗歌声律应当避免的所谓"八病"。他们开创的

[①] 《诗品序》,见《梁书》卷四九《钟嵘传》。

这种诗体,被称作"永明体",是中国诗歌走向格律化的开端,是古体诗过渡到近体诗的桥梁。

梁陈时期,除了少数较有价值的抒情写景的诗篇以外,充斥一时的是所谓宫体诗。宫体诗反映宫廷腐朽生活,内容绮靡猥琐,是诗歌中的糟粕。

两晋南北朝时期,南方和北方都有许多乐府民歌传诵至今。南方的乐府民歌,主要有吴声、西曲两类。吴声产生在建康一带,西曲产生在荆、郢、樊、邓地区,两者都是大部分出于商贩、船户和其他贫民阶层,内容也都以恋歌为主。吴声、西曲多为五言四句,小巧清新,富有想象力。① 吴声、西曲题材狭窄,有精华也有糟粕。

现存的北朝北方乐府民歌,数量比南方少,但是在北方文学中所占的地位却很重要。北方乐府民歌的作者除了汉人以外,还有鲜卑人和其他少数族人。这些乐府民歌题材较广,有的反映人民的疾苦,有的斥责各族统治者的混战,有的表现各族人民的勇健面貌,有的描写北国风光,还有的描写直率的爱情,这些作品大多具有朴质爽朗而又刚健的风格。脍炙人口的《敕勒歌》《木兰辞》,在北朝诗歌中价值最高。《木兰辞》虽然经过隋唐诗人的加工改造,但基本上形成于北朝。它以长篇叙事诗的体裁,刻画了一个代父从军、淳朴勇敢而又不求封赏的妇女形象,在民间影响很大,并且在艺术表现方面对后代某些作家产生了积极

---

① 但也有长篇诗歌,如《西洲曲》。《西洲曲》,《乐府诗集》入于卷七二《杂曲歌词》。不在《清商曲词》之西曲中。

影响。

三国两晋南北朝时期的文学作品中,也有一些优秀的文章,得到千古传诵。南朝文人把文章区分为"文""笔"两类,即所谓"无韵者笔也,有韵者文也"①。文章多采用骈体形式,对仗工整,声律协和,文胜于质。这个时期,散文著作亦有可观。《三国志》《后汉书》以及《水经注》《洛阳伽蓝记》等书的某些部分,都是文字流畅,形式活泼的散文。

在诗文发展的同时,记述怪异传闻和文人轶事的小说也逐渐盛行起来。志怪小说的产生,同宗教的流行特别是神不灭论思想的弥漫有关,它的代表作品是干宝的《搜神记》。刘义庆的《世说新语》是一部文人轶事小说,是士族玄谈的产物。这两种小说都是由短篇故事构成,有些部分文字颇为精练。它们之中充斥着宣扬鬼神报应和伦常的内容,渲染士族腐朽的精神面貌。但是其中也保存了一些优秀的民间故事和一些发人深省的轶闻轶事,在中国小说史上占有一定的地位。

在三国两晋南北朝文学发展的过程中,出现了一些文学批评著作,其中最早的一篇是曹丕的《典论·论文》。《论文》评论了建安七子,评论了各种文章的体裁和特点,强调作者气质决定作品风格。西晋陆机作《文赋》,"论作文之利害所由"②,是文学批评史的重要文献。

齐刘勰的《文心雕龙》一书,是一部体大思精的文学批评

---

① 《文心雕龙·总术》。
② 《文选》卷一七陆机《文赋序》。

和文学理论著作。《文心雕龙》提出了"文变染乎世情,兴废系乎时序"①的见解,分析了文风嬗变和各种文体产生、发展的历史原因。刘勰主张文附于质、质待于文的文质统一论,反对仅以形式取胜的文风。刘勰还广泛地评论了历代的文学家,阐述了文学创作的方法和文学批评的观点。

继刘勰之后,梁代钟嵘写成了《诗品》一书。钟嵘论诗与刘勰相近,主张"干之以风力,润之以丹采"②。他论述了诗体源流,评论了历代诗人的艺术风格和成就,对后代诗评颇有影响。

文学作品积累的丰富,文学批评的发展,促成了文学作品选集《文选》的出现。《文选》的编者是梁昭明太子萧统,他根据当时的文学观点和一定的取舍标准,选录了大量诗赋和文章。萧统之后,陈代的徐陵编成了一部由汉至南朝的诗选《玉台新咏》。

绘画　雕塑　书法　三国两晋南北朝是绘画、雕塑、书法艺术大放光彩的一个时期。这个时期,南方画家辈出。吴孙权时的曹不兴,东晋时的王廙、卫协,都以善画人物像特别是佛像著名。东晋顾恺之作人物画,最重传神,他认为传神的关键,全在所画人物眼上,所以有所谓"点精(睛)便语"③之说。据说他

---

① 《文心雕龙·时序》。

② 《诗品序》,见《梁书》四九《钟嵘传》。

③ 《太平御览》卷七〇二引俗说:顾恺之"为人画扇作嵇、阮而都不点眼精,主问之,顾答曰:'那可点精,点精便语'"。

的画"运思精微,襟灵莫测,虽寄迹翰墨,其神气飘然在烟霄之上,不可以图画间求"①。顾恺之的画,现存有摹本《女史箴》,是古画中的珍品。

宋代的陆探微,是顾恺之以后较有成就的画家,他作画的艺术风格,与顾恺之相近。据说他的画"参灵酌妙,动与神会,笔迹劲利,如锥刀焉,秀骨清像,似觉生动"②。梁代画家张僧繇创作了大批寺院壁画,非常生动。相传他作安乐寺四白龙壁画,其中二龙点睛后即飞去,这就是"画龙点睛"这一典故的由来。唐代的张怀瓘综论历代画家,认为顾、陆、张三家人物画各有特色:"张得其肉,陆得其骨,顾得其神。"③

南京出土的晋宋间墓葬中,保存了一套砖刻竹林七贤画,画上人物比例匀称,神态各异。河南邓州南朝墓中出土画像砖出行图,有乐舞、鼓吹等场面。云南昭通的东晋太元年间大姓霍氏墓中,有部曲及其他场面的壁画,部曲装束有为夷人,有为汉人。这些壁画都是这一时期重要的艺术品和历史资料。

在北方,北魏的蒋少游和北齐的曹仲达,也以善画人物著名。

晋宋时期,与山水诗的盛行相应,出现了许多山水画家。顾恺之能作山水画,戴逵、宗炳、王微、谢约等都以山水画名家。北方的山水画"或水不容泛,或人大于山,率皆附以树石,映带

---

① 《历代名画记》卷五。
② 《历代名画记》卷六。
③ 《历代名画记》卷五。

其地，列植之状，则若伸臂布指"。唐代张彦远评论此点，认为"详古人之意，专在显其所长而不守于俗变也"①。

这一时期，也有绘画理论著作出现。南齐谢赫在他所作《古画品录》中，论述作画六法：一、气韵生动，二、骨法用笔，三、应物象形，四、随类赋采，五、经营位置，六、传移模写。谢赫的六法，受到后代画家的推崇。

南北朝雕刻艺术广泛发展，许多名画家也以善雕刻著名。戴逵善铸佛像及雕刻，曾造无量寿佛木像，高丈六，他潜听观众议论褒贬，反复修改，三年乃成。戴逵子戴颙传习逵书画及雕刻艺术，造诣颇精。北魏的蒋少游，工于雕刻及建筑艺术，曾参与设计平城和洛阳的宫殿建筑。

这个时期，北方各地无名工匠创作的石窟寺艺术，是雕塑和绘画的综合，是这一时期最高的艺术成果。

石窟寺艺术，是随着佛教东传而在北方各地由西向东陆续发展起来的。中国境内石窟的开凿，最早当在新疆地区。新疆维吾尔自治区今存石窟，以天山以南拜城、库车、吐鲁番等地最为集中。在拜城的克孜尔一处，就有石窟二百余，其中窟形、壁画保存完整的有七十多个，但是窟内塑像全毁。这些石窟开凿的年代，一部分当在东汉后期和晋朝，多数则在北朝和北朝以后。窟中壁画多为佛经故事、佛像以及各种装饰图画。

新疆维吾尔自治区以东，甘肃省境内，是西域通向中原的走廊地带，石窟最多。敦煌东南的莫高窟，开凿在鸣沙山的断崖

---

① 《历代名画记》卷一《论画山水树石》。

上，延绵排列千余公尺，今存有塑像、壁画的石窟还有 486 个，其中属于前秦到北朝的有 20 多个。敦煌西南的千佛洞，十六窟中多数是北魏时凿成的。敦煌以东安西的榆林窟（万佛峡），永靖炳灵寺石窟，天水麦积山石窟，庆阳石窟寺等，都是始凿于十六国或北朝时期，其中麦积山的百余窟，绝大多数都是北魏晚期和北周的创作。

由河西走廊向东，石窟艺术传播到了北魏都城地区。大同以西武州山的云冈石窟群共有百余窟龛，规模宏大，其中最早的五窟，是北魏文成帝命沙门统昙曜开凿的。以后献文、孝文诸帝都在这里大量兴造。云冈石窟雕像数量极大，最大的佛像高达十几公尺，气势非常雄伟，艺术价值很高。

洛阳造窟，始于太和初年；孝文帝迁都洛阳以后，石窟艺术在这里更形发展。宣武帝景明（500—503）初，在洛阳以南伊阙龙门山营造石窟，以后龙门伊阙两岸石窟工程日益浩大，斩山石数十丈，20 余年中用人工 80 万人以上。至于私人造像，也是盛极一时。经过北魏至唐代的不断修造，龙门断壁上石龛遍布，大小石佛林立，足与云冈石窟媲美，成为中国古代雕刻的两大宝库。

魏末至周、齐时期，黄河南北各地凿窟造像之风极盛，著名的石窟寺除了上述各处之外，还有太原天龙山石窟（始凿于东魏），巩县石窟寺（始凿于北魏末），邯郸南北响堂山石窟（始凿于东魏）等。辽宁义县也有万佛洞石窟，建于太和二十三年（499）。四川广元的造像，成于北魏末期，就其艺术风格来说，是麦积山石窟艺术的一个支派。至于江南地区，由于地理条件和其他的原因，石窟很少。史载梁沙门僧祐营造摄山大像（在今江苏南京市）、剡县石佛（在今浙江新昌境），其中剡县石佛高达十丈，规模宏伟。① 其遗迹经过后代修补，现还存在。

在三国两晋南北朝艺术中，汉族文化所独有的书法艺术，占有重要的地位。书法是与绘画有密切关系的一个艺术部门，由于绘画和书法"骨气形似皆本于立意而归乎用笔，故工画者多善书"②。东汉末年，书法艺术已经形成，名学者蔡邕就是那时书法的能手。汉末至三国初年，梁鹄以善八分书（隶书不带挑法者）著名，梁鹄弟子毛弘传鹄笔法，为晋代八分书法所宗。张芝善章草（旧隶的草体），据说他"临池学书，池水尽墨"③，时人称他为草圣。他的书法对魏晋书法影响很大，西晋卫瓘、索靖都传张芝草法，号为一台（尚书台）二妙。魏初钟繇擅长真书（楷书），又与胡昭同传汉末刘德升行书。西晋"立书博士，置弟子教习，以钟、胡为法"④。行书、真书比旧隶简易，魏晋间行书、真书流行，是汉字书法的一种进步。

东晋南朝时期，士族文人工于书法的非常多。东晋王羲之、王献之父子，是中国书法艺术史上的重要人物。王羲之被称为书圣，他学钟繇书，同时又吸取了魏晋诸家书法的精华，创造了自

---

① 《高僧传》卷一一《释僧祐传》，卷一三《释僧护传》。
② 张彦远《历代名画记》卷一《论画六法》。
③ 张彦远《法书要录》卷一。
④ 《晋书》卷三九《荀勖传》。

己独特的书法风格。他的字"飘若浮云，矫若惊龙"①，完全脱离了隶书的窠臼。王献之被称为"小圣"，他的字骨力稍逊于父而富有媚趣。唐代张怀瓘《书断》把王氏父子的隶书、行书、章草、飞白、草书等五种字体都列入"神品"一类，可见后人对他们书法艺术的推崇。

北方士族崔氏、卢氏工于书法的人也很多。卢谌学钟繇，崔悦学卫瓘，谌、悦又同习索靖草书，子孙相袭，为北方书法世家，所以史称"魏初重崔卢之书"②。崔悦孙崔宏善草、隶、行书，行书尤为精巧。北方书法接近汉隶，与南方书法风格有所不同。

乐舞和戏剧　董卓之乱以后，朝廷雅乐散失。曹操破荆州，获汉雅乐郎杜夔，杜夔与歌师、舞师等人增损旧制，恢复了庙堂乐舞。西晋永嘉以后，朝廷乐官、乐器为刘曜、石勒所得，石勒灭后，才有一部分乐人南迁。淝水战时，东晋获苻坚乐工；刘裕灭后秦，又从关中获得由前凉张氏所传汉魏清商乐（即相和歌辞的一部分），江南雅乐才稍稍完备。东晋末年以至于宋、齐之世，江南吴声，荆楚西曲，都进入乐府，被之管弦，并且普遍流行起来。

十六国北朝时期，所谓"胡乐"，包括西域乐和外国乐，陆续东来，开始形成中国古典乐舞的一大变革。前凉时天竺乐传入凉州。前秦末年，吕光灭龟兹，得龟兹乐，龟兹乐后来散入中

---

① 《晋书》卷八〇《王羲之传》。
② 《魏书》卷二四《崔玄伯传》。

原，进入北魏乐府。吕光、沮渠蒙逊等又在凉州以旧乐杂入龟兹乐，成为西凉乐（又称秦汉乐），太武帝灭凉获之。在此前后，北魏灭北燕，得高丽乐；通西域，又得疏勒乐、安国乐。西魏、北周时，高昌乐、康国乐也传入内地。周武帝时，龟兹人苏祗婆传入七调的乐律。北齐胡乐更盛，"吹笛、弹琵琶五弦及歌舞之伎，自文襄以来皆所爱好。至河清以后，传习尤盛。后主唯赏胡戎乐，耽爱无已"①。曹妙达、安未弱、安马驹等胡人，都以擅长音乐而封王开府。北朝的太常雅乐，大量参用"胡声"，胡乐的乐章、乐器、乐舞，在民间也颇流行。

秦汉的角抵戏，魏晋以后继续有所发展。北齐有"鱼龙烂漫、俳优、朱儒、山车、巨象、拔井、种瓜、杀马、剥驴等，奇怪异端，百有余物，名为百戏"②。周灭齐后，征百戏入长安。

三国两晋南北朝时期，戏剧开始形成。蜀博士许慈、胡潜由辩论文义而相忿争，终至斗打，刘备使倡家扮演许、胡，"效其讼阋之状，酒酣乐作，以为嬉戏，初以辞义相难，终以刀杖相屈"③。有人认为这是中国戏剧的开端。后赵石勒以俳优演出参军某的故事④，以为笑谑，这就是唐代参军戏的由来。北齐的

---

① 《隋书》卷一四《音乐志》中。
② 《隋书》卷一五《音乐志》下。
③ 《三国志》卷四二《蜀书·许慈传》。钱振锽以"此事不惟为汉儒门户之终，且为后世梨园之始"。
④ 此据《太平御览》卷五六九引《赵书》。唐段安节《乐府杂录》以此故事属汉和帝时。按北魏"太乐奏伎有倡优为愚痴者"之戏，见《魏书》卷一一《前废帝纪》。

《兰陵王》(唐时称为"代面"或"大面")歌舞,演出兰陵王著假面作战的故事;《踏摇娘》演出醉汉殴妻,其妻怨苦悲诉的故事①。在这些歌舞中,故事情节更为完整,更接近后代的戏剧。

这个时期的乐舞、戏剧,主要是限于宫廷表演,在民间的影响不大。

三 自然科学

随着生产的恢复、发展和科学实践经验的积累,三国两晋南北朝时期自然科学的某些部门,比秦汉时期前进了一步。算学、医学和农学,在这个时期都有一些突出的成就。

算学和历法 魏晋之际,刘徽注《九章算术》,并著有《海岛算经》一书。中国古代算学发展的标志是圆周率的计算,刘徽的贡献,也正在于提供了计算圆周率的科学方法。他正确地指出利用《九章算术》中圆周率等于三的数值来计算面积,所得出的不是真正的圆面积,而是圆内接正六边形的面积。他把圆内接正6边形依次分割为正192边形,计算出圆周率为3.1416。他还认为圆内接正多边形的边数越多,就越同圆周近似,这就是现代数学中的极限概念。

刘徽之后,还出现了佚名的《五曹算经》以及《夏侯阳算

---

① 此据崔令钦《教坊记》。《旧唐书》卷二九《音乐志》中以此故事属隋末,《乐府杂录》以之属北周。

经》《张丘建算经》、甄鸾《五经算术》等书,对算学各有发明。但是在算学方面成就最大的人,是宋、齐之间杰出的科学家祖冲之。

祖冲之(429—500)著有《缀术》一书,已失传。祖冲之求出的圆周率,在 3.1415926 和 3.1415927 这两个数值之间,精确程度很高。直到 1427 年,中亚的一个数学家阿尔卡西(Al-Kashi)才打破祖冲之圆周率的 6 位准确数值,求出了 16 位准确数值,但是这已经是在祖冲之以后将近千年的事了。祖冲之还用两个分数值来表现圆周率:一个是密率,为 355/113,另一个是约率,为 22/7。祖冲之的密率数值,在欧洲要到 1573 年才由德国数学家鄂图(Valentin Otto)得出,比祖冲之晚了一千多年。祖冲之的儿子祖暅之也是一个算学家,他发现了刘徽所没有解决的计算球体积的公式。

在天文历法方面,东晋虞喜求得春分、秋分点每 50 年在黄道上西移一度,叫作岁差。祖冲之把岁差应用于历法,制定《大明历》,并且在《大明历》中定出了比较精确的每年日数的数值。

在机械学方面,曹魏时期马钧改进了绫机,提高了绫机的效能。祖冲之创造千里船,用机械转动,日行百里。

医学 西晋太医令王叔和是这一时期最著名的医学家,他曾编辑张仲景的《金匮要略》《伤寒论》等书,并集中了秦汉以来医家切脉的经验,写成一部《脉经》。《脉经》把脉象分为 24 种,根据不同的脉象,判断疾病的种类。东晋葛洪著《肘后卒就方》,梁陶弘景补其阙漏,成《肘后百一方》。这部医方不用难得之药，简要易明，切于实用。陶弘景的《本草集注》著录本草药物七百多种，比汉代的《神农本草》多出一倍。

农学 北魏末年贾思勰所著《齐民要术》，是我国现存的第一部完整的农书。《齐民要术》内容广泛，包括谷物种植法、菜蔬瓜果种植法、种树法、养家畜家禽及养鱼法、酿造法、做菜法等，正如贾思勰在自序中所说："起自耕农，终于醯醢，资生之业，靡不毕书。"《齐民要术》还记载了有关农作物的异闻以及中原以外和外国的一些植物品种。《齐民要术》不但集《氾胜之书》以来北方农业生产经验之大成，而且反映了当时农村的生活状况和社会经济状况，价值很大。贾思勰是一个极为博学的人，他的著作中所征引的古书，有名可考的即达百余种，有些重要古书，如《氾胜之书》《四民月令》等，主要由于他的征引才得以部分留传下来。贾思勰并不局限于此，他作《齐民要术》时"采捃经传，爰及歌谣，询之老成，验之行事"[①]，把丰富的书本知识同农民的生产经验以及自己的实践密切结合在一起，这样就更增加了《齐民要术》的科学价值。

---

① 《齐民要术序》。